Das Buch

In unserer Kultur haben die traditionellen Wertesysteme ihre Orientierungskraft eingebüßt. Gleichzeitig fühlen wir uns von der Vielfalt der Möglichkeiten überfordert, die die heutige Welt uns bietet. Im antiken Griechenland hatten es die Menschen leichter: Dort leiteten die Götter ihre Schützlinge. Die natürliche Antwort darauf – und damit der Schlüssel für eine gelingende Existenz – war tief empfundene Dankbarkeit und das Gefühl, dass die Welt leuchtete. Hubert Dreyfus und Sean Dorrance Kelly zeigen, wie wir in unserer säkularen Zeit Zugang zu diesem homerischen Staunen wiedererlangen können: durch die Literatur. Denn große Literatur hat immer auch etwas mit Sinn zu tun. Gemeinsam erzählen die Autoren die Geschichte der kanonischen Literatur des Westens als Geschichte der Moderne im Sinne einer gelungenen, verlorenen und wiederzuerlangenden Sinnstiftung.

Die Autoren

Hubert Dreyfus, geboren 1929 in Terre Haute, Indiana, lehrt Philosophie in Berkeley. Er schrieb Bücher über Heidegger und Foucault und gilt als zentraler Vermittler zwischen der analytisch geprägten amerikanischen Philosophie und den kontinentaleuropäischen Strömungen des 20. Jahrhunderts.

Sean Dorrance Kelly hat 1998 bei Dreyfus promoviert und in seiner Laufbahn als Philosoph ähnliche Themen bearbeitet (Philosophy of Mind, Phänomenologie der Wahrnehmung, Existenzialismus). Er ist seit 2006 Professor in Harvard.

Hubert Dreyfus und
Sean Dorrance Kelly

ALLES,
WAS
LEUCHTET

Wie große Literatur
den Sinn des Lebens erklärt

Aus dem Amerikanischen
von Yvonne Badal

Ullstein

Besuchen Sie uns im Internet:
www.ullstein-taschenbuch.de

Ungekürzte Ausgabe im Ullstein Taschenbuch
1. Auflage Mai 2015
2. Auflage 2015
© für die deutsche Ausgabe Ullstein Buchverlage GmbH,
Berlin 2014 / Ullstein Verlag
© 2011 by Hubert Dreyfus und Sean Dorrance Kelly
Titel der amerikanischen Originalausgabe:
All Things Shining (Free Press, New York, 2011)
Lektorat: Andy Hahnemann
Umschlaggestaltung: bürosüd° GmbH, München,
unter Verwendung einer Vorlage von Rudolf Linn, Köln,
nach einer Idee von Eric Fuentecilla
Titelillustration: © iStockphoto
Satz: LVD GmbH, Berlin
Gesetzt aus der Garamond
Druck und Bindearbeiten: CPI books GmbH, Leck
Printed in Germany
ISBN 978-3-548-37605-9

*Für Geneviève, deren Seinsweise in dieser Welt
meine französische Antwort auf den Nihilismus ist.*

– Hubert

*Für Dorrance, Dorothy, Bryan; und für Cheryl,
Benjamin, Nathaniel
Die Leuchtenden, die den Weg bis hierher erhellten,
Und die, die den Weg in die Zukunft leuchten.*

– Sean

INHALT

Sollte es in den kommenden Jahren einer poetischen, kultivierten Nation gelingen, den lebenslustigen Maigöttern von damals zu ihrem Erstgeburtsrecht zu verhelfen und sie im heute selbstherrlichen Himmel, auf dem heute verlassenen Berge, wieder auf den Thron zu heben, dann wird gewiß hoch droben auf des Jupiters Olymp der große Pottwal über alle herrschen.

— Herman Melville, *Moby-Dick*[1]

Ein Wort an den Leser

Die Welt bewegt uns nicht mehr wie einst. Das gefühls-
tiefe und sinnhafte Leben von Homers Griechen oder
die gewaltige Bedeutungshierarchie, die Dantes mittelalterlich christliche Welt strukturierte, sind unserem säkularen Zeitalter fremd geworden. Einst war die Welt in
ihrer Vielgestalt ein Universum der heiligen, leuchtenden Dinge. Heute scheint uns das Leuchtende sehr fern.
Dieses Buch soll es uns wieder näherbringen.

Alles, was leuchtet beschäftigt sich mit philosophischen und literarischen Fragen, richtet sich jedoch an
einen breiten Leserkreis und nicht an ein Fachpublikum.
In unserer heutigen westlichen Welt verfügt jeder über
den nötigen Hintergrund für die Lektüre. Und jeder, der
sich von klassischer Philosophie oder von Literatur eine
Bereicherung seines Lebens verspricht, wird hier etwas
für sich finden. Jeder, der das Leuchtende zurückzu-
gewinnen hofft; jeder, der das Staunen, dessen wir einst
fähig waren, wieder aus den Tiefen hervorholen und sich
eine Welt erschließen möchte, die uns in eine solche
Stimmung versetzen kann; jeder, der der Unentschlossenheit und Warterei, der Sprachlosigkeit und Verlorenheit und Traurigkeit und Angst müde ist; jeder, der
sich bereit fühlt für den nächsten Schritt, welcher es auch

sei; jeder, der auf die Hoffnung setzt und nicht verzagen will; und jeder, der eine Verunsicherung überwinden möchte – jeder kann in den kommenden Seiten etwas Lohnenswertes für sich finden. Jedenfalls ist es das, was wir uns erhoffen.

1

UNSER GEGENWARTSNIHILISMUS

Es war warm am 2. Januar 2007. Die Zeitungen berichteten über einen optimistischen Kirschbaum im Botanischen Garten von Brooklyn, der mit Tausenden Blüten aufgesprossen war. In der ganzen Stadt scharten sich Menschen spontan zu kleinen Grüppchen zusammen, erwartungsvoll hingezogen zueinander durch die Frühlingsstimmung.[1] Doch in Manhattan, in der Subway-Station 137th Street, Ecke Broadway, verpuffte diese Frühlingsstimmung am frühen Nachmittag von einem Moment zum anderen. Cameron Hollopeter, ein zwanzigjähriger Filmstudent, war zusammengebrochen und lag in krampfartigen Zuckungen verkrümmt am Boden. Einem späteren Bericht zufolge eilten ihm sofort ein Mann und zwei Frauen zu Hilfe. Noch während sie auf ihn zuliefen, gelang es Mr Hollopeter, sich aufzurappeln. Er taumelte zum Rand des Bahnsteigs und stürzte rücklings auf die Gleise.[2]

Was daraufhin geschah, löste in der frühlingsmild gestimmten Stadt Ehrfurcht und Bewunderung aus. Wesley Autrey, ein fünfzigjähriger Bauarbeiter und der Mann, der Mr Hollopeter sofort zu Hilfe geeilt war – und dabei seine beiden kleinen Töchter Syshe, vier, und Shuqui, sechs, mitten auf dem Bahnsteig hatte stehen lassen –, zögerte keinen Moment, als er die Scheinwerfer der Linie 1 aus dem nördlichen Ende des Tunnels heranrasen sah. Er sprang auf die Gleise, warf sich auf Mr Hollopeter und presste ihn mit dem eigenen Körper in die etwa dreißig Zentimeter tiefe Rinne zwischen den Schienen. Die Bremsen der Bahn kreischten auf, aber der Zug konnte nicht mehr rechtzeitig gestoppt werden: Fünf Waggons donnerten über die beiden Männer hinweg und verfehlten sie nur um Millimeter, bevor sie schließlich zum Stehen kamen. Eingequetscht unter dem Zug hörte Mr Autrey die entsetzten Schreie der Passanten auf dem Bahnsteig. »Wir sind okay hier unten«, rief er, »aber meine Töchter sind da oben. Sagt ihnen, dass es ihrem Vater gutgeht.« Erstaunte Zurufe und spontaner Applaus drangen vom Bahnsteig zu ihm. Später, nachdem der Strom abgeschaltet worden war, gelang es den Gleisarbeitern, die beiden Männer unter der Bahn hervorzuziehen. Mr Autreys blaue Strickmütze hatte etwas Schmierfett abbekommen, aber beide waren von ein paar Beulen und Kratzern abgesehen unversehrt.

Die Presse erklärte Wesley Autrey zum »Subway Hero« und überschüttete ihn mit einer wohlverdienten Flut an ehrerbietigen Berichten. Politiker eilten herbei, um sich mit dem Helden ablichten zu lassen,[3] Wissenschaftler und Kulturkritiker debattierten, welche besonderen Eigenschaften ihn zum Helden gemacht haben könnten,[4] oder konstatierten, dass die alten amerikanischen Werte nachbarschaftlicher Fürsorglichkeit in New York City noch ebenso zu finden seien wie in einer Kleinstadt in Iowa.[5] Aus der selbstgefälligen Öffentlichkeit drangen Bekundungen, man würde genauso gehandelt haben wie Mr Autrey, und der Polizeichef belehrte die New Yorker mit ernster Micne, dass jeder dem Beispiel von Mr Autrey folgen müsse, wenn ein Mitbürger in Not sei.[6] Mr Autrey selbst erklärte derweil wieder und wieder, dass er kein Held sei und nichts Ungewöhnliches getan habe. »Ich finde nichts Spektakuläres daran«, sagte er, »ich hatte nur jemanden gesehen, der Hilfe brauchte«.[7]

Nicht nur ein Held, auch noch bescheiden, könnte man jetzt denken. Mr Autreys Handeln war zweifellos inspirierend und heldenhaft, aber vielleicht kommt in der Bescheidenheit, die wir hier zu erkennen glauben, etwas ganz anderes zum Ausdruck. Vielleicht hat Mr Autrey damit ja nur aufrichtig wiedergegeben, was er selbst erlebt hatte. Denn es ist ganz und gar nicht ungewöhnlich – wenngleich ein derart heroisches Eintreten für andere natürlich schon selten ist –, dass Personen nach einer heldenhaften Tat erklären, bloß getan zu haben, was jeder in ihrer Lage getan haben würde. Dr. Charles Goodstein, Professor für klinische Psychiatrie an der New York University School of Medicine, erklärte:

> *Personen, die vom Militär oder unter anderen Umständen zu Helden erklärt wurden, haben anschließend meist betont, dass sie reagiert hätten, ohne darüber nachzudenken. Ihr Handeln war spontan, es gingen ihm keine langen Abwägungen oder Analysen voraus. Ich halte es für aufrichtig, wenn sie sagen, dass sie sich nicht als Helden empfinden, denn sie haben tatsächlich nur auf etwas reagiert, das sie als Notfall einschätzten.[8]*

Der Punkt ist hier nicht, dass jeder in einer vergleichbaren Situation dasselbe getan hätte. Alles spricht dafür, dass dem nicht so ist. Autrey und andere Helden vermittelten vielmehr, dass sie sich in der Sekunde ihres heldenhaften Einschreitens nicht selbst als die Verursacher des eigenen Handelns erlebt haben. Die Situation scheint in ihnen eine Bereitschaft zum Handeln hervorgerufen zu haben, die weder Unsicherheit noch Zögern zuließ. In Mr Autreys Worten: »Ich hatte nur jemanden gesehen, der Hilfe brauchte.«

Solche Gewissheit ist selten geworden in unserer heutigen Welt. Wie es scheint, ist unser Leben eher vom Gegenteil geprägt. Fast jeder Moment unseres Daseins konfrontiert uns mit einem unablässigen Strom an Entscheidungsmöglichkeiten, und die meisten von uns dürften sich zumindest gelegentlich unschlüssig fühlen. Unser Leben ist nicht von Gewissheit und Unerschütterlichkeit geprägt. Im Gegenteil: Manchmal sind Unsicherheit und Unschlüssigkeit so groß, dass wir Entscheidungen treffen, die wir gar nicht begründen können.

Die extremste Variante davon ist jener lähmend neurotische Zustand, in den beispielsweise eine Woody-Allen-Figur verfällt – und der in der Realität glücklicherweise recht selten ist. Oder man denke an T. S. Eliots berühmten Helden J. Alfred Prufrock, der so handlungsgehemmt ist, dass ihm allein schon die Entscheidung, eine Tasse Tee zu trinken, zu einer endlosen Serie von Zweifeln gerät:

> *Zeit für dich und Zeit mir bestimmt,*
> *Zeit noch für hundertfaches Wanken,*
> *Für Hundert Hirngespinste und Gedanken,*
> *Bevor man Tee und Toast zu sich nimmt.*[9]

Auch wenn das Parodien sind, steckt in ihnen doch etwas Wahres. Wir fühlen uns, dem Himmel sei Dank, zwar nicht ständig von unseren Entscheidungsmöglichkeiten gelähmt, aber wir wissen, wovon hier die Rede ist. Und manchmal fragen wir uns, auf welcher Grundlage wir uns überhaupt für eine Möglichkeit gegen alle anderen Alternativen entscheiden können.

Die Wahlmöglichkeiten können so trivial sein wie: Soll ich noch mal ein Nickerchen einlegen? Ist dieses Hemd zu zerknittert? Pommes oder Salat? Es kann aber auch um tiefgreifendere, beunruhigendere Fragen gehen, die den Kern unserer Existenz berühren: Ist es an der Zeit, diese Beziehung hinter mir zu lassen? Diesen Job? Soll ich diese Gelegenheit beim Schopf packen oder lieber jene? Oder vielleicht keine von beiden? Soll ich mich diesem Kandidaten anschließen, diesem Kollegen, dieser Gruppe? Soll ich der Familie den Vorzug vor allem anderen geben? In unserem Leben werden wir unzählige Male vor die Wahl gestellt, und oft fragen wir uns, auf welcher Basis wir eine Entscheidung treffen sollen. Und wenn wir schließlich eine Wahl getroffen haben, bedauern, bereuen oder feiern wir sie.

Nun werden gewiss viele Leser zu bedenken geben, dass die Freiheit der Wahl doch eines der großartigsten Merkmale des modernen Lebens sei. Natürlich: Wer in erbärmlicher Armut lebt, der kann nicht wählen, was er essen will; und die Freiheit, sich für die eine oder andere Karriere zu entscheiden, stößt während einer Rezession, in der die Jobs knapp werden, schnell an gewisse Grenzen. Dennoch ist es ein wesentliches Merkmal unserer modernen Welt, dass den meisten von uns heute eine viel größere Bandbreite an Wahlmöglichkeiten zur Verfügung steht als früheren Generationen – die Freiheit zu entscheiden, wer wir sein, wie wir handeln und wem wir uns anschließen wollen. Nur ist es so, dass wir uns gerade in existentiellen Momenten nicht immer im Klaren darüber sind, warum wir uns für welche Alternative entscheiden sollten. Wenn es um unser eigenes Leben, um unser eigenes Handeln geht, dann stellt sich nur selten die Gewissheit ein, die Wesley Autrey empfand, als er jemanden sah, »der Hilfe brauchte«.

Es gibt zumindest zwei Arten von Menschen, denen es gelingt, dieser heute allgegenwärtigen Qual der Wahl zu entgehen, allerdings tun sie das auf die falsche Weise. Da hätten wir zuerst einmal den Typus des selbstbewussten Mannes (es *ist* für gewöhnlich ein Mann). Er stürzt sich zuversichtlich in jede Handlung und präsentiert eine Welt der Eindeutigkeiten: »Wie könnte sich hier jemand des richtigen Handelns *nicht* gewiss sein?«, scheint er zu fragen, und unter Umständen zieht er mit dieser Selbstsicherheit andere mit.

Der selbstbewusste Mann ist oft ein bezwingender Charakter. Getrieben und zielstrebig ist er entschlossen, seine Welt auf den richtigen Kurs zu bringen. Er ist ernsthaft davon überzeugt, dass seine Weltanschauung die einzig wahre ist und dass die Welt zu einem besseren Ort würde, wenn er sie nach seinem Willen gestalten könnte. Und manchmal schafft er es tatsächlich, etwas zum Besseren zu verändern. Doch diese Attitüde birgt auch eine Gefahr, denn nur allzu oft stellt sich heraus, dass das aufgeblasene Selbstbewusstsein eines solchen Charakters von etwas Dunklem genährt wird, von Arroganz gepaart mit Ambition, oder schlimmer noch, dass es auf nichts als Selbsttäuschung beruht. Wenn sein Plan fehlschlägt, was zwangsläufig immer wieder einmal geschieht, ist der selbstbewusste Mann unfähig, sich das Versagen einzugestehen. Hartnäckig und unbeugsam hält er an seiner Vision vom richtigen Gang der Dinge fest und ist außerstande, auf das zu reagieren, was ist. Seine Selbstbewusstheit ist selbstgenügsam, was im Extremfall zum Fanatismus führen kann, so wie er uns in Melvilles *Moby-Dick* in der Figur des monomanischen Kapitäns Ahab vor Augen geführt wird.

Ein anderes gutes Beispiel für einen solch halsstarrigen Charakter finden wir in Orson Welles' grandiosem Film *Citizen Kane*. Der Zeitungsmagnat Charles Foster Kane ist charmant und kraftvoll und fordert absolute Loyalität und Unterwerfung von allen Personen in seinem Umkreis. Er ist erstaunlich erfolgreich, enorm reich und behauptet angesichts des Einflusses seiner Zeitungen sogar in der Lage zu sein, den Gang der Geschichte lenken zu können. Wie sagt er doch in einer berühmten Szene? »Lieber Wheeler, liefern Sie mir die Gedichte, und ich liefere Ihnen den Krieg!« Kane ist ein Mann, der niemals zurückblickt, dem es im Traum nicht einfallen würde, sich auch nur für einen Moment schwach zu zeigen, der nichts als tiefe Verachtung empfindet für alle, die nicht alert und energisch genug sind, um seinen Attacken Paroli zu bieten. Doch schließlich werden Arroganz und Machtgier sein Ruin. Als eine Affäre sowohl seine Ehe als auch seine politischen Erwartungen zunichtemacht, gerät sein Leben außer Kontrolle. Sein letztes Wort, bevor er stirbt, ist »Rosebud« – wie sich herausstellt, eine wehmütige Anspielung auf die einzige Zeit in seinem Leben, in der er arm gewesen ist und seine Selbstsicherheit ihm noch nicht die Erfüllung jedes Wunsches garantiert hat.

Kanes Selbstbewusstsein gestattet es ihm, die Qual der Wahl zu umgehen. Er kennt seine Wünsche und stürmt voran, um sie sich zu erfüllen. Doch die Selbstsicherheit, auf die er seine ganze Existenz aufbaut, stellt sich als eine leere Hülse heraus. Sie wurzelt in nichts als seiner Machtgier, und am Ende ist dieser Boden nicht fruchtbar genug für ein erfülltes Leben. Im Gegensatz dazu wird wahres Selbstvertrauen – von der Art, wie es Mr Autreys Handeln gelenkt zu haben scheint – weder durch irgendwelche spezifischen Überlegungen oder Wünsche noch durch kalkulierte Planung oder Prinzipien hervorgerufen. Im Moment seines Handelns empfindet der Akteur eine Zuversicht, die er von etwas außerhalb seiner selbst bezieht. Wahres Selbstvertrauen wurzelt im Gegebenen und nicht in den oftmals verzerrten Wahrnehmungen des eigennützig Handelnden. Der zuversichtlich handelnde Mensch fabriziert keine Zuversicht, sondern bezieht sie aus den gegebenen Umständen.

Es gibt noch eine andere Möglichkeit, die heutzutage herrschende Qual der Wahl zu umgehen, doch sie ist mindestens so unattraktiv wie der Zustand fabrizierter Zuversicht. Die Rede ist von jemandem, der grundsätzlich unentschlossen handelt, weil er in den Ketten der eigenen Obsessionen, Verblendungen oder Abhängigkeiten liegt. Auch diese Person wird von etwas außerhalb des Selbst zum Handeln bewegt. Doch zwischen ihr und dem heldenhaften Mr Autrey liegen Welten.

Das Phänomen der Abhängigkeit und der Sucht ist bekannt und bedarf keiner weiteren Erörterung. Ob

Drogen oder andere Arten der Zerstreuung und Versuchung, sie alle rauben uns das Selbstgefühl. Besonders gut lässt sich Abhängigkeit am Beispiel von Blogs und Social Networks beschreiben. Viele Menschen kennen den Magnetismus solcher Internetseiten. Zuerst lösen sie einfach nur Begeisterung aus. Hat man die Welt der Blogs entdeckt, glaubt man sich endlich über jede Breaking News informieren zu können. Nehmen wir einmal an, Sie interessieren sich für Politik. Mit einem Mal scheint es möglich, sich topaktuell über das Geschehen, beispielsweise auf dem Capitol Hill, auf dem Laufenden zu halten. Nicht bloß auf wöchentlicher Basis, sondern jetzt, live; und das nicht bloß einmal am Tag, sondern rund um die Uhr, so dass man dazwischen kaum Zeit zum Luftholen findet. Das gilt auch für die Social Networks. Endlich glaubt man sich auf Tuchfühlung mit all den Freunden, von denen man gar nicht wusste, dass man sie vermisst hat.

Von da an geht es schnell abwärts. Plötzlich stellt man fest, dass es einen ständig nach den letzten, den neuesten Postings verlangt, dass man sich ständig fragt, was wohl der neueste Skandal, die jüngste Pikanterie ist. Man klickt sich durch die Listen der Websites oder der Friends auf der Suche nach den neuesten Updates, und sobald man durch ist, fängt man wieder von vorne an, nicht weniger erwartungsvoll als beim letzten Mal. Das Verlangen bleibt konstant, lässt nie nach; jedes Posting steigert die Gier nach dem nächsten. Bei dieser Art von Abhängigkeit weiß man immer, was als Nächstes zu tun ist. Aber es stellt sich keinerlei Befriedigung des Verlangens ein, das diesen Teufelskreis in Gang gesetzt hat. Im Gegensatz dazu empfindet der heroische Akteur ein gesteigertes Gefühl von Freude und Erfüllung, nachdem er eine gute Tat vollbracht hat.

Die Qual der Wahl ist ein spezifisch modernes Phänomen. Es wuchert geradezu in einer Welt, in der es keinen Gott oder keine Götter mehr gibt, ja, nicht einmal mehr ein Gefühl für das Heilige oder Unantastbare, das uns auf uns selbst zurückwirft. Angesichts unserer vielen Wahlmöglichkeiten ist jedoch nicht jeder Weg zu einer Entscheidungsfindung gleichwertig. Ein unverbrüchliches Selbstbewusstsein und der Kontrollverlust des Süchtigen sind zwar beides Möglichkeiten, die Qual der Wahl zu umgehen – im ersten Fall durch die Weigerung, im zweiten Fall durch die Unfähigkeit, Alternativen anzuerkennen. Doch keine der beiden Gemütsverfassungen hat irgendetwas mit unserem spontan handelnden Helden zu tun.

Aber wie fühlt es sich an, mit der Art von Gewissheit zu handeln, die Mr Autrey erlebte – wie fühlt es sich an, wenn man handelt, sich aber nicht selbst als den Verursacher des eigenen Handelns erlebt? Wie ist das, wenn man sich von einer Kraft außerhalb des Selbst gelenkt sieht, ihr aber nicht unterworfen ist? Tatsächlich ist uns eine abgeschwächte Version dieses Gefühls aus dem eigenen Alltag vertraut, auch wenn wir ihm selten Beachtung schenken: Der Pendler stellt frühmorgens plötzlich fest, dass er im Bus sitzt, erinnert sich aber nicht, wie er dorthin gekommen ist; der Trucker stellt mit einem Mal fest, dass er meilenweit gefahren ist, ohne auf die Straße geachtet zu haben; die erschöpfte Angestellte findet sich zu Hause nach einem langen Arbeitstag plötzlich in ihrem Lieblingssessel wieder, kann sich aber nicht erinnern, sich dort hingesetzt zu haben. Gewohnheitshandlungen dieser Art können sozusagen »offline« ablaufen, ohne dass der Handelnde bewusst wahrnimmt, dass er sie ausführt. Dennoch könnte die agierende Person die Abfolge einer solchen Handlung jederzeit unterbrechen. In gewisser Weise ähnelt der Gewohnheitshandelnde dem heroischen Akteur: Auch er handelt weder vorsätzlich noch zwanghaft.

Aber Gewohnheitshandlungen sind nicht heroisch. Der Unterschied zum heldenhaften Handeln ist, dass es dem Gewohnheitshandelnden nicht nur am Selbstgefühl, sondern auch an der momentanen Fähigkeit mangelt, seine Umwelt wahrzunehmen, wohingegen der heroische Akteur über eine gesteigerte Wahrnehmung für alles verfügt, was eine gegebene Situation von ihm verlangt.

Dieses Gespür für das, was eine Situation erfordert, hat nichts mit einer objektiven Wahrnehmung des Geschehens zu tun. Die anderen Passanten auf dem Bahnsteig hatten vermutlich ebenfalls gesehen, *dass* Mr Hollopeter in Not geraten war, insofern waren sie objektive Zeugen des Geschehens. Viele von ihnen dürften vermutlich auch erkannt haben, *dass* die Situation irgendein Eingreifen erfordert, und wahrscheinlich haben die meisten von ihnen sogar einen Drang zum Handeln verspürt. Aber sie haben diesem Drang nicht nachgegeben. Sie haben – anders als Mr Autrey – gezögert.

Man kann schlecht jemandem vorwerfen, sich in einer solchen Situation unheroisch verhalten zu haben, denn fast allen von uns dürfte diese Erfahrung vertraut sein. Vielleicht sagten sie sich verzweifelt: »Oh mein Gott! Der arme Mann ist auf die Gleise gestürzt – tu doch bitte jemand was!« Es fehlte ihnen sicher auch nicht an Empathie für das Opfer. Gewiss haben sie das starke Empfinden gehabt, dass dem Mann geholfen werden müsse. Aber wenn wir Mr Autrey beim Wort nehmen, dann ist ihm kein einziger dieser verzweifelten Gedanken durch den Kopf geschossen, weshalb er auch nie *entschieden* hat, in irgendeiner Form darauf zu reagieren. Es war die Notlage von Mr Hollopeter selbst, die ihn ohne jedes Zögern zum Handeln drängte. Insofern unterscheidet sich seine Erfahrung von der aller Gewohnheitshandelnden, die ihre Umwelt eben nicht wahrnehmen. Ebenso unterscheidet sie sich von der Erfahrung, die die anderen Passanten auf dem Bahnsteig machten, denn ihnen blieb Zeit zum Überlegen. Im Gegensatz zu beiden Gruppen hat Mr Autrey seine Umgebung nicht nur wahrgenommen, sondern sie intuitiv auf die Frage hin wahrgenommen, was er *tun* könnte.

Das klingt nun vielleicht um drei Ecken gedacht, und wir geben gerne zu, dass es ein seltenes Phänomen ist – vermutlich ebenso selten wie das heroische Handeln selbst. Doch wenn wir einmal genauer hinsehen, dann finden wir auch davon Varianten in unserem Alltag. Etwa beim Sport. Tatsächlich haben wir im Englischen sogar Redewendungen, mit denen wir dieses Phänomen beschreiben. Wenn ein Team besonders gut spielt, dann sagen wir, die Sportler spielen *out of their head*, sozusagen wie im Delirium. Sie haben also den Kopf ausgeschaltet und lassen sich voll und ganz von der Dynamik des Spiels mitreißen. Ein meisterhafter Sportler in Bestform hat eine ähnlich gesteigerte Wahrnehmung von seiner Umwelt wie Mr Autrey, als er auf die Gleise sprang.

Eine grandiose Beschreibung dieser athletischen Meisterschaft findet sich in John McPhees Buch *A Sense of*

Where You Are, ein Porträt der College-Basketballkarriere von Bill Bradley, den »vielleicht besten College-Spieler aller Zeiten«.[10] Bradley wurde später Rhodes-Stipendiat, hielt als Spieler der New York Knicks Einzug in die Hall of Fame und wechselte schließlich in die Politik, wurde Senator und später Präsidentschaftskandidat. In Mc-Phees Buch geht es jedoch einzig um Bradleys Präsenz auf dem College Court, und in diesem Zusammenhang schildert der Autor genau das Phänomen, um das es uns hier geht.

McPhee zufolge war das Beeindruckendste an Bradley seine außerordentliche Übersicht über das Spielgeschehen, die ihn sozusagen in die Lage versetzte, mit geschlossenen Augen zu spielen, so wie im Fall einer Wurftechnik, die er perfektioniert hatte:

> *Für diesen Wurf über die Schulter gab es keine Bezeichnung. Er warf den Ball, ohne auch nur hinzusehen, über seinen Kopf hinweg in den Korb. Es gäbe keinen Grund hinzusehen, erklärte er, weil »man ein Gespür dafür entwickelt, wo man ist«.[11]*

Bradley nahm alles wahr, was um ihn herum vorging, bis er eine Möglichkeit sah, ins Spiel einzugreifen. McPhee fährt fort:

> *Seine bemerkenswerteste natürliche Gabe ist jedoch sein Blick. Während des Spiels sind Bradleys Augen stets von einer glasig panoptischen Aufmerksamkeit, denn ein Basketballspieler muss auf alles achten, darf sich dabei aber auf nichts fokussieren – bis er in Ballbesitz kommt.[12]*

»Glasig panoptische Aufmerksamkeit« ist eine wunderbare Formulierung für genau die Art von Wahrnehmung, über die ein Augenzeuge eben *nicht* verfügt – den Blick nicht nur für die Details einer Szene. Dieser Blick war es auch, der Bradley zu einem meisterhaften Spieler machte und ihn schließlich aus dem wichtigsten Spiel seiner Karriere vor Tausenden Zuschauern im Madison Square Garden gegen das nationale Top-Team siegreich hervorgehen ließ:

> *Michigan ging ganz schön zur Sache, aber Bradley ließ seine Gegner alt aussehen. […] Er jagte ihnen einen Ball nach dem anderen ab, spielte sich mit Backdoor Cuts frei und warf unglaubliche Fadeaways, obwohl er von den besten Verteidigern der Big Ten bedrängt wurde. Er blockierte seinen Angreifer völlig. Er spielte Backcourt, Post und Corner […], und einmal fand er sich in einer Ecke des Courts mit zwei Michigan-Spielern wieder, die ihn, beide größer als er, Schulter an Schulter in die Zange nahmen. Er riss sie mit zwei schnellen Fakes auseinander – eine Bewegung mit dem Ball und eine Bewegung mit dem Kopf –, sprang zwischen ihnen hoch und versenkte einen Sieben-Meter-Sprungwurf. Kurz darauf bedrängten ihn dieselben zwei Spieler erneut. Die Fakes waren andere diesmal, aber das Ergebnis war dasselbe: Er machte einen Riesenschritt zwischen ihnen hindurch, sprang in die Luft und dabei gleichzeitig nach vorne, so dass die beiden hinter ihm zusammenprallten und er trotz des Drifts einen sauberen Treffer landete.*

Weil er gegen Ende wegen eines Fouls vom Platz verwiesen wurde, musste er sich den Rest des Spiels von der Bank ansehen.

> *Als er sich hinsetzte, sprangen die zwanzigtausend Zuschauer auf und applaudierten ihm geschlagene drei Minuten lang. Es war, wie die Sportreporter und das Management vom Garden anschließend einvernehmlich meinten, die lautstärkste Ovation, die ein Basketballspieler, Amateur oder Profi, jemals im Madison Square Garden erhalten hatte. [...] Während des anhaltenden Applauses drehte der Sprecher spontan die Lautstärke auf und sagte: »Bill Bradley, einer der größten Spieler, die jemals im Madison Square Garden spielten, erzielte einundvierzig Punkte.«[13]*

Solche Größe hat fast schon etwas Mystisches. Sie zeichnet sich durch eine nicht nachlassende Empfänglichkeit für die besonderen Anforderungen des Moments aus – genau wie bei unserem »Subway Hero«. Sie erlaubt unerschrockenes, unverzügliches und unhinterfragtes Handeln deshalb, weil die Kette der Ereignisse nicht *vom* handelnden Akteur aus-, sondern *durch* ihn hindurchgeht. Als Beobachter hat man das Gefühl, etwas nahezu Unausweichlichem beizuwohnen, so als hätte eine höhere Macht die Regie übernommen. Tatsächlich gibt es ein weiteres Indiz für die Ähnlichkeiten zwischen Bradley und Autrey – den spontanen Applaus der Zeugen und Zuschauer. In beiden Fällen war allen klar gewesen, dass gerade etwas Übermenschliches geleistet worden war.

Eine unserer Bezeichnungen für das Übermenschliche

ist »heroisch« oder »heldenhaft«, und in gewissem Sinne werden sowohl Bradley als auch Autrey zu Recht als Helden betrachtet. Doch es gibt einen entscheidenden Unterschied zwischen ihnen. Bradleys Handeln, so übermenschlich es auch gewesen sein mag, fand ausschließlich im begrenzten Geltungsbereich des Sports statt. Autreys Handeln fand im unbegrenzten Geltungsbereich des Lebens statt. Für den Moment sind es jedoch die Ähnlichkeiten beider Fälle, die wir hervorheben möchten. Beide stellen sich uns als Inbegriff und Höhepunkt menschlicher Handlungsfähigkeit dar, weil sie der Unentschlossenheit, die uns Übrigen alle so quält, keinen Raum ließen.

Die Qual der Wahl kommt uns heutzutage wie ein unumgängliches Merkmal der menschlichen Existenz vor. Auch wenn heroische Akteure wie Bradley und Autrey ihr unter besonderen Umständen entgehen können, scheint sie doch in der Regel schwer auf uns zu lasten. In ihrer grundlegendsten Gestalt lässt sie sich zu der Frage bündeln, die uns alle tief bewegt: Wie ist es uns Menschen möglich, ein erfülltes Leben zu führen? Oder genauer: Wo sollen wir nach den wesentlichen Unterschieden zwischen all den möglichen Handlungsweisen in unserem Leben suchen? Denn nur wo wir Unterschiede sehen, können wir auch bewusst entscheiden, wer wir sein oder werden wollen. Irgendwann im Leben stellen sich jedem diese Fragen. Beispielsweise unseren Studenten, wenn sie sich überlegen, ob sie lieber Ärzte oder Anwälte werden sollen, Investmentbanker oder Philosophen, oder wenn sie ein bestimmtes Hauptfach wählen; wenn sie sich fragen, ob sie liberale oder konservative Positionen unterstützen, einer bestimmten religiösen Gemeinschaft beitreten sollten, oder ob sie ihrem Freund oder ihrer Freundin treu bleiben wollen – all diese Fragen führen letztendlich zu der einen Grundfrage zurück: Auf welcher Basis soll ich meine Entscheidung treffen?

Aber es ist nicht nur der heranreifende Erwachsene, der mit solch existentiellen Fragen konfrontiert ist. Selbst wenn wir über scheinbar gefestigte Identitäten verfügen – als Väter oder Mütter, Manager oder Software-Designer – oder bereits politische oder religiöse Verbindlichkeiten eingegangen sind, können uns gute Argumente dazu veranlassen, unsere Entscheidungen zu überdenken. Die Frage nach unserer Identität wird nie abschließend geklärt sein. Wenn ich zum Beispiel beschlossen habe, meinem Sohn ein guter Vater zu sein, dann weiß ich deshalb noch lange nicht, wie ich diese Rolle ausfüllen soll. Die grundlegende Frage, auf welcher Basis ich die richtige Entscheidung treffen soll, scheint immerzu gleich hinter der nächsten Ecke zu lauern, und die heroische Gewissheit eines Bradley oder eines Autrey zeichnet sich in solch existentiellen Momenten bestenfalls als ein ferner Hoffnungsschimmer am Horizont ab.

Die Qual der Wahl mag uns zwar unvermeidlich erscheinen, ist in Wirklichkeit aber eine Eigentümlichkeit des modernen Lebens. In früheren Epochen hätte man nicht nur gewusst, auf welcher Grundlage man seine fundamentalsten Lebensentscheidungen treffen soll, unsere existentiellen Fragen hätten nicht einmal einen Sinn ergeben.

Denken wir zum Beispiel an das Mittelalter. Während dieser Periode wurde die Identität des Menschen im christlichen Abendland von Gott bestimmt. Ob es Gott gibt oder nicht, spielt dabei keine Rolle. Die klassischen metaphysischen Argumente für die Existenz Gottes, oder für die Unumgänglichkeit seiner diversen Attribute, sind hier für uns ohne Belang. Von Belang ist lediglich, dass die Menschen im Mittelalter gar nicht umhinkamen, *sich selbst* als von Gott erschaffen und bestimmt zu erfahren. Diese Vorstellung war in so hohem Maße und so untrennbar mit der Art und Weise verbunden, wie sie ihre Welt verstanden, und wurde so absolut selbstverständlich hingenommen, weil nur auf diese Weise alles einen Sinn ergab und weil es vollkommen undenkbar war, dass die eigene Identität auf irgendeine andere Weise bestimmt werden könnte. Das galt auch für Kaiser und Könige: Sie herrschten dem allgemeinen Verständnis nach von Gottes Gnaden, und das bedeutete, dass jeder Einzelne von Gott dazu ausersehen worden war, über sein jeweiliges Volk zu gebieten. Und wie den Monarchen kam auch allen anderen Menschen der Platz in der Gesellschaft zu, den der göttliche Plan für sie vorsah; und nicht nur jeder Mensch, auch jedes Tier und jedes Ding hatte einen spezifischen Platz in der göttlichen Ordnung – in dieser großen Kette des Seins. Die Könige standen über den Adligen, die Adligen über den Bürgern, diese wiederum über den Leibeigenen und immer so fort. Die Menschen standen über den Tieren, die Tiere über den unbeseelten Dingen – und die gesamte irdische Schöpfung unter den Engeln und schlussendlich unter Gott. Diese Ordnung der Dinge war kein *Glaube*, den man hätte in Frage stellen können, oder eine Weltanschauung, die jemals irgendwer bewusst entwickelt hätte. Sie wurde schlicht und ergreifend von jedermann, dessen Stimme etwas galt, als gegeben vorausgesetzt. Dank dieser grundlegenden Vorstellung fanden alle Angehörigen dieser Gesellschaft in allem einen Sinn – mit dem Willen Gottes ließ sich der Sieg in einer Schlacht ebenso erklären wie ein Sturm zur Unzeit. Die Auffassung, dass ein jegliches seinen angemessenen Platz in Gottes Plan erhalten habe, war kein *Glaube*, den man annehmen oder ablehnen konnte. Es war die einzig denkbare Seinsweise.

Die Seinsweise einer Kultur wird nicht von einem System expliziter Überzeugungen bestimmt, die von den Angehörigen dieser Kultur artikuliert werden. In ihr kommt etwas viel Tiefergreifendes zum Ausdruck. Ein Mensch, der in einer bestimmten Kultur aufwächst, erlernt deren Lebensweise ebenso selbstverständlich wie deren Sprache in dem Akzent, der in seiner Familie oder Region gesprochen wird. Aber eine Seinsweise geht noch weit darüber hinaus. Sie beinhaltet ein Gespür für die Angemessenheit oder Unangemessenheit des sozialen Verhaltens in jeder nur denkbaren Lage; die Vertrautheit mit den Bedeutungen, die allen Dingen in dieser spezifischen Kultur zukommen, und die Kenntnis der alltäglichen Verhaltensnormen. Auf allgemeinster Ebene orientiert sich all das an dem typischen Sozialcharakter der jeweiligen Gesellschaft – etwa an ihrem unbewussten Hang zu Aggressivität oder Mitmenschlichkeit. Die Seinsweise ist eine kulturelle Verbindlichkeit, die im *Hintergrund* und somit unbemerkt, aber allesbeherrschend und real das Sozialverhalten regelt. In der Welt des Mittelalters, in der diese Verbindlichkeit die Vorstellung von einem göttlichen Plan beinhaltete, bestand schlicht kein Zweifel daran, auf welcher Grundlage ein Mensch entscheiden sollte, wer er ist oder werden wollte. Denn schließlich war es unvorstellbar, dass man seine eigene Identität *wählen* konnte.

Das heißt nicht, dass im Mittelalter niemals jemand eine Wahl getroffen hätte. Man konnte sich jederzeit bewusst von Gottes Plan abwenden und einen Kurs einschlagen, der von der göttlichen Vorsehung abwich, und moralisch ins Straucheln geraten. In der Terminologie des mittelalterlichen Christentums gab es bekanntlich nicht nur Heilige, sondern auch Sünder, nicht nur Menschen, die ein tugendhaftes Leben führten, sondern auch solche, die den bedrohlichen Verlockungen des Lasters erlagen. Dantes *Inferno*, das wir detailliert im 5. Kapitel besprechen werden, ist eine ausführliche und höchst informative Darstellung der verschiedenen Möglichkeiten im Mittelalter, vom rechten Weg abzukommen.[14] (Dante schrieb es um das Jahr 1300, in der Zeit des Übergangs vom Hoch- zum Spätmittelalter also.) Dante schildert eine außerordentliche Vielfalt an sündigen Seelen, doch alle von ihnen teilen sich ein bestimmtes Merkmal, nämlich dass in ihrem sündigen Verhalten zu Lebzeiten immer eine Abweichung von dem Weg zum Ausdruck kam, der sogar ihrem *eigenen* Verständnis nach von Gott vorgezeichnet war.

Betrachten wir ein typisches Beispiel. Im Zweiten Kreis der Hölle entdeckt Dante die Seelen der Liebenden Paolo und Francesca, die im Leben von ihrem Verlangen nach einander überwältigt worden waren. Nachdem das Paar von Francescas Ehemann, der zugleich Paolos Bruder war, auf frischer Tat ertappt und daraufhin umgebracht worden war, wurde es seiner unkontrollierten Leidenschaft wegen dazu verurteilt, von »furchtbaren Orkanen« durch die Ewigkeit gepeitscht zu werden. Wir werden bei unserer Diskussion über Dante auf dieses Beispiel zurückkommen, für den Moment dient es uns nur als ein Hinweis auf das mittelalterliche Verständnis von Sündigkeit. Dantes Darstellung zeigt deutlich, dass es nur einen richtigen Weg für Paolo und Francesca gegeben hätte – den Ehebruch zu vermeiden – und dass ihre Sünde darin bestanden hatte, den Verlockungen des Lasters erlegen zu sein. Es war von jeher schwer, in allen Lebenslagen den jeweils herrschenden Normen des richtigen Lebens zu entsprechen – die griechischen Philosophen bezeichneten das als *akrasia*: als Willensschwäche oder Unbeherrschtheit; als die Unfähigkeit, sich an der allgemeinen Vorstellung vom Guten und Richtigen zu orientieren. Und zumindest einige von Dantes Sündern wurden Opfer genau dieses Unvermögens.

In unserer gegenwärtigen Welt stehen wir jedoch vor einem schwerwiegenderen Problem. Meist wissen wir nämlich gar nicht, was die richtige Handlungsweise ist; es scheint oft so, als hätten wir überhaupt kein Gespür mehr für die Normen, die ein gutes und richtiges Leben anleiten. Oder anders ausgedrückt: Wir wissen einfach nicht, warum wir eine bestimmte Handlungsweise einer anderen vorziehen sollten.

Vergleichen wir den Fall der Emma Bovary aus dem 19. Jahrhundert mit dem älteren von Paolo und Francesca. In *Madame Bovary* erzählt Flaubert die Geschichte von Emma, die mit dem langweiligen und talentlosen Landarzt Charles verheiratet ist. Um ihrem oberflächlichen, trivialen und unausgefüllten Leben in der Provinz zu entfliehen, stürzt sich Emma in Affären und lebt über ihre Verhältnisse. Das Ganze nimmt ein schlechtes Ende, natürlich, dennoch ist es hier nicht mehr eindeutig so, dass Emmas ehebrecherische Affären ein Fehler gewesen wären. Wir Leser empfinden durchaus Verständnis für ihre Sehnsucht nach einem erfüllteren Leben und zugleich kaum Mitgefühl mit Charles und seiner leeren Existenz; wir *sollen* Emmas Fluchtversuche gewissermaßen verstehen und befürworten. Ihre Lebenslust wirkt bewundernswert und stellt ein glaubwürdiges Gegengewicht zu der Verpflichtung dar, die sie mit ihrer Ehe eingegangen ist.

Auch wenn Emmas Affären rein äußerlich viel mit der Affäre von Paolo und Francesca gemein haben, könnte sich die Art und Weise, wie Flaubert diese Situation behandelt, gar nicht radikaler von Dantes Darstellung unterscheiden. Flaubert zeichnet Emma als eine Frau, die mit einer existentiellen Frage konfrontiert ist, vor der Paolo und Francesca nach Dantes Charakterisierung nicht gestanden hatten. Das Paar aus dem Mittelalter *wusste*, dass es falsch war, Ehebruch zu begehen, konnte seinem sündigen Verlangen jedoch nicht widerstehen. Emmas Situation ist sehr viel komplizierter. Finden wir wirklich, dass sie bei Charles bleiben sollte? Ganz im Gegenteil, wir verstehen nicht nur ihren Wunsch, ihn zu verlassen, wir geben ihr sogar recht. Selbst Charles muss sie für ihr Handeln bewundern – noch nach ihrem Tod vergöttert er sie, aber er hat sie ohnedies nie kritisiert, sondern sogar versucht, sich ihre Lebensweise anzueignen. Die Frage, ob Emmas Handeln bewundernswert war oder nicht, ist also ziemlich vertrackt. Aber in der Bestürzung, die sie angesichts ihrer Handlungen selber empfindet, sollten wir uns eigentlich sofort wiedererkennen, denn letztendlich erlebt sie genau die Qual der Wahl, die uns heute allen so deutlich vor Augen steht.

Was ist bloß geschehen? Wie gelangten wir von den fest vorgegebenen Gewissheiten in Dantes Welt zu unserer existentiellen Ungewissheit? Das ist eine lange und komplizierte Geschichte, und in diesem Buch können wir sie nur skizzieren, um wenigstens eine Ahnung von der Bedeutung dieses Paradigmenwechsels in der entscheidenden historischen Übergangsphase am Beginn des 17. Jahrhunderts zu vermitteln.

Um das Jahr 1600 brach die Welt des Mittelalters zusammen. Plötzlich war es nicht mehr selbstverständlich, dass Gott das Universum nach seinem Willen gestaltet. Damals hatten allerdings erst sehr wenige Menschen dies klar erkannt. Die Sitten und Gebräuche, die eine ganze Kultur für selbstverständlich hält, sind äußerst schwierig zu identifizieren, doch Hinweise auf diesen grundlegenden Wandel lassen sich in der gesamten Literatur und Philosophie dieser Zeit finden. Betrachten wir zwei Beispiele.

Als Erstes Shakespeare. Er scheint regelrecht besessen gewesen zu sein vom Niedergang der göttlichen Ordnung. Ob es ihm nun bewusst war oder nicht, viele seiner Stücke sind von diesem Gedanken durchdrungen. Als großer und sensibler Künstler scheint er intuitiv gespürt zu haben, dass der Zerfall der göttlichen Ordnung eines der großen welthistorischen Themen seiner Zeit war. Viele seiner lebendigsten Figuren spiegeln auf die eine oder andere Weise diese moderne Entwicklung. Denken wir zum Beispiel an Macbeth: einen Mann mit einem »Ehrgeiz, der sich selbst überspringt«,[15] der also seinen Platz in der göttlichen Ordnung »überspringen« zu können hofft, um den selbstgewählten höheren Rang eines Königs einzunehmen. Dante und der Welt des Mittelalters wäre allein schon die Idee Anathema gewesen, man könnte oder sollte die göttliche Ordnung des Universums durch den eigenen Wunsch und Willen transformieren. Nicht umsonst verbannt Dante den gefallenen Engel Luzifer – der den göttlichen Willen durch seinen eigenen zu ersetzen versuchte und damit das Urbild eines egozentrischen Ehrgeizes darstellt – in die Eishölle des Neunten Kreises (worüber ebenfalls noch zu reden sein wird). Shakespeare hingegen, der weit davon entfernt ist, Macbeths Ehrgeiz zu verurteilen, scheint vielmehr von der Art und Weise fasziniert gewesen zu sein, wie uns unsere Intuition lenken kann. Einerseits ist Macbeth kein wirklich unsympathischer Charakter. Sogar seine Ambitionen sind uns irgendwie verständlich, wenngleich nicht unbedingt auch die Strategie, mit der er sie verwirklichen will. Tatsächlich ist das ganze Stück sogar darauf angelegt, dass wir ihn mögen, weil die Tragödie uns nur dann ergreifen kann, wenn wir ihm die Daumen drücken und uns wünschen, dass er sein Ziel erreicht. An einem durch und durch schlechten Charakter, der bekommt, was er verdient, wäre nichts Tragisches. Doch so sympathisch uns Macbeth in gewisser Weise auch ist, ist er doch zum Scheitern verurteilt. Wohl oder übel leistet die göttliche Ordnung dem Aufstieg eines derart egozentrischen Ehrgeizlings hartnäckig Widerstand. Es scheint fast so, als habe Shakespeare Macbeths Streben als etwas potentiell Bewundernswertes betrachtet und zugleich erkannt, dass die Welt, in der er lebte, so etwas nicht gutheißen konnte. In anderen Stücken hingegen, etwa *Troilus und Cressida*, stellt er den Zusammenbruch der göttlichen Ordnung allenfalls als etwas Komisches, meist aber eindeutig Schlechtes dar. Generell hat man den Eindruck, als habe

Shakespeare klar erkannt, was vor sich ging, aber noch keine klare Haltung dazu entwickelt.

Oder denken wir an Hamlet. In seinem berühmten Monolog »Sein oder Nichtsein« aus dem dritten Akt, erste Szene, geht es um die fundamentale Frage, ob er sich für das Leben oder den Tod entscheiden soll. Allein die Tatsache, dass er dies als seine eigene, freie Entscheidung betrachtet, macht deutlich, dass die göttliche Bestimmung für ihn (und seinen Autor) keine unabänderliche Gegebenheit mehr war. Damit soll natürlich nicht gesagt sein, dass vor Hamlet noch niemals jemand über den Freitod nachgedacht hätte. Doch Hamlet legt ihn ganz anders aus als eine Figur aus dem Mittelalter. Im Mittelalter wurde Selbstmord als ein Akt der Rebellion gegen Gott verstanden, als Versuch, Gott eine Entscheidung abzunehmen, die legitimerweise allein die seine ist. (Dante lässt Selbstmörder im Siebten Kreis der Hölle für ihre Sünde büßen, direkt neben den Gotteslästerern.) Auch dieser rebellische Akt wird mit dem Aufruhr verglichen, den Luzifer unter den Engeln gegen Gott angezettelt hatte. Hamlet hingegen scheint nicht einmal der Gedanke zu kommen, dass Selbstmord einen Affront gegen Gott darstellen könnte. Für ihn geht es einzig und allein um die Frage, »obs *edler im Gemüt*, die Pfeil und Schleudern / Des wütenden Geschicks erdulden oder, / Sich waffnend gegen eine See von Plagen, / Durch Widerstand sie enden?« Mit anderen Worten, es stellt sich ihm gar nicht mehr die Frage, ob es sich um Gotteslästerung und somit um eine offenkundig falsche Tat handeln könnte, sondern nur noch die Frage, welche von beiden Möglichkeiten *edler im Gemüt*, also *die bessere Entscheidung* wäre: die Erduldung seines Geschicks oder die

Wahl des Freitods? Der Gott, dessen Plan man sich zu unterwerfen hatte, ist Hamlet bei der Erwägung seiner Frage keine Hilfe mehr. Kurzum, der Zusammenbruch der göttlichen Ordnung des Mittelalters eröffnete dem Menschen die Möglichkeit, sich aufrichtig und existentiell selbst in Frage zu stellen.

Mit der Freiheit, selbst zu wählen, wer wir sein wollen, geht allerdings eine schwere Bürde einher. Denn auf welcher Grundlage sollen wir unsere existentiellen Entscheidungen treffen, wenn wir auf keinen göttlichen Plan mehr bauen können? Wie groß die Sehnsucht nach einem starken Fundament, nach irgendeiner unerschütterlichen Überzeugung war, auf die wir unser Selbst- und Weltverständnis gründen können, lässt sich am deutlichsten in der Philosophie erkennen.

René Descartes, der mit Sicherheit bedeutendste Philosoph in der Geschichte der modernen Philosophie, brachte seine Gedanken ungefähr eine Generation nach Shakespeare zu Papier. (Seine wichtigsten Werke schrieb Descartes um das Jahr 1630.) Eines seiner philosophischen Hauptprojekte bestand in der Beantwortung der Frage, inwieweit wir die grundlegendsten Dinge, die wir wissen, *mit Sicherheit* und *über jeden Zweifel erhaben* wissen können. Beispielsweise, dass es eine Welt und Menschen außerhalb von uns gibt. Wie sich herausstellt, sind solche Dinge ungemein schwer mit absoluter Sicherheit zu beweisen. Die Figuren in dem Film *Matrix* zum Beispiel scheinen in derselben Welt zu leben wie wir, bis sich herausstellt, dass sie eine bloße Illusion ist. Der Gedanke, dass die Welt so ist, wie sie erscheint, ist elementar. Doch wie Descartes fast dreihundertsechzig Jahre vor Hollywood aufgezeigt hat, ist es ausgesprochen schwierig, so etwas Grundlegendes *über jeden Zweifel erhaben* zu wissen. Aber dass wir die Existenz der Welt überhaupt anzuzweifeln in der Lage sind oder – noch extremer – dass wir selbst herausfinden müssten, ob wir etwas derart Elementares überhaupt *mit Sicherheit wissen* können, wäre ein paar Jahrhunderte früher noch undenkbar gewesen. Das ganze kartesianische Projekt wäre im Mittelalter als ein Beweis für die menschliche Hybris betrachtet worden, denn der Vorstellung, wir müssten uns selbst beweisen, dass Gott uns *nicht* täuscht, geht ja die Mutmaßung voraus, dass Gott uns nach allem, was wir wissen, *täuscht*. Aber diese Annahme hätte in einer Welt, die Gott als den himmlischen Schöpfer und gütigen Architekten des Universums begriff, nicht den geringsten Sinn ergeben. Die Tatsache, dass Descartes diese skeptische Frage nicht nur stellen konnte, sondern auch ernst genommen wurde – und sogar ein Paradigma philosophischen Denkens damit begründete –, beweist, dass die Annahmen des Mittelalters zur Zeit seines Wirkens in der ersten Hälfte des 17. Jahrhunderts an Überzeugungskraft eingebüßt hatten. Und wenn schon eine so fundamentale Frage wie die, ob es überhaupt eine Außenwelt gibt, der Diskussion bedarf, um wie viel fragwürdiger müssen dann erst unsere existentiellen Entscheidungen geworden sein?

Friedrich Nietzsche hat bekanntlich verkündet: »Gott ist todt!« Damit meinte er, dass in der modernen abendländischen Kultur nicht mehr alle grundlegenden Fragen des Daseins bereits für uns beantwortet wurden, wohingegen der Gott des Mittelalters die Antworten kannte, bevor die Fragen überhaupt gestellt wurden. Heute gibt es diese Gewissheiten nicht mehr, weder für den modernen Gläubigen noch für den Skeptiker, wie der zeitgenössische kanadische Philosoph Charles Taylor betont.[16] Auch wenn, wie behauptet wurde, in den Vereinigten Staaten gerade eine dritte religiöse Erweckung stattfindet, ist der christliche Glaube nicht mehr mächtig genug, um existentielle Fragen unterdrücken zu können. Heute dürfte wohl kaum noch ein gläubiger Christ wie selbstverständlich davon ausgehen, dass Ungläubige nolens volens Unmenschen seien. Im mittelalterlichen Christentum war man da anderer Meinung gewesen: Ein Ungläubiger zu sein bedeutete ipso facto, ein schlechter Mensch zu sein, der genau die Glückseligkeit verschmähte, nach der gute Menschen strebten. Vielleicht gibt es ja noch ein paar fanatische religiöse Subkulturen, denen es gelingt, einen derart exklusiven Glauben zu bewahren. Doch insoweit der christliche Gottesglaube mit der Vorstellung vereinbar ist, dass es bewundernswerte Menschen gibt, die dennoch nicht gläubig sind – wie es im Westen ja mehrheitlich der Fall ist –, kann er sich auch selbst nicht gegen existentielle Fragestellungen abschotten. Und wenn ein Ungläubiger nicht ipso facto verabscheuenswert ist, dann bedeutet dies auch, dass Unglaube eine frei gewählte Entscheidung ist, die selbst der Gläubige zu respektieren hat. Zu sagen, dass wir im heutigen Westen in einem säkularen Zeitalter leben, heißt nichts anderes, als dass sogar religiös gläubige Menschen vor existentiellen Fragen bezüglich ihrer eigenen Lebensweise stehen.

Die Konfrontation mit existentiellen Fragen ist gar keine schlechte Sache, sofern man über die nötigen Ressourcen verfügt, um sie auch beantworten zu können.

Vielleicht ist es ja so, dass das Christentum sogar heute noch vielen Gläubigen solche Ressourcen anbietet – Charles Taylor geht in seinem jüngsten Werk *Ein säkulares Zeitalter* jedenfalls von dieser Prämisse aus. Er betrachtet den radikalen Wildwuchs von Religiosität und Spiritualität, diese veritable Explosion an religiösem Leben, sogar als das zentrale Merkmal unseres modernen Zeitalters. Demgegenüber steht jedoch die Vorstellung einer totalen Orientierungslosigkeit – der Nihilismus, der auf den Tod Gottes folgte und von Nietzsche freudig begrüßt wurde, weil er uns dazu befreite, jedes von uns gewünschte Leben zu leben.

Viele andere fanden diese Vorstellung allerdings schreckenerregend. Fjodor Dostojewski meinte, wenn es keinen Gott gibt, dann sei alles erlaubt. Unserer Ansicht nach ist der Nihilismus mindestens genauso engstirnig wie jeder Fanatismus. Weder der eine noch der andere bietet uns das Fundament für ein sinnvoll gelebtes Leben. Wir sind auch skeptischer als Taylor, was die Bewertung des jüdisch-christlichen Monotheismus als einer überzeugenden kulturellen Basis für unser modernes Zeitalter betrifft. Und selbst wenn er es wäre, gäbe es in der Geschichte des Abendlandes immer noch andere religiöse Traditionen, die wir in Betracht ziehen könnten. Im dritten Kapitel werden wir uns einer solchen Tradition widmen: der des griechischen Polytheismus in seiner homerischen Darstellung. Vorher wollen wir jedoch einen Blick auf einen besonders sensiblen Bericht über die Traurigkeit und Verlorenheit in unserem Zeitalter werfen.

2

DAVID FOSTER WALLACE' NIHILISMUS

*... die Verwunderung: ja es gibt keinen andern
Anfang der Philosophie als diesen ...*

— Platon, *Theaitetos*

David Foster Wallace war der bedeutendste amerikanische Schriftsteller seiner Generation, vielleicht sogar ihr
größter Geist überhaupt.[1] Er schrieb gewaltige und ge-
waltig ambitionierte Romane, Erzählungen und Essays,
die seinen Lesern aufzeigen sollten, wie sie ein bedeutungsvolles Leben führen können – »Erzählungen davon, wie man *a fucking human being* sein kann«, sagte er
einmal. Gute Literatur soll dem Leser helfen, sich »weniger allein innen drin« zu fühlen.[2]

David Foster Wallace erhängte sich am 12. September
2008. Er war sechsundvierzig Jahre alt.

Was können wir aus Wallace' Selbstmord schließen?
Nicht viel, vermutlich. Es ist allgemein bekannt, dass er
jahrzehntelang unter Depressionen litt, dass er seinen
Zustand fast zwanzig Jahre lang mit dem Antidepres-
sivum Nardil bekämpft und sich viele Male Elektro-
schocktherapien unterzogen hatte, darunter allein einem
Dutzend in den Monaten vor seinem Tod.[3] Es ist ebenfalls bekannt, dass sein endgültiger Absturz mit dem Versuch zusammenfiel, sich ein für alle Mal von Nardil zu

entwöhnen, dem Medikament, das es dem Sohn nach Meinung seines Vaters James »ermöglicht hatte, so produktiv zu sein«.[4] Zweifellos spielen bei schweren Depressionen neurophysiologische und neurochemische Faktoren eine große Rolle, daher scheint auf der Hand zu liegen, dass auch Wallace am Ende biologischen Widrigkeiten erlag.

Und doch.

Wahr ist auch, dass Wallace' Schriften einige vorherrschende Stimmungen unserer Zeit eingefangen und Wallace diese selbst verkörpert hat. Sein schwergewichtiges Meisterwerk *Infinite Jest* (*Unendlicher Spaß*) ist der literarische Inbegriff moderner, selbstreflexiver Befangenheiten. Ein absatzlanger Satz nach dem anderen untergräbt sich selbst, stellte seine eigenen Prämissen in Frage und kehrt dann wie ein Ouroboros zurück, um sich selbst in den Schwanz zu beißen. Dazu kommen lange Endnoten, die den Prozess fortsetzen, so als sollte zum Ausdruck gebracht werden, dass wir uns heutzutage auf genau diese Weise unser selbst bewusst werden: Wir sagen etwas, fragen uns, was wir da eigentlich gerade gesagt haben, machen es ungesagt, haken aber noch mal nach, hangeln uns zurück und kreisen das Gesagte ein, aus einer anderen Perspektive diesmal, relativieren es, entrelativieren es wieder, versehen unsere Endnoten dann noch mit Fußnoten und annotieren unsere fußnotierten Endnoten bis in alle Ewigkeit. Und falls wir jemals zu einem Schluss kommen, dann ohne Entschluss.

Sogar Wallace' Beziehungen scheinen diesen Charakter gehabt zu haben. Im Alter von zweiundvierzig Jahren beschloss er, die bildende Künstlerin Karen Green zu heiraten, und allen Berichten nach soll es bis auf das letzte

Jahr eine glückliche Ehe gewesen sein. Zuvor hatte Wallace viele unglückliche Beziehungen gehabt, darunter eine ernsthafte und ernsthaft unstetige mit der Dichterin und Biographin Mary Karr.[5] Trotz (oder wegen) des ewigen Hin und Hers war Karr ihm wichtig genug, um sich ein Herz mit ihrem Namen darin auf den Arm tätowieren zu lassen. Als er und Karen Green sich Jahre später ineinander verliebten, genierte ihn dieses Relikt offenbar. Er ließ einen Strich durch Marys Namen tätowieren, unter das Herz ein Sternchen, weiter unten am Arm ein zweites Sternchen und daneben Karens Namen. »Er verwandelte seinen Arm«, schrieb der Publizist D. T. Max, »in eine lebende Fußnote«.

Es liegt nahe, hier an Melvilles ganzkörpertätowierten Harpunier, den Südseeinsulaner Queequeg, zu denken. Aber wenn Melville recht hat und wir die heiligen Bräuche unserer Kultur auf der Haut tragen (worüber noch zu sprechen sein wird), dann können wir aus Wallace' Leben etwas lernen. Was uns heilig ist, scheint er uns zu sagen, ist die Befähigung, unsere Bekenntnisse zu annotieren – sie zu relativieren, zu verändern, zurückzunehmen. Somit wäre unsere heiligste Verpflichtung die Freiheit, unsere Bekenntnisse zu wählen und sie wieder als ungewählt zu betrachten, sobald wir uns umentscheiden.

Infinite Jest umfasst im englischen Original 1079 Seiten, darunter fast 100 Seiten gewichtiger Endnoten,[6] und ist nach Lage der Dinge der Prototyp dessen, was ernste Literatur am Ende des 20. Jahrhunderts und zu Beginn des 21. Jahrhundert anstreben konnte. Der Roman befasst sich neben vielen anderen typischen Themen des ausgehenden 20. Jahrhunderts mit Sucht, Depression, Konsumismus, Terrorismus und Tennis-Akademien. Stilistisch und inhaltlich ist er ein äußerst gründlicher und ungemein scharfsinniger Versuch zu erklären, was es bedeutet, im Amerika zur Zeit der letzten Jahrhundertwende *a fucking human being* zu sein.

Und was genau bedeutet es? »Da ist etwas besonders Trauriges dran«, sagte Wallace 1996 in einem Interview mit dem Online-Journal *Salon*,

> *etwas, das nicht viel mit materiellen Umständen zu tun hat, oder mit der Wirtschaft, oder mit irgendwas von dem Zeug, über das in den Nachrichten geredet wird. Es ist eher eine Traurigkeit auf Bauchebene. Ich sehe sie auf verschiedene Weise bei mir selbst und bei meinen Freunden. Sie äußerst sich als eine Art von Verlorenheit.*

Das Gefühl der Verlorenheit könnte einfach auf die physiologische Depression zurückgeführt werden, gegen die Wallace sein ganzes erwachsenes Leben angekämpft hatte. Es gibt aber auch noch eine andere Möglichkeit. Vielleicht hat Wallace hier weniger seine persönliche Depression geschildert als bestimmte Aspekte unserer Kultur, die er eben wegen dieser Depression so sensibel wahrnahm und die von anderen möglicherweise übersehen, überspielt oder auf irgendeine andere Weise übergangen werden – Aspekte des modernen Daseins, die wir alle durchleben, aber nicht wahrnehmen. Kurzum, vielleicht hat ihn seine Depression besonders sensibel für etwas gemacht, das die Kultur durchdringt, aber nichts Persönliches und Individuelles ist, sondern etwas Öffentliches und gemeinschaftlich Geteiltes. Und vielleicht war es seine Aufgabe als Schriftsteller, uns diese Aspekte vor Augen zu führen. Jedenfalls scheint Wallace es so gesehen zu haben:

> *Die Traurigkeit, um die es in dem Buch geht und die ich selbst durchlebt habe, war eine typisch amerikanische Art von Traurigkeit. Ich bin weiß, obere Mittelschicht, unverschämt gebildet, hatte weit mehr beruflichen Erfolg, als ich mir von Rechts wegen hätte erhoffen dürfen, und war irgendwie haltlos. Vielen meiner Freunde ging es ähnlich. Ein paar von ihnen waren mächtig auf Drogen, andere unglaubliche Workaholics. Ein paar gingen jeden Abend in Single-Bars. Du kannst es auf zwanzig verschiedene Weisen vorgespielt sehen, aber es ist immer dasselbe.[7]*

Später in diesem Interview sprach er über seine Traurigkeit und Verlorenheit im Sinne einer Gestimmtheit – eines amerikanischen Gemützustands, der von der Unfähigkeit unserer Kultur oder bestimmter Segmente unserer Kultur herrührt, sich tiefgreifenden, existentiellen Fragen zu stellen:

> *Ich habe das Gefühl, dass eine Menge von uns privilegierten Amerikanern, wenn wir am Beginn unserer Dreißiger sind, einen Weg finden müssen, den kindischen Kram wegzuräumen und uns solchen Themen wie Spiritualität und Werten zu stellen.*

Es besteht kein Zweifel, dass die Biologie eine wichtige Rolle bei Wallace' schwerer Depression und seinem letztendlichen Selbstmord spielte. Doch insofern sein Werk etwas aus unserem modernen Zeitalter einfängt – wie dessen Erfolg ja nahelegt –, ist die Gemütsverfassung, auf die Wallace eingestimmt war, vielleicht doch mehr als nur ein Ergebnis seiner individuellen physiologischen Struktur. Vielleicht ist sie auch ein Hinweis auf unsere metaphysische Struktur, auf die Art und Weise, wie es uns unser Zeitalter versagt, eine kohärente Geschichte über Sinn und Bedeutung unseres Lebens zu erzählen. 1993 sagte Wallace im Gespräch mit dem Literaturmagazin *Whiskey Island*: »Dies ist eine Generation, die absolut null Ererbtes besitzt, soweit es bedeutungsvolle Wertvorstellungen betrifft.«[8]

Wenn Wallace damit recht hatte und falls es genau diese kulturelle Konstellation ist, auf die er so ungemein sensibel reagierte, dann bedeutet sein Selbstmord sehr viel mehr als den Verlust eines einzelnen talentierten Menschen. Dann ist er eine Warnung, die unsere höchste Aufmerksamkeit erfordert – ein Kanarienvogel in der Kohlemine unserer modernen Existenz, der vor tödlichen Gasen warnt.

Trotz der Flut an Kommentaren über Wallace' Werk wurde es wohl noch von keinem ernsthaften Kritiker mit *Chick Lit* verglichen, jener anderen kanonischen Auseinandersetzung mit der amerikanischen Kultur, deren derzeitige Queen Elizabeth Gilbert ist. Allein die amerikanische Originalausgabe ihrer 2006 erschienenen Memoiren *Eat, Pray, Love* hat sich fünf Millionen Mal verkauft und war mehr als ein Jahr lang die Nummer eins auf der Nonfiction-Taschenbuch-Bestsellerliste der *New York Times*. Im Zuge von Gilberts Ruhm wurden selbst die Pseudonyme ihrer Figuren gelüftet. Richard aus Texas zum Beispiel, der affektierte einstige Junkie, dem sie in einem indischen Ashram begegnet, ist bereits bei *Oprah* aufgetreten. Zwei Mal.

Gilbert hat sich das Mäntelchen der *Chick-Lit*-Queen nur ungern umlegen lassen. Was auch immer dieses Label genau bedeutet, gewiss ist, dass es nicht als Kompliment gemeint ist. Gelegentlich gibt sie sich deshalb etwas verstimmt, akzeptiert aber zugleich, dass da wohl irgendetwas dran sein muss.

Vergisst man einmal die unvorstellbar große Kluft zwischen *Chick Lit* und Avantgarde, dann ist Gilberts Herangehensweise ans Schreiben von der gleichen Ambition getrieben, die auch Wallace' Schreiben motivierte. »Schreiben war schon immer meine Art gewesen, das Leben zu übersetzen«, erklärt sie, »Erfahrungen aus dem Ephemeren zu extrahieren und zu verarbeiten, real zu machen«.[9] So avantgardistisch Wallace' Werk auch ist, so postmodern, experimentell und zeitgenössisch sein Stil und Inhalt auch sind, so hatte er doch ein ähnliches Ziel vor Augen. Wie Gilbert wollte auch Wallace die Welt so darstellen, wie sie wirklich ist. »Ich habe mich immer für einen Realisten gehalten«, sagte er in dem *Salon*-Interview:

> Die Welt, in der ich lebe, besteht aus zweihundertfünfzig Werbebotschaften pro Tag und jeder Menge unglaublicher Möglichkeiten, sich zu bespaßen. […] Ich verwende ziemlich viel Pop-Zeug in meiner Fiktion, aber ich mache damit nichts anderes als das, was andere Leute vor hundert Jahren gemacht haben, als sie über Bäume und Parks schrieben und erzählten, dass sie zum Fluss laufen mussten, um Wasser zu holen. Es ist eben Teil meiner Welt.

Elizabeth Gilberts Welt unterscheidet sich zweifellos von Wallace'. Aber nicht, weil es ihr an den Ängsten, Depressionen und der tiefen Traurigkeit mangeln würde, die Wallace in allem fand: Am Beginn ihres Buchs kauert sie schluchzend auf dem Boden des Badezimmers in ihrem großen Haus am Rand von New York.

Gilberts Elend wird vom gleichen Gefühl der Verlorenheit ausgelöst, das Wallace überall wahrnahm. In ihrem Fall ist es natürlich eine ganz bestimmte Erscheinungsform dieser Verlorenheit, eine spezifisch amerikanische Art von Haltlosigkeit. Dennoch ist sie eine Variante des von Wallace beschriebenen Phänomens. Wie sagte er doch? »Du kannst es auf zwanzig verschiedene Weisen vorgespielt sehen, aber es ist immer dasselbe.« Die auf dem Badezimmerboden kauernde Liz Gilbert hätte eine Figur in einer seiner Szenen sein können.

Gilberts Verzweiflung hat allerdings auch etwas spezifisch Weibliches. Immerhin ist sie mit einem Problem konfrontiert, vor das sich viele moderne amerikanische Frauen gestellt sehen: mit der kulturellen Erwartung, dass sie sich ein Baby wünschen müsste, derweil ihr bewusst wird, dass es nicht das ist, was sie will. Vielleicht stimmt es auch, dass die Spannungen, die in unserer Welt durch die Familie auf der einen und die beruflichen Verpflichtungen auf der anderen Seite ausgelöst werden, oder solche, die durch Familie und Beruf auf der einen und dem persönlichen Glück auf der anderen Seite entstehen, heutzutage auch von Männern stärker empfunden werden als in der Vergangenheit. Aber es lässt sich doch nicht leugnen, dass Gilbert die Dinge aus der weiblichen Perspektive angeht und für eine weibliche Leserschaft schreibt. Doch wenn wir unsere Aufmerksamkeit von den Details abwenden, dann können wir auch bei ihr Wallace' Grundthema durchscheinen sehen – die Spannung zwischen Verpflichtung und Neigung. Gilbert selbst fasst ihre missliche Lage in die Worte:

> Ich musste unentwegt daran denken, was meine Schwester einmal zu mir sagte, während sie ihren Erstgeborenen stillte: »Ein Baby zu kriegen ist so, als lasse man sich im Gesicht tätowieren. Du musst dir wirklich sicher sein, dass du es willst, bevor du dich darauf einlässt.«[10]

Neben der ambivalenten Einstellung zu Tätowierungen gibt es zwischen Wallace und Gilbert aber auch noch weitere Gemeinsamkeiten. Obwohl beide von einer tiefen Verwirrung und Verlorenheit getrieben sind und beide das Dunkel der Haltlosigkeit als zentrales Merkmal unseres Zeitalters empfinden, sind beide gleichermaßen von der Idee durchdrungen, dass es in der Verantwortung des Schriftstellers liege, einen Weg nach vorn zu weisen und die Vision eines besseren Lebens zu entwickeln. Frappant ist zum Beispiel, dass Gilbert ihre Geschichte zwar mit dem Zusammenbruch ihrer Ehe beginnt, sich aber weigert, über die Details dieser dunklen Phase in ihrem Leben zu schreiben. Sie setzt von Anfang an voraus, dass wir alle wüssten, wie sich dieses Dunkel anfühlt – deshalb zeichnet sie es auch nur mit den großzügigsten und flachsten Pinselstrichen nach. Stattdessen möchte sie uns exemplarisch zeigen, wie man aus diesem dunklen Ort herausfinden und wieder ins Licht treten kann.

Genau das tut auch Wallace. Sehr früh schon in seiner Laufbahn erklärte er eindringlich, dass sein Ziel als

Schriftsteller darin bestünde, einen Ausweg aus unserer misslichen Lage zu zeigen, und gewiss nicht darin, deren Schrecklichkeiten zu verherrlichen. In einem Interview mit dem Literaturkritiker Larry McCaffery sagte er 1991:

> *Wir dürften uns vermutlich so ziemlich alle einig sein, dass wir gerade in finsteren und bescheuerten Zeiten leben, aber brauchen wir eine Erzählliteratur, die nichts anderes tut, als unsere Lage zu dramatisieren? In finsteren Zeiten scheint mir die Definition von guter Kunst doch zu sein, dass sie die Elemente des Menschlichen und Magischen, die trotz der Finsternis unserer Zeit noch lebendig sind und leuchten, lokalisiert und reanimiert. Wirklich gute Erzählliteratur kann so düster in ihrer Weltanschauung sein, wie sie will, sie muss aber nicht nur einen Weg finden, diese Welt zu schildern, sondern auch einen, all die Möglichkeiten zu beleuchten, wie man in ihr lebendig und menschlich sein kann.[11]*

Der Grund, weshalb wir uns hier nicht nur mit Wallace, sondern auch mit Gilbert befassen, ist nicht, dass beide die Verlorenheit unseres Zeitalters spüren – diese düstere Vision fand sich bereits in T. S. Eliots *Das wüste Land* und Samuel Becketts *Endspiel* und in zahllosen anderen Zeugnissen aus der ersten Hälfte des 20. Jahrhunderts. Nein, was diese beiden zeitgenössischen Autoren lesenswert macht, ist vielmehr, dass sie einen Weg ins Licht zu finden versuchen. Indem wir nun schildern, auf welche Weise ihnen das misslingt, bereiten wir unsere eigene Suche nach dem Leuchtenden vor, das in unserer modernen Welt trotz allem noch zu finden ist.

Im Zentrum seines unvollendeten letzten Meisterwerks, dem Wallace den Arbeitstitel *The Pale King* gegeben hatte, steht das tiefgründige spirituelle Ringen einer fast schon monastischen Gruppe von Steuerprüfern des amerikanischen Internal Revenue Service (IRS).[12] Das Projekt war immer sperriger geworden und bereits auf gewaltige Ausmaße angewachsen. Wallace klagte, dass ihm die Geschichte entgleite und er sie nicht mehr unter Kontrolle bekomme. Es sei, als versuche man, »eine Sperrholzplatte durch einen Sturm zu schleppen«, stöhnte er.[13] In einer Mail, die er im Januar 2006 an seinen Freund, den Schriftsteller Jonathan Franzen schickte, berichtete er, dass er »viele viele Seiten« geschrieben, dann zerrissen oder in einer verschließbaren Kiste versteckt habe.

> *Das Ganze ist ein Tornado, der einfach nicht lange genug stillhält, damit ich sehen kann, was nützlich ist und was nicht. Ich habe darüber gebrütet und gebrütet, bis mein Brüter wund war.[14]*

Ein Problem war struktureller Art. Wallace hatte sich sozusagen bewusst selbst sabotiert, indem er sich die denkbar fadesten Charaktere ausgesucht hatte, Menschen, die acht Stunden am Tag dasitzen und die Steuererklärungen anderer prüfen. Michael Pietsch, Wallace' Freund und Lektor, erklärte, dass der Autor »sich eine Aufgabe gestellt hat, die praktisch das Gegenteil dessen ist, wie Geschichten funktionieren«.[15] Normalerweise drängte es Wallace dazu, die öden Momente des Lebens auszuklammern, dieses Projekt aber war von vornherein so angelegt, dass er sich ausdrücklich auf sie fokussieren musste.

Doch auch dieses strukturelle Problem kam nicht von

ungefähr, im Gegenteil, es scheint absolut essentiell für ihn gewesen zu sein. Das Quälerische an der Arbeit dieser Steuerprüfer war das Quälerische, das Wallace beim Schreiben erlebte und das er im Kern des modernen Lebens am Werk sah. Letztendlich war es auch die Qual, die für ihn damit verbunden war, gegen die ständig lockenden Ablenkungsmöglichkeiten anzukämpfen. 1997 sprach Wallace in einem Interview mit dem Fernsehmoderator Charlie Rose über ein bevorstehendes Sabbatjahr:

> CR: *Was werden Sie in diesem Jahr tun?*
> DFW: *Erfahrungsgemäß werde ich wahrscheinlich*
>   *eine Stunde am Tag arbeiten und acht Stun-*
>   *den am Tag an den Nägeln kauen und mir*
>   *den Kopf übers Nichtschreiben zerbrechen.*
> CR: *Den Kopf übers Nichtschreiben zerbrechen?*
>   *Nicht darüber, was Sie schreiben sollen?*
> DFW: *Richtig, übers Nichtschreiben.*[16]

Die entscheidende Herausforderung in unserer heutigen Welt besteht für Wallace nicht nur darin, dass wir nicht wissen, wie wir ein sinnvolles Leben führen können, sondern vor allem darin, dass wir nicht einmal fähig scheinen, uns ausführlicher mit diesem Gedanken zu befassen.

In *Unendlicher Spaß* erkundet Wallace die Hingabe, mit der sich unsere Gesellschaft an die Perfektionierung ihrer Ablenkungsmöglichkeiten macht. Im Zentrum des Romangeschehens steht ein Film, der eine so »tödlich unterhaltsame« Sache ist, eine so »tödliche Vollkommenheit«

besitzt, dass das Publikum auf eine sabbernde Anomie reduziert wird.[17] Einer dieser Unglücksraben, ein »Gesundheitsattaché«, entdeckt zufällig eines Abends die tödliche »Unterhaltungspatrone«. Stunden später:

> *Der Gesundheitsattaché sieht sich derweil in der Wohnung immer noch die unbeschriftete Patrone an, die er ein paarmal zurückgespult und dann als Endlosschleife eingestellt hat. Er sitzt da, gefesselt an ein erkaltetes Abendessen, schaut und hat inzwischen, um 0.20 Uhr, Hose und Lehnstuhl nass gemacht.*[18]

Der Film trägt denselben Titel wie das Buch, für das er erfunden wurde: *Infinite Jest / Unendlicher Spaß*.

Inspirieren ließ sich Wallace von einer berühmten Szene in *Hamlet*. Im Kirchhof findet Hamlet den ausgegrabenen Schädel von Yorick, der in seiner Kindheit der Hofnarr des Vaters gewesen war, und hebt ihn auf:

> *Ach armer Yorick! – Ich kannte ihn, Horatio: ein Bursche von unendlichen Späßen, voll von den herrlichsten Einfällen. Er hat mich tausendmal auf dem Rücken getragen.*[19]

Bei Shakespeare stehen die »unendlichen Späße« von Yorick im krassen Gegensatz zur Melancholie des dänischen Prinzen. Bei Wallace wurde hingegen eine ganze Kultur von Hamlets Schwermut ergriffen. Und die Flucht in die Ablenkung endet bei ihm auch nicht mehr in den Armen eines Mannes von vortrefflicher Caprice, eines Hofnarren also, der einen auf den Schultern trägt und die Stimmung hebt. Bei Wallace lullt die Macht des unendlichen Spaßes ein, fesselt den Zuschauer an den Lehnstuhl, bis er sich in die Hose pinkelt. Unser perfektioniertes Entertainmentsystem schenkt uns nicht unsere Menschlichkeit zurück, sondern nimmt sie uns.

Weil der künstliche Spaß dieses perfekten Entertainments nur ein Trick ist, weil uns das Streben nach dem falschen Glück ausweidet und unsere Welt »zu einem kleinen hellen Punkt« implodieren lässt[20] und weil eine solche Art der Unterhaltung in ihrer Perfektion unwiderstehlich ist, ist dieser Roman von Wallace auch ein von Grund auf trauriger.[21] Er schildert eine Welt des perfektionierten Entertainments, mit dem wir uns unausweichlich selbst zugrunde richten.

Im *bleichen König* wollte uns Wallace vermutlich einen Ausweg aus der Misere zeigen. Wie sich herausstellt, ist der Schlüssel dazu eine vernichtende, niederschmetternde Langeweile. Wallace selbst erklärte die Prämisse dieses Buchs mit den Worten:

> *Unterm Strich ist Seligkeit – eine jede einzelne Sekunde erfüllende Wonne und Dankbarkeit über das Geschenk, am Leben zu sein und Bewusstsein zu haben – das Gegenteil der niederschmetterndsten Langeweile. Schenk der denkbar ödesten Sache deine Aufmerksamkeit (Steuererklärungen, im Fernsehen übertragenem Golfspiel), und eine nie gekannte Langeweile überflutet dich wellenartig und bringt dich fast um. Wenn du sie überstehst, ist das wie ein Übergang von Schwarz-Weiß zu Farbe. Wie Wasser nach Tagen in der Wüste. Ständige Seligkeit in jedem Atom.[22]*

Der Roman *Der bleiche König* blieb unvollendet. 2011 wurde er auf Grundlage der vorhandenen Fragmente und Notizen, die Wallace' Lektor Michael Pietsch zusammenstellte, posthum in den Vereinigten Staaten veröffentlicht. Als wir unser Buch schrieben, lagen erst einige vorab publizierte Auszüge daraus vor,[23] doch bereits aus diesen schien deutlich hervorzugehen, dass Wallace über das, was ihn bis dahin so vorrangig beschäftigt hatte, hinausgewachsen war. Er schien sich nun weniger dafür interessiert zu haben, wie sich all das, womit wir uns ablenken – was uns einlullt oder sogar fast umbringt –, transformieren lässt. Das neue Werk befasst sich mit den unterschiedlichen Zuständen – mit der Langeweile, dem Unbehagen, der Frustration und dem Ärger –, die der Flucht in die Ablenkung vorausgehen und diese schließlich herbeiführen. Die spirituelle Reise von Wallace' IRS-Steuerprüfern besteht darin zu lernen, wie man diese Zustände – insbesondere die Langeweile – ertragen und in ihnen sogar Erlösung und spirituellen Wert finden kann.

Was keine leichte Sache ist. Einem Steuerprüfer namens Lane Dean, jr. fällt es besonders schwer, sich auf seine Aufgabe zu konzentrieren. Der Schilderung seines Kampfes scheint denn auch eine tiefgreifende eigene Erfahrung des Autors zugrunde zu liegen. Man kommt gar nicht umhin, sich an Wallace' Kampf mit dem Schreiben erinnert zu fühlen:

> *Lane Dean, jr. [...] prüfte zwei weitere Steuererklärungen, dann noch eine, dann spannte er die Gesäßmuskeln an, zählte bis zehn und dachte an einen warmen, schönen Strand mit sanfter Brandung, wie ihm*

das in der Orientierung im Vormonat empfohlen wor-
den war. Dann prüfte er zwei weitere Steuererklärun-
gen, sah ganz kurz auf die Wanduhr, dann noch zwei,
dann kniete er sich richtig rein und prüfte drei in
einem, dann spannte und dachte er und kniete sich
noch mehr rein und schaffte vier, ohne auch nur ein-
mal aufzusehen [...]. Nach nur einer Stunde war der
Strand ein Winterstrand geworden, kalt und grau,
und der tote Seetang glich den Haaren von Ertrunke-
nen, und so blieb es auch allen gegenteiligen Versu-
chen zum Trotz.[24]

Nichts legt nahe, dass Wallace vom Prozess des Schreibens gelangweilt gewesen wäre, aber er hatte schwer damit zu kämpfen, bei der Sache zu bleiben und alle Ablenkungen auszublenden. Auch er kniete sich in seine
Arbeit, wieder und immer wieder. Und vielleicht zählte
er statt der bearbeiteten Steuererklärungen dabei die Zeilen oder Seiten, die er geschafft hatte. Doch um wie vieles
heftiger muss dieser Kampf für die heroischen Männer
sein, die sich tagtäglich acht Stunden mit einer Aufgabe
abquälen, die derart langweilig ist, dass sie sie regelrecht
zu Ablenkungsmanövern zwingt? So wie Lane Dean, jr.
im weiteren Verlauf des Vormittags:

Seine Gesäßmuskulatur schmerzte schon vom Anspan-
nen, und allein der Gedanke, sich den einsamen
Strand vorzustellen, entmutigte ihn. Er schloss die Au-
gen [...]. Als er die Augen dann wieder öffnete, hatte
der Aktenstapel in der Ablage Eingang anscheinend
immer noch dieselbe Höhe wie um 7.14 Uhr, als er im
Notizbuch des Truppführers seinen Schichtbeginn ein-

getragen und sich an die Arbeit gemacht hatte [...],
und er verbot sich erneut, aufzustehen und nachzuse-
hen, wie viele jetzt darin lagen, weil er wusste, dass es
dadurch nur noch schlimmer würde. Er hatte das Ge-
fühl, ein riesiges Loch oder eine Leere fiele durch ihn
hindurch, fiele immer weiter und würde nie auf den
Boden aufschlagen. Bis jetzt hatte er in seinem ganzen
Leben noch nie an Suizid gedacht.[25]

Deans Ringen ist spiritueller Art, ein Kampf gegen die
Hölle tödlicher Langeweile. Kein Ringen um alles oder
nichts, nur dieser alltägliche Kampf – wir kennen ihn
alle. Aber Wallace schien zu glauben, dass dieser Kampf
gewonnen werden kann, wenn man die richtige Einstellung dazu hat. Das ist es, was die stillere und friedlichere
Welt der spirituell bereits fortgeschritteneren Adepten
der IRS-Steuerbehörde uns nahelegt. Wallace schildert
ihr Großraumbüro wie eine Art Kloster, sieht »im Licht-
keil einen langen Saal voller IRS-Prüfer in langen Reihen
und Kolonnen an seltsam aussehenden Pulten« sitzen.[26]
In dieser klösterlichen Atmosphäre finden wir spirituell
unterschiedlich gereifte Akteure. Zum Beispiel Atkins,
dessen Arbeitsplatz neben dem von Dean ist. Er scheint
niemals herumzuzappeln, sich nicht einmal zu bewegen,
während er die Formulare ausfüllt. Er behauptet, über die
fast schon magische Fähigkeit zu verfügen, zwei Steuererklärungen zugleich prüfen und gegenprüfen zu können. Ein anderer Sachbearbeiter soll Berichten nach in
der Lage sein, sich durch die Rezitation einer Zahlen-
reihe in einen Zustand höchster Konzentration versetzen
zu können. Und dann gibt es noch Mitchell Drinion.
»Drinion ist *Happy*«, schrieb Wallace in eines seiner No-

tizbücher.[27] Er ist derart zentriert, derart entspannt und so im Einklang mit der Langweiligkeit seiner Aufgabe, dass er zu einer höheren Glückseligkeit durchgedrungen ist. Drinion levitiert: Er schwebt über den Dingen, buchstäblich.

Wie erreicht man aus Wallace' Sicht den Zustand solcher Glückseligkeit? Vielleicht finden wir darauf einen Hinweis in der Erfahrung von Don Gately, dem Protagonisten aus *Unendlicher Spaß*. Er war einmal von Demerol abhängig gewesen und arbeitet gerade als Betreuer im »Ennet House Drug and Alcohol Recovery House«, das hügelabwärts von der »Enfield Tennis Academy« liegt. Gatelys Heroismus äußert sich nicht zuletzt in seinen Kämpfen gegen all die Versuchungen und Zerstreuungen des modernen Lebens – Fernsehen etwa, vor allem Drogen. Seine Schilderung der psychischen und physischen Qualen des Entzugs und später der schmerzenden Schusswunde lassen sich als Vorboten von Drinions Verhältnis zur Langeweile verstehen. Gately zufolge hängt alles davon ab, sich ganz auf das Hier und Jetzt zu konzentrieren. Gegen Ende des Romans erinnert er sich an »ein paar echt böse eigene Erfahrungen« beim Entzug, als er »auf dem Boden einer Arrestzelle in Revere wochenlang auf Turkey war«:

92 Tage in einer Arrestzelle in Revere. Spürte die Kanten jeder verstreichenden Sekunde. Jede Sekunde eilte mit Weile. Er zog die Zeit eng um sich zusammen. Im Entzug. Jede einzelne Sekunde: Er erinnerte sich: an das Gefühl des Gedankens, diese Sekunde würde er jetzt die nächsten 60 Sekunden lang spüren – das war einfach zu viel. Der Scheiß war ihm einfach zu viel.

Er musste um jede Sekunde eine Mauer bauen, um sie ertragen zu können. Die gesamten ersten zwei Wochen davon sind in seinem Gedächtnis quasi zu einer Sekunde zusammengeschnurrt – weniger: auf den Zeitraum zwischen zwei Herzschlägen. Ein Atemzug und eine Sekunde, die Pause des Sich-Sammelns zwischen zwei Krämpfen. Ein Jetzt, dessen Möwenflügel sich beidseits seines Herzschlags ins Endlose erstrecken. Und nie zuvor oder seither hatte er sich so qualvoll am Leben gefühlt. Lebte in der Gegenwart zwischen Pulsschlägen.[28]

Vielleicht entspricht ja die Glückseligkeit, die Drinion in der Langeweile empfindet, der Lebendigkeit, die Gately verspürt, wenn er in der Gegenwart zu leben gezwungen ist. Die Qual der Entgiftung ist wie die Hölle der Langeweile nur dann erträglich, wenn man eine Mauer um jede Sekunde errichtet. Jede Sekunde wird so mit neuer Lebendigkeit erfüllt und zum Leuchten gebracht – lässt »Freude und Dankbarkeit« aufkommen »angesichts des Geschenks, lebendig zu sein«. Doch ist dies derart schwierig, dass die meisten Menschen die Kraft dazu nur aufbringen, wenn sie überzeugt sind, dass es ihre einzige Überlebenschance ist:

Aber diese Zwischenherzschlagsgegenwart, dieses Gefühl eines endlosen Jetzt – das war in der Arrestzelle von Revere ebenso verschwunden wie die Übelkeit und das Frösteln. Er war in sich selbst zurückgekehrt, saß auf dem Kojenrand und ließ das Verweilen sein, weil er es nicht mehr nötig hatte.[29]

Die Entgiftungserfahrung hilft Gately gegen Ende des Romans die Schmerzen zu ertragen, die ihm eine Schusswunde in der rechten Schulter bereitet. Es sind verzehrende Schmerzen, umso mehr, als sich der ehemalige Drogenabhängige im Genesungsprozess weigert, schmerzlindernde Mittel einzunehmen. Sein Entgiftungserlebnis dient ihm als Leitfaden:

> *Genauso kann er mit dem dextralen Schmerz umgehen: durch Verweilen. Ein einzelner Augenblick davon ist nicht unerträglich. Hier ist grad wieder so eine Sekunde: Die kann er ertragen. Unerträglich ist nur der Gedanke an all die Augenblicke, die sich aufgereiht vor ihm erstrecken und glänzen. [...] Das ist zu viel, um darüber nachzudenken. Um dort zu verweilen. [...] Er kann sich einfach in den Raum zwischen zwei Herzschlägen kauern, jeden Herzschlag zu einer Mauer machen und dahinter leben. Bloß nicht hinüberschauen.[30]*

Gatelys Ringen mit sich selbst, um nicht über die Mauer jeder einzelnen Sekunde hinüberzublicken, erinnert an Deans verzweifelte Versuche, keinen Blick auf den Aktenstapel zu werfen. Und beides erinnert an die acht Stunden, die Wallace täglich damit verbrachte, sich den Kopf übers Nichtschreiben zu zerbrechen, sich zu sorgen, dass er der Versuchung nachgeben könnte, über den Moment des Schreibens hinauszublicken und aus anderer Perspektive darüber nachzudenken. Die Herausforderung besteht darin, die Mauer um diesen Moment herum so hoch zu bauen, dass die Versuchungen auf der anderen Seite verstummen. Dean hat noch nicht gelernt, wie er diese Mauer errichten kann, die Adepten in der Steuerbehörde schon. Deshalb ist Deans Langeweile eine unerträgliche Hölle und Drinions Langeweile eine ewige Glückseligkeit. »Unerträglich ist«, erklärt uns Gately,

> *was sein eigener Kopf aus all dem machen könnte, wenn er hinübersähe und Bericht erstattete. Aber er kann sich entscheiden, nicht zuzuhören. […] Das hat er bisher nicht ganz geschnallt, dass es nicht nur darum geht, das Verlangen nach einem Rauschgift auszusitzen: Alles Unerträgliche ist im Kopf, weil der Kopf nicht in der Gegenwart verweilt, sondern die Mauer hochklettert, Erkundigungen einzieht und mit unerträglichen Nachrichten zurückkommt, die man dann irgendwie glaubt.[31]*

Gatelys Lebendigkeit und Drinions Glückseligkeit sind nur aus dem unerträglichsten Moment heraus zu erreichen. Wenn der Schmerz oder die Langeweile oder der Ärger oder die Angst so überwältigend sind, dass man glaubt, man könne es auch nicht eine einzige weitere Sekunde ertragen, wenn sie sich in die Hölle auf Erden verwandeln und man keine andere Wahl mehr hat, als eine Mauer um die Gegenwart herum zu errichten und mit allen Fasern im Jetzt zu leben, dann ist es so weit. Und genau deshalb ist die vernichtende, »niederschmetterndste Langeweile« der Schlüssel. Denn um diese »wellenartige Überflutung« zu überstehen, bedarf es laut Wallace der Entscheidung zwischen dem totalen Elend und der Ausblendung jeglicher Ablenkung. Nur so kann man dankbar im Glück der ewigen Gegenwart verharren.

2005 wurde Wallace vom Kenyon College zum Doktor ehrenhalber ernannt. Im selben Jahr hielt er dort eine Rede vor dem Abschlussjahrgang, die posthum unter einem Titel publiziert wurde, der zumindest im Englischen nur unwesentlich kürzer ist als die Rede selbst: *This Is Water: Some Thoughts, Delivered on a Significant Occasion, about Living a Compassionate Life* (dt. *Das hier ist Wasser*).

Die entscheidende Prämisse dieser Rede deckt sich mit vielen Teilen seines Spätwerks und lautet, dass simple und augenscheinlich uninteressante Klischees oft eine tiefere Wahrheit in sich bergen. Diese Tatsache, sagte er, werde jedoch oft von der postmodernen Tendenz verschleiert, höchst intellektualisierten und ästhetisierten Gedanken den Vorzug vor simplen, ästhetisch uninteressanten, aber dennoch zutiefst wahren zu geben. Die postmoderne Aversion gegen Simplizität sei »eines der Dinge, die unsere Generation ausgeweidet hat«.[32]

Man könnte sagen, dass es Wallace' vorrangiges Ziel als Schriftsteller war, die Wahrheiten zu reanimieren, die sich in unseren Klischees verbergen – sie wieder quicklebendig zu machen und das aus ihnen herauszuholen, was relevant ist. Gatelys Erfahrung des Mauerbaus um jede Sekunde verweist zum Beispiel auf einen berühmten Slogan der Anonymen Alkoholiker:

> *Etwas so Banales und Reduktives wie »Ein Tag nach dem anderen« ermöglichte es diesen Leuten, durch die Hölle zu gehen, denn nach allem, was ich mitbekam, sind das die ersten sechs Monate einer Entgiftung. Das hat mich fasziniert.*[33]

Wallace erklärte auch, warum solche Klischees immer einen wahren Kern enthalten: »Die offensichtlichsten und wichtigsten Tatsachen sind oft solche, die am schwersten zu erkennen und am schwierigsten darzustellen sind.«

Am berühmtesten wurde seine College-Rede zweier makabrer Sätze wegen, die ungefähr zur Halbzeit fielen. »Es ist keineswegs Zufall«, erklärte Wallace den vielen erwartungsvoll dreinblickenden, sauber geschrubbten Absolventen und stolz lächelnden Angehörigen,

> *dass Erwachsene, die mit Schusswaffen Selbstmord begehen, sich fast immer in den Kopf schießen. Und in Wahrheit sind die meisten dieser Selbstmörder eigentlich schon tot, lange bevor sie den Abzug drücken.*[34]

Starker Tobak für eine Abschlussrede.

Natürlich wurden diese Sätze vor allem nachträglich berühmt, weil Wallace hier seinen eigenen Selbstmord angekündigt zu haben schien. Und es besteht auch kein Zweifel daran, dass Wallace aus persönlicher Erfahrung gesprochen hat. Immerhin hatte er damals schon mindestens ein Mal versucht, sich das Leben zu nehmen. Knapp drei Jahre später sollte er es erneut versuchen, und sechs Monate darauf gelang es ihm schließlich.

Aber es ist nicht die Eindringlichkeit dieser Sätze, auf die wir hier hinweisen wollen. Vielmehr finden wir in ihnen – wie in der ganzen Rede – einen Anhaltspunkt für das, was haltlos war an dem Standpunkt, den Wallace eingenommen hatte – mit anderen Worten einen Hinweis darauf, warum die vernichtende, niederschmetternde Langeweile doch nicht der Schlüssel ist. Zumindest nicht der Schlüssel, für den Wallace sie gehalten hatte.

Das Klischee, das Wallace in seiner Kenyon-Rede wiederzubeleben versuchte, ist, dass eine geisteswissenschaftliche Bildung das Denken lehren würde:

> *In den zwanzig Jahren seit meinem eigenen Uni-Abschluss habe ich langsam, aber sicher begriffen [...], dass das geisteswissenschaftliche Klischee, einem ›das Denken beizubringen‹, in Wirklichkeit die Abkürzung einer sehr tiefen und wichtigen Wahrheit ist. ›Selber denken lernen‹ heißt in Wirklichkeit zu lernen, wie man über das Wie und Was des eigenen Denkens eine gewisse Kontrolle ausübt. Es heißt, selbstbewusst und aufmerksam genug zu sein, um sich zu entscheiden, worauf man achtet, und sich zu entscheiden, wie man aus Erfahrungen Sinn konstruiert. Denn wenn Sie als Erwachsene diese Entscheidung nicht treffen wollen oder können, sind Sie angeschmiert.[35]*

Lane Dean, jr. möchte nichts lieber, als die Kunst erlernen, wie man über das Wie und Was des eigenen Denkens entscheiden kann; die Kunst, an die Steuererklärung zu denken, die er gerade bearbeitet – und nur an sie –, anstatt die Kontrolle zu verlieren und über die Mauer zu klettern.

Das grotesk Geniale an Wallace' Rede ist, dass er diesen Kampf in allen Bereichen des Leben ablaufen sieht: im Verkehrsstau und in den verstopften Gängen des Supermarkts, bei der Berieselung mit nervtötender Musik zwischen all den abstoßenden Menschen, die uns einfach nur »dämlich, strohdoof, bräsig« im Weg stehen und uns die Erfüllung unserer ohnedies schon lästigen täglichen Pflichten noch erschweren, ja, sogar in dem »*Schönen Tag noch*«, das die Kassiererin uns mit einer Stimme wünscht, »die wie der leibhaftige Tod klingt«. Wallace fand diesen ständigen Kampf gegen Banalität, Langeweile, Ärger, Verdruss in sämtlichen eintönigen, nervtötenden, scheinbar bedeutungslosen Routinen, aus denen unser Alltag besteht, »Tag für Woche für Monat für Jahr«. Das ist das Leben, vor dem Wallace uns bewahren will.[36]

Vielleicht ist das eine Karikatur. Wir haben alle schon solche Tage gehabt, natürlich. Aber es ist doch gewiss eine Übertreibung, wie Wallace zu behaupten, dass solche grässlichen Erfahrungen die Essenz unseres Lebens seien; dass unser Heranwachsen und die »alltäglichen Grabenkämpfe des Erwachsenendaseins«[37] – die diesen unschuldigen Collegeabsolventen noch bevorstanden – unser Dasein unerträglich machten?

Doch ob solches Unbehagen nun regelmäßig oder nur zeitweilig auftritt, ob es uns unablässig quält, wie es bei Wallace der Fall gewesen zu sein scheint, oder uns nur hie und da in einer frostigen Stunde überfällt, ob es ein vertrauter und regelmäßig auftauchender Feind oder ein ungekannter und fremdartiger Widersacher ist: Wir kennen es alle. Wir kennen es als die unglücklichen Momente im Leben, ohne die wir besser dran wären; als die Momente, die uns reuen, über die wir jammern und die wir verfluchen. Jedenfalls wären wir froh, wenn sie ein für alle Mal verschwänden.

Der Schlüssel zu ihrem Verschwinden liegt, sagt Wallace, in der Kontrolle unserer Gedanken. Klar, die »fette, bräsige, aufgebrezelte Frau« in der Kassenschlange vor uns schnauzt ihr Kind an, und schon regen wir uns auf. Aber so müsste es nicht sein. Wir bräuchten, sagt Wallace, nur bewusst unsere Gedanken zu kontrollieren, um die Erfahrung in einem anderen, besseren Licht zu sehen:

> *… vielleicht hat sie gerade drei Nächte lang nicht geschlafen, weil sie ihrem an Knochenkrebs sterbenden Mann die Hand gehalten hat; vielleicht hat genau diese Frau auch den unterbezahlten Job im Straßenverkehrsamt und hat gestern erst Ihrem Mann geholfen, durch einen kleinen Akt bürokratischer Güte einen albtraumhaften Papierkrieg zu beenden. Das alles ist natürlich unwahrscheinlich, deswegen aber nicht unmöglich – es hängt nur alles von Ihrer Perspektive ab.[38]*

Natürlich ist das nicht einfach, und Wallace erklärte auch ausdrücklich, dass er sich mit solchen Vorschlägen nicht als Moralapostel aufspielen wollte. Es ist schwer, die eigenen Gedanken über andere zu kontrollieren und nicht an die unangenehmen Begleiterscheinungen der Situation zu denken, in der man sich gerade befindet, oder an das, was einen gerade unglücklich macht. Es ist mühevoll und erfordert eine bewusste Willensanstrengung, und manchmal will es uns eben einfach nicht gelingen.

Aber es ist eine Möglichkeit, sagt Wallace. Und nicht nur einfach irgendeine Möglichkeit, sondern *die* Möglichkeit, die *rettende* Möglichkeit in unserer Zeit. An den meisten Tagen kann man, wenn man seine Wahlmöglichkeiten nur aufmerksam genug wahrnimmt, eine andere Perspektive einnehmen:

Wenn Sie aber wirklich zu denken gelernt haben und aufmerksam sein können, dann wissen Sie, dass Sie eine Wahl haben. Dann steht es in Ihrer Macht, eine proppenvolle, heiße und träge Konsumhölle als nicht nur sinnvoll, sondern heilig anzusehen, weil sie mit einer Energie geladen ist, die Sterne erschaffen konnte – Anteilnahme und Liebe, die unterschwellige Einheit aller Dinge.[39]

Das ist der Kern jener Lektion, die Wallace uns erteilen wollte: Uns steht die Entscheidung offen, die Welt als heilig und sinnvoll zu empfinden – indem wir uns Mühe geben und zu einer bewussten Willensanstrengung bereit sind. Es liegt in unserer Macht, eine solche Entscheidung herbeizuführen. Sie bedarf der Stärke und des Muts und der Ausdauer, natürlich, und vielleicht sogar eines gewissen Heldentums. Aber sie ist nicht nur möglich, sagt Wallace, sondern in unserer modernen Welt auch notwendig.

Wallace sorgte sich, »nicht die Art Mensch zu sein, der den Roman schreiben kann, den er schreiben will«.[40] Vielleicht dachte er, er sei einfach nicht stark oder entschlossen oder stur genug, um es zustande zu bringen. »Vielleicht ist die Antwort schlicht und einfach«, schrieb er in einem Brief an Jonathan Franzen, »dass mich das, was ich tun will, mehr Mühe kosten würde, als ich reinzustecken bereit bin«.

Das betraf nicht nur das Schreiben, sondern sein ganzes Leben. Um die Figur des Mitchell Drinion schreiben zu können – ein Charakter, der »*Happy*« ist –, musste Wallace auch Drinions Trick lernen, bei dem es offenbar nicht nur darum geht, bei der Sache zu bleiben, sondern darum, Unglücklichsein in allen Lebenslagen in Glücklichsein zu verwandeln. Es ist ein Trick, mit dem Wallace auflösen konnte, was ihm unwillkürlich Verdruss bereitete und ihn quälte – indem er seine Gedanken daran kontrollierte. Er zwang sich, die Geschehnisse aus anderer Perspektive zu betrachten und ihnen durch reine Willenskraft eine Bedeutung zu verleihen, die *happyer* war. So ihm das nicht selbst gelang, konnte er auch diese Figur nicht schreiben. Und so er die Figur des Drinion nicht schreiben konnte, konnte er auch nicht der Schriftsteller sein, den die Zeiten erforderten.

Das ist natürlich eine reine Spekulation. Als wir dies niederschrieben, brachte der Name *Mitchell Drinion* gerade einmal vier Treffer bei Google, die sich allesamt auf D. T. Max' Artikel über Wallace bezogen, der am 9. März 2009 im *New Yorker* erschienen war. Wallace selbst hatte zu seinen Lebzeiten nichts über Drinion veröffentlicht. Max zufolge hatte er die Story über den levitierenden Drinion nicht einmal dem Stapel an Manuskriptseiten von *The Pale King* beigelegt, die er 2007 an seinen Lektor schickte. Hätte Max keinen Zugang zu Wallace' Nachlass gehabt und hätte er nicht seinen detaillierten und kenntnisreichen Artikel über ihn geschrieben, hätten wir vermutlich überhaupt nichts von Drinion gewusst.

Wir spekulieren also. Aber völlig an den Haaren herbeigezogen ist es nicht. Die Figur des Drinion hat Wallace vermutlich vor die größten Probleme gestellt. Er war der Charakter, mit dem er rettungslos unzufrieden blieb, weil er sich nicht sicher sein konnte, ob er dessen *Happiness* richtig hinbekommen hatte. Immerhin beschränkte sich Wallace' Ehrgeiz ja nicht darauf, noch mehr postmoderne literarische Konventionen zu finden, die er brechen konnte; er hatte auch das sehr traditionelle – mancher würde sagen: existentielle – Anliegen, mit seinen Figuren sämtliche Möglichkeiten (und Unmöglichkeiten) eines sinnvollen Lebens in der modernen Welt zu erforschen. In seinem letzten großen Interview, das er im August 2007 dem *Nouvel Observateur* gab, sprach Wallace über die Schriftsteller, die er am meisten bewunderte, und darüber, was er an ihnen schätzte. Dazu zählten unter anderem Paulus, Jean-Jacques Rousseau und Fjodor Dostojewski. »Was ich an ihnen beneidenswert finde und verehre«, sagte Wallace, »scheinen mir eher die menschlichen Qualitäten zu sein – die Kapazitäten des Geistes – als die technischen Fertigkeiten oder spezifischen Talente.«[41]

Wallace glaubte die für unser modernes Leben unerlässlichen Kapazitäten des Geistes entdeckt zu haben – er fand sie in Deans Kämpfen und in Gatelys Erfolg, aber vor allem in der Figur des glückselig schwebenden Mitchell Drinion. Unglücklicherweise wurde ihm damit ein für alle Mal bewusst, dass er selbst über diese Kapazitäten nicht verfügte. Er hatte »die Elemente des Menschlichen und Magischen« gefunden, »die trotz der Finsternis unserer Zeit noch lebendig sind und leuchten«, und dann verzweifelt versucht, das Leuchtende zu bewahren. Aber er selbst war da innerlich bereits tot.

Der vielleicht traurigste Part von Wallace' Geschichte ist, dass die menschlichen Qualitäten, nach denen er strebte – die Kapazitäten des Geistes, die er beneidenswert fand und verehrte –, reine Schimären sind. Die ganze Seinsweise, die zu erreichen er sich zu schwach fühlte, ist weit davon entfernt, eine Heilsmöglichkeit für unsere Kultur zu sein, sondern in Wahrheit menschenunmöglich. Wallace war nicht aus Schwäche unfähig, sie zu erlangen, sondern aus der tiefen Menschlichkeit seines Geistes heraus.

Am deutlichsten erkennen wir das durch einen Vergleich mit dem jungen Martin Luther. Der vermutlich autobiographische geistige Kampf, den Wallace in der Figur des Lane Dean, jr. schildert, ähnelt formal gesehen Luthers innerem Ringen, das seiner Revolutionierung der christlichen Glaubensvorstellungen vorausging.

Betrachten wir den jungen, gottesfürchtigen und extrem frommen Mönch Luther. Er war so hingebungsvoll bemüht, seine Seele von allen Sünden zu reinigen, dass er sich wie besessen erforschte und ohne Unterlass selbst die kleinste Verfehlung bekannte. Ohne Zweifel sind so manche Überlieferungen über den jungen Luther erdacht, aber das macht sie nicht weniger aufschlussreich. Sie schildern allesamt einen frommen, unschuldigen Mönch, der die Läuterung seiner Seele derart obsessiv betrieb, dass er seinen Beichtvater einmal sogar *sechs Stunden* lang im Beichtstuhl festhielt, um all seine Sünden bekennen zu können. Und zumindest ein Mal soll er nach einer langen und zufriedenstellenden Beichte sofort zurückgeeilt sein, um auch noch den Anflug von Stolz zu beichten, der seinen Geist bei dem Gedanken an das gerade abgelegte, lange Bekenntnis befallen hatte! Luthers weiser und geduldiger Beichtvater Johann von Staupitz soll dieser unermüdlichen Beichten schließlich derart überdrüssig geworden sein, dass er ihn rügte und aufforderte, sich endlich zusammenzureißen und nicht mehr nach jedem Furz zur Beichte zu rennen. Staupitz war offenbar endgültig der Geduldsfaden gerissen: Er schnauzte Luther an, dass er genug habe von »solchem Humpelwerk und Puppensünden«, er möge doch seine Eltern umbringen oder sonst irgendwas Schlimmes tun, damit es endlich eine Sünde gebe, über die es sich zu sprechen lohne!

In Luthers Kampf um die Ausmerzung selbst der kleinsten Sündhaftigkeit aus seiner Seele spiegelt sich der Kreuzzug gegen die überbordende Langeweile, das Unbehagen, das Bedürfnis nach Ablenkung und den sich aufstauenden Zorn, die Wallace' Leben fest im Griff hatten. Man kann sich vorstellen, wie Wallace, der Schriftsteller, ähnlich dem jungen Luther zu bemerken begann, dass er sich nicht ernsthaft genug der Aufgabe des Schreibens widmete; wie er sich dann seiner Schwäche wegen Vorwürfe machte; mit frischem Elan und guten Vorsätzen wieder ans Werk ging; angesichts der wiedergefundenen Konzentrationsfähigkeit kurzfristig mit sich zufrieden war; sich dann dieser ungebührlichen momentanen Befriedigung wegen geißelte; seiner mangelnden Stärke wegen angewidert von sich war und schließlich verzweifelt aufgab. Die acht Stunden, die sich Wallace täglich den Kopf übers Nichtschreiben zerbrach, waren wie die acht Stunden, die sich Luther täglich über seine Sündigkeit den Kopf zerbrochen hatte: Je verbissener die beiden ihrem jeweiligen Ziel entgegenstrebten, umso ferner und unerreichbarer wurde es.

Es war Paulus – einer von Wallace' Favoriten also –, der den hier zur Debatte stehenden psychischen Konflikt erkannt hatte. In seinem Brief an die Römer beschreibt er das negativ reziproke Verhältnis zwischen der Anstrengung, wollüstige Gedanken zu vermeiden, und der Fähigkeit zu solcher Selbstbeherrschung. Er habe, schreibt Paulus, »die Sünde nur durch das Gesetz erkannt«:

> *Ich hätte ja von der Begierde nichts gewusst, wenn nicht das Gesetz gesagt hätte: Du sollst nicht begehren. Die Sünde erhielt durch das Gebot den Anstoß und bewirkte in mir alle Begierde, [...] als das Gebot kam, wurde die Sünde lebendig, ich dagegen starb und musste erfahren, dass dieses Gebot, das zum Leben führen sollte, den Tod bringt.*[42]

Das ist wie die alte Party-Wette, bei der man *auf gar keinen Fall* an einen rosa Flamingo denken soll, der auf dem Dach eines 57er Chevy steht und lüstern die Schildkröte auf der anderen Straßenseite betrachtet.

Man kann nur verlieren.

Luthers Geschichte gemahnt uns daran, dass nicht jeder geistige, spirituelle oder psychische Effekt durch harte Arbeit und Selbstkontrolle erreicht werden kann. Manche Dinge bedürfen einer größeren Gelassenheit (von der Art, die auch zum Einschlafen nötig ist). Aber Wallace war nicht der Einzige, der glaubte, dass Selbstkontrolle der Schlüssel zum Seelenheil sei.

Die westliche Kultur des 20. Jahrhunderts lässt sich zumindest partiell als eine Aneinanderreihung von Reaktionen auf den Tod Gottes verstehen – oder anders gesagt: auf den Geltungsverlust der monotheistisch jüdisch-christlichen Tradition und den auf ihr fußenden Tugenden. Mit den Zweifeln an der Existenz Gottes, dem Verblassen dieses mächtigen Hintergrunds der abendländischen Kultur, und mit der Ausbreitung von

Atheismus wie Agnostizismus verlor auch die jüdisch-christliche Moral ihre Verbindlichkeit. Wie Dostojewski in *Die Brüder Karamasow* schrieb: Wenn es keinen Gott gibt, dann ist alles erlaubt.

Während Nietzsche diese Freiheit begrüßte, betrachteten andere den Tod Gottes als einen großen Verlust. Samuel Becketts *Warten auf Godot* liest sich wie eine Parabel auf die unerfüllte Hoffnung nach der Rückkehr Gottes. Sein späteres Stück *Endspiel* handelt von einem noch fortgeschritteneren Stadium der abendländischen Geschichte, denn hier hat die Kultur sich bereits mit dem Sinnverlust abgefunden, der mit der dauerhaften Abwesenheit Gottes einherging. Die Figuren fragen sich nicht einmal mehr, wie man in derart verzweifelten Zeiten weiterleben, sondern nur noch, wie man das Menschendasein endgültig beschließen kann.

Schon das klingt nach einem ziemlich desperaten Zustand, aber Wallace' Vision geht sogar noch einen Schritt weiter. Bei ihm lässt sich keine Hoffnung mehr auf eine Erlösung durch Gott finden, nicht einmal eine Art von Schicksalsergebenheit angesichts des Verlustes dieser Hoffnung. Tatsächlich sind Hoffnung wie Resignation fast völlig abwesende Gemütszustände bei Wallace. Er scheint sogar die Erinnerung an all das verloren zu haben, was dem traditionellen Verständnis nach heilig war, an jede Vorstellung von einem Bedeutungsquell außerhalb des Selbst, auf dessen Rückkehr sich legitimerweise hoffen ließe oder mit dessen Verlust man sich auf angemessene Weise abfinden könnte. »Sie werden entdecken«, schreibt Wallace, »dass *Gott* – außer Sie sind Charlton Heston oder verrückt oder beides – ausschließlich durch menschliche Wesen spricht und handelt, falls es einen *Gott* gibt«.[43] Die einzige Möglichkeit, einen Sinn im Leben zu finden, sah Wallace darin, ihn sich durch die Kraft des eigenen Willens selbst zu geben.

In dieser Hinsicht ist Wallace' Weltanschauung eine nietzscheanische. Natürlich hatte die christliche Welt zu Nietzsches und Becketts Zeiten anders ausgesehen. Nietzsche war zum Beispiel überzeugt, dass es noch eine lange Zeit dauern würde, bis Gott seine fundamentale Rolle für die Kultur eingebüßt haben wird. »Gott ist todt«, schrieb er, »aber so wie die Art der Menschen ist, wird es vielleicht noch Jahrtausende lang Höhlen geben, in denen man seinen Schatten zeigt«.[44]

Wenn denn solche Höhlen in Wallace' Welt vorhanden waren, dann hat er sie uns nicht verraten. Auf die Welt vom *Unendlichen Spaß* wirft Gott keinen Schatten.[45]

Zu Nietzsches Zeiten war Gott noch nicht wirklich tot gewesen. Die abendländische Kultur des 19. Jahrhunderts ging im Großen und Ganzen noch immer davon aus, dass die Tugenden der jüdisch-christlichen Tradition nicht nur die einzig angemessenen, sondern auch die von Gott sanktionierten seien. Nietzsche sah zwar, dass sich das zu verändern begann, dass die Sitten und Gebräuche ihre tragende Funktion nach und nach einbüßten, glaubte aber, dass eine tiefgreifende Transformation der Kultur noch in weiter Ferne lag. Dennoch teilte er sich mit Wallace die nihilistische Vorstellung, dass nach dieser Transformation – die in Wallace' Welt bereits abgeschlossen ist – der Wille des Individuums zur Macht genüge, um der menschlichen Existenz Sinn zu verleihen.

Mit dem Tod Gottes wurde Nietzsches »Freigeist«, der sich an keine auferlegten Normen vom Angemessenen oder Statthaften mehr gefesselt fühlt, zum Schöpfer des eigenen Lebens. Dostojewskis dunkle Prophezeiung erfüllte sich: Da es keinen Gott mehr gibt, ist alles erlaubt. Nietzsche – der sich damit vielleicht auch aus der allgegenwärtigen Umklammerung eines Vaters und zweier Großväter befreite, die wichtige Positionen in der Lutherischen Kirche besetzt hatten – begrüßte diese Möglichkeit freudig.

In Wallace' Welt lässt sich nichts Freudiges finden. Es ist, als sei die Last der Verantwortung – der Bedeutungslosigkeit und Qual in einer gottlosen Welt durch den schöpferischen Akt zu entfliehen, Sinn und Glück buchstäblich *ex nihilo* zu erschaffen, so wie einst Gott es tat – einfach zu schwer für den menschlichen Geist. Um diese Last zu schultern, müssten wir selbst zu Göttern zu werden.

Wallace erkannte zumindest unbewusst den Preis, der für diese Sichtweise zu zahlen war. Sehen wir uns noch einmal eine Schlüsselpassage aus seiner Rede vor den Abschlussstudenten an. Das Erforderliche, sagte er, sei unglaublich schwierig zu erreichen. Niemand könne einem einen Vorwurf machen, wenn man es nicht schafft. Dennoch müssten wir lernen, all die elenden und nervtötenden und unbehaglichen Momente des Lebens aus einer anderen Perspektive zu betrachten – trotz allem als glückliche, bedeutungsvolle, heilige und, ja, vielleicht sogar von Glückseligkeit erfüllte zu erleben. Um es noch einmal zu wiederholen:

Wenn Sie aber wirklich zu denken gelernt haben und aufmerksam sein können, [...] dann steht es in Ihrer

Macht, eine proppenvolle, heiße und träge Konsumhölle als nicht nur sinnvoll, sondern heilig anzusehen, weil sie mit einer Energie geladen ist, die Sterne erschaffen konnte – Anteilnahme und Liebe, die unterschwellige Einheit aller Dinge.

Er sprach nicht nur von sinnvoll, er sagte »heilig«. Durchflammt von derselben Kraft, die die Sterne erschuf. Tatsächlich nimmt Wallace hier auf die letzten Zeilen aus Dantes *Göttlicher Komödie* Bezug, ob bewusst oder nicht, wird aus dem Kontext nicht klar. Es sind die Zeilen, in denen Dante die ekstatische Glückseligkeit in der mystischen Vereinigung mit Gott beschreibt und schildert, wie es sich anfühlt, von der eigenen Identität gelöst sich der heiligen Macht göttlicher Liebe zu überantworten, der Liebe, »die bewegt Sonn' und Sterne«. Wallace fordert nichts weniger als das.

Und doch, die Erfahrbarkeit des Heiligen, auf die Wallace hoffte, hat sich grundlegend von dessen traditioneller Erlebbarkeit gelöst – der Begriff wurde derart radikal entwurzelt, dass man in ihm kaum noch seine Ursprünge erkennt. Das heilige Moment des Daseins ist nun kein Geschenk Gottes mehr wie in der christlichen Kultur des Mittelalters (worüber ebenfalls noch zu sprechen sein wird). Es ist auch nicht mehr das, was wir hegen und pflegen und durch Opfer und Rituale schützen und bewahren, wie die polytheistischen Griechen es einst taten. Das Heilige findet sich nicht einmal mehr in dem stimmungsvoll feinfühligen, gemeinsamen Händekneten, das Melville in einigen Passagen beschreibt. Das Heilige bei Wallace – sofern er dieses Phänomen überhaupt wahrnahm – ist vielmehr das, was *wir* der eigenen

Erfahrung zuzuschreiben pflegen. Es ist nicht mehr etwas *Gegebenes*. Aus Wallace' Sicht kann alles – sogar eine »Konsumhölle« – als heilig erfahren werden, sofern wir uns dafür entscheiden.

Wallace' Heilsmöglichkeit ist somit einerseits ungeheuer anspruchsvoll, andererseits denkbar arm. Anspruchsvoll ist sie aus mindestens zwei Gründen: Erstens hat sie sozusagen den Einsatz erhöht, was das Glück betrifft. Nur Dantes höchste Glückseligkeit kann ihr jetzt noch genügen – eine Glückseligkeit von solcher Kraft, dass sie jede Verbindlichkeit, jede zwischenmenschliche Verbundenheit, jeden Plan überflüssig macht; eine Glückseligkeit, die so überwältigend ist, dass sie alles Irdische und alle irdischen Güter in die völlige Bedeutungslosigkeit abdrängt; und so ekstatisch, dass sie einen aus dieser Welt in eine unendlich viel bessere erhebt. Wenn Wallace denn tatsächlich dieses Ziel anstrebte, dann konnte seine Suche nur vergeblich bleiben, weil nichts auf Erden solche Glückseligkeit bietet. Die geteilte Freude von Menschen, die sich gemeinsam zur spontanen Feier einer Meisterleistung erheben, oder die gemütliche Wärme eines offenen Kamins, die tröstliche und Dankbarkeit erweckende Behaglichkeit eines harmonischen Abends im Kreise der Familie – kein solcher Moment des Glücks wird jemals noch genügen. Erlösung findet sich einzig und allein in der ekstatischen Glückseligkeit des schwebenden Mitchell Drinion.

Der zweite Grund, weshalb Wallace' Vision so anspruchsvoll ist, liegt in seiner Forderung begründet, dass diese Glückseligkeit dauerhaft sein und stetig spürbar bleiben müsse, ohne jemals nachzulassen, nicht einmal in den trivialsten und unbehaglichsten und schmerzlichsten und furchtbarsten Momenten des menschlichen Daseins. Tatsächlich fordert er sogar, dass selbst die Hölle als paradiesische Glückseligkeit erlebt werden müsse.

Es stellt sich die Frage, ob dieses so radikal anspruchsvolle Bild von Erlösung wirklich anziehend ist – denn es ebnet doch alle nur denkbaren Erfahrungen ein und lässt keinen Raum mehr für die Vorstellung, dass ein Erlebnis besser sein könnte als das andere. Man fragt sich, ob diese Art ewiger Glückseligkeit überhaupt erstrebenswert sein kann. Ist Glückseligkeit noch genießbar, wenn es nichts mehr gibt, an dem man sie messen kann? Ist es nicht vielmehr so, dass es der vollen Bandbreite menschlicher Emotionen bedarf, um einem Gefühl (unter vielen möglichen) Bedeutung verleihen zu können? Wie wir noch feststellen werden, ist genau das Melvilles Sicht. Der Catskill-Adler, den er so bewundert, kann in die höchsten Höhen aufsteigen und in die schwärzesten Schluchten hinabstoßen, und nur dank der Unterschiede beider erkennt er die wahre Bedeutung von allem.

Schließlich aber ist Wallace' Vision vom Heiligen auch eine zutiefst verarmte. Wie wir gesehen haben, erweckt Wallace nirgendwo das Gefühl, die »heiligen« Momente im Leben seien Geschenke, ergo gibt es auch keinen Raum für Dankbarkeit. Die Glückseligkeit, nach der Wallace strebt, ist nicht nur eine ekstatische und weltabgewandte – und extrem in einem Sinne, wie ihn nur Dantes mittelalterlich christlicher Monotheismus kannte –, sie lässt sich auch nur durch die individuelle Willenskraft hervorrufen.[46] Das unterscheidet Wallace' Idee vom Heiligen vollständig von den traditionellen Vorstellungen des Göttlichen als etwas außerhalb des Selbst. In Dantes Welt ist ekstatische Glückseligkeit nur

möglich für den, der seinen individuellen Willen voll-
ständig hingibt und dem Willen Gottes übereignet.
»Doch reichten dazu nicht die eignen Flügel«, schreibt
Dante in genau der Passage, auf die sich Wallace bezieht:

Die hohe Bildkraft mußte hier versagen,
Doch schon bewegte meinen Wunsch und Willen
[…]
Die Liebe, die bewegt Sonn' und Sterne.[47]

Kein Wunder, dass Wallace sich besorgt fragte, ob er stark
genug sei, die Geschichte zu schreiben, die er schreiben
wollte. Dazu hätte es wahrlich einer übermenschlichen,
göttlichen Kraft bedurft.

Nietzsche glaubte uns stark genug für dieses Unterfan-
gen. Er war überzeugt, dass der Freigeist in Freuden auf
diese Weise leben könne. Aber Nietzsche glaubte ja auch,
dass es die einzig mögliche Daseinsweise für uns sei, selbst
Götter zu werden. An diese unendliche Freiheit dachte
er, als er den Freigeist allezeit »im Horizont des Unendlichen« auf dem Ozean sah, nachdem er den festen, aber
einschränkenden Boden hinter sich gelassen hatte:

Wir haben das Land verlassen und sind zu Schiff ge-
gangen. Wir haben die Brücke hinter uns, – mehr
noch, wir haben das Land hinter uns abgebrochen!
[…] Wehe, wenn das Land-Heimweh dich befällt, als
ob dort mehr Freiheit gewesen wäre, – und es giebt
kein »Land« mehr![48]

Mit anderen Worten, der Mensch, der sich nach dem
Land oder nach festem Boden unter den Füßen und somit nach Beschränkungen sehnt, die ihm von außen auf-

erlegt werden und ihm als Anleitung dienen können – dieser Mensch ist aus Nietzsches Sicht nicht stark genug, um die Freuden unendlicher Freiheit zu genießen.

Um erkennen zu können, welch außerordentlicher Kraft es bedarf, eine solche Freiheit zu leben, müssen wir uns die radikale Freiheit vor Augen führen, nach der Wallace strebte. Es ist eine so absolute Freiheit des Willens, dass man kraft ihrer einen brennenden Schmerz als überwältigende Freude, niederschmetternde Langeweile als augenblickliche Glückseligkeit und selbst die Hölle als das heilige und mystische Einssein in der Tiefe aller Dinge empfinden kann. Es gibt keinerlei Beschränkungen, welcher Art auch immer, für die Bedeutungen, die wir dem eigenen Erleben zuschreiben können. Im Kontext dieser unendlichen Freiheit wird jede Restriktion, selbst der feste Boden unter unseren Füßen, zu etwas Beklagenswertem, Unzumutbarem, an dem wir uns wundscheuern und das uns verbrennt.

Doch was, wenn der Mensch damit überfordert ist? Was, wenn unsere eigene Menschlichkeit unseren Selbsterfahrungsmöglichkeiten in der Welt Grenzen setzt? Was, wenn es ohne Begrenzungen unmöglich ist, Sinn zu stiften und ein Gespür für das Heilige zu entwickeln? Eine Zeitlang, das hatte Melville klar erkannt, lässt es sich mit einiger Beharrlichkeit in einer solchen Welt leben, doch am Ende bleibt Selbstmord die einzige Wahl.

Auch Melville erschuf eine Figur – Bulkington –, die sich nur in der endlosen Weite der offenen See zu Hause fühlt, weil ihr das feste Land »die Füße zu versengen« droht. Aber er sah in diesem Charakter nicht nur das Wundersame, sondern auch das Erschreckende:

Ich blickte mit sympathetischer Ehrfurcht und Scheu auf den Mann, der sich mitten im Winter, gerade von einer vierjährigen Reise voller Gefahren zurückgekehrt, so rastlos auf einen weiteren sturmumtosten Törn einschiffen konnte.[49]

Melvilles Bulkington ist nicht glücklich. Die Erinnerungen, die »in den schattigen Tiefen seiner Augen« glommen, stimmten ihn »offenbar alles andere als froh«.[50] Im Gegensatz zu Nietzsches frohgemutem Freigeist sieht Melville in Bulkington ein trostloses und deshalb unerträgliches Sein – ein wundersames und ehrfurchtgebietendes, das sich der höchsten Wahrheit verpflichtet fühlt, aber für keinen Sterblichen lebbar ist. Bulkington verkörpert eine »den Sterblichen unerträgliche Wahrheit«.[51]

Für Melville offenbart sich in Bulkington also eine tiefe Spannung im Menschenleben, vielleicht sogar ein Paradox der Conditio humana: Der Mensch Bulkington muss hart um den Erhalt seiner Freiheit kämpfen; die Verlockung der Küste und ihrer Geborgenheit ist eine konstante Gefahr, denn alles, was ihm tröstlich ist, und alles, was ihn verwundbar macht, findet er auf dem Land. Und wenngleich das Tröstliche wie das Verwundbare keine wahren Wirklichkeiten, sondern nur scheinbare sind, wenngleich sie nicht so beständig sind, wie sie scheinen, und nicht in Gott wurzeln, und wenngleich Bulkington dies alles erkennt, haben sie doch etwas Beruhigendes, das jeden Menschen anspricht.

Gern würd der Hafen ihm Zuflucht gewähren; der Hafen hat Mitleid; ja, dort warten Sicherheit, Behaglichkeit, der heimische Herd, ein Abendmahl, auch warme Decken, Freunde, alles, was uns Sterblichen zum Wohl gereicht.[52]

Bulkington glaubt allem widerstehen zu müssen, was dem Menschen tröstlich ist und ihn deshalb verwundbar macht. Das Glück der Freundschaft mag dem gewöhnlichen Manne ein Quell der Freude sein, aber Bulkington weiß, dass diese Freude von keinem Gott gebilligt wird und sie deshalb keine ewige Wahrheit birgt; er weiß, dass Langeweile und Zorn und Unbehagen und Melancholie, ja selbst der »Seele nasser, niesliger November«[53] – der eine so wichtige Rolle für Melvilles Hauptfigur Ismael spielt – Schimären sind, reine Nichtse, und deshalb keine genuine Wirkung ausüben können. Ihn treibt nicht die Melancholie aufs Wasser, so wie Ismael. Er glaubt vielmehr der Versklavung auf dem Land nur durch die absolute Schrankenlosigkeit auf See entgehen zu können. Bei Wallace bedeutet Freiheit, dass man Melancholie als Glück und Langeweile als Glückseligkeit behandeln und selbst aus der aufgewühltesten See noch Trost beziehen kann.

Doch bei Melville ist diese unendliche Freiheit ganz und gar keine menschliche. Die Freiheit, in das ewige Chaos des Universums blicken und ihm eine willkürliche Bedeutung aufzwingen zu können, oder die Freiheit, für alle Ewigkeiten auf dem offenen Meer treiben zu können, sind die Freiheit eines Gottes, die kein Sterblicher erträgt. So gesehen sollten wir vielleicht an Wallace den Menschen, nicht an Wallace den Schriftsteller denken, wenn wir Melvilles Schilderung von Bulkingtons letzter Stunde lesen. Eines Morgens ist er einfach nicht mehr da. Vermutlich sprang er von Bord. Und da wird er für Melville zum Halbgott:

Jedoch: So wie nur fern von jedem Land die höchste
Wahrheit wohnt, die uferlos und unbegrenzt wie Gott,
so ist es besser auch, in jener heulenden Unendlichkeit
zu sterben, als bar des Ruhms an Leergestaden zu
zerschellen, und wär dies auch die sichre Rettung!
Denn wer, o wer wohl, würde wie ein Wurm kratzfü-
ßig krumm ans Ufer kriechen wollen! Schrecken des
Schrecklichen! Ist all die Not und Pein denn ganz um-
sonst? Faß dir ein Herz, o Bulkington, faß dir ein Herz!
Bewahr dir deinen Trotz, du Halbgott! Hinauf aus
dem Geschäum, wo du im Meer versunken, schwingt
deine gottgewordene Gestalt sich geradewegs empor.[254]

»Bewahr dir deinen Trotz, du Halbgott!« Wahrhaftig.

Wallace litt unter der Last seines Genies. Über das ihm
1997 zugesprochene MacArthur Fellowship sagte sein
Freund Jonathan Franzen:

> *Ich glaube nicht, dass man ihm damit einen Gefallen*
> *getan hat. Damit wurde ihm der Mantel des »Genies«*
> *umgelegt, den er natürlich ersehnt und begehrt hat*
> *und der ihm seiner Meinung nach auch zustand. Aber*
> *ich glaube, er hat auch gedacht: ›Jetzt muss ich noch*
> *klüger sein.‹*[55]

Dieser Effekt ist in allen Gesellschaftsschichten bekannt:
Erfolg zieht den Druck nach sich, den Erfolg zu wiederholen oder noch zu steigern. Manager spüren ihn, wenn
sie den Gewinn auf gleichem Niveau halten oder gar ma-
ximieren sollen; er lastete auch auf Michael Phelps, von
dem man bei der Olympiade 2008 erwartete, gleich alle

acht Schwimmer-Goldmedaillen zu gewinnen. Aber wenn einem gar das eigene Genie bestätigt wird, dann kann das noch sehr viel mehr Druck ausüben – besonders wenn es explizit als Aufforderung gemeint ist, sein Genie *erneut* unter Beweis zu stellen. Auch Elizabeth Gilbert ist dieser Erfolgsdruck nicht fremd.

Wir haben Gilbert kennengelernt, wie sie schluchzend auf dem Boden des Badezimmers ihres großen Hauses in einem New Yorker Vorort kauerte, zutiefst verunsichert von der Vorstellung einer Gesichtstätowierung. Aber das war Elizabeth Gilbert, die moderne amerikanische Durchschnittsfrau kurz vor ihrer Scheidung. Wenden wir uns jetzt Elizabeth Gilbert, der erfolgreichen Schriftstellerin zu, die ein derart phänomenal erfolgreiches Buch geschrieben hat, dass man ihrer eigenen Aussage nach alles, was noch aus ihrer Feder fließt, daran messen wird.

Bei einer TED-Konferenz im Februar 2009 sprach sie über die Probleme, die der Erfolg mit sich bringt, und über Kreativität im Allgemeinen: »Diese Art von Beachtung setzt einen Autor ungemein unter Druck«, sagte sie. »Dabei ist es äußerst wahrscheinlich, dass ich meinen größten Erfolg bereits hinter mir habe. Was für ein Gedanke! [… Er kann] einen dazu verleiten, den Tag um neun Uhr früh mit Gin zu beginnen.«[56]

Gilbert hat nicht vor, diesem dunklen Pfad zu folgen. »Da will ich nicht hin«, sagt sie. Aber die Frage ist: Wie kann sie es verhindern? Wie sollte sie sich und ihre Aufgabe als Schriftstellerin verstehen, damit es sie nicht zum Gin drängt? Und welches Bild von den Aufgaben des Schriftstellers müsste sie vermeiden, um nicht auf diesen Abweg zu geraten?

Im Grunde schiebt Gilbert Wallace die Schuld für solche Gedanken in die Schuhe. Nun ja, das ist nicht ganz fair, denn sie selbst hat Wallace mit keinem Wort erwähnt, und es ist wohl auch ziemlich unwahrscheinlich, dass sie bei ihrer Aussage an ihn dachte. Aber ihre Kritik gilt der Vorstellung, ein Schriftsteller sei persönlich und individuell für sein Werk verantwortlich und könne dank extremer Mühe und Selbstkontrolle das Ergebnis seines Produkts bestimmen. Diese wesentlich von der Renaissance geprägte Idee vom Schriftsteller als einem Genie sei ein sehr schlechter Ausgangspunkt.

So sei es nicht immer gewesen, erklärt sie und ruft uns ins Gedächtnis, dass die Griechen eine völlig andere Vorstellung von der Beziehung zwischen Autor und Werk hatten. Aber »dann kam die Renaissance und alles änderte sich und wir hatten plötzlich diese große Idee«. Die Menschen sagten sich:

> *Stellen wir doch den einzelnen Menschen in den Mittelpunkt des Universums über alle Götter und Mysterien. […] Und das ist der Beginn des rationalen Humanismus, die Leute begannen zu glauben, dass Kreativität vollständig aus dem Individuum entstünde. Und zum ersten Mal in der Geschichte nannten die Leute diesen oder jenen Künstler ein Genie.*

Das sei das eigentliche Problem. Denn wenn einzig und allein das Genie des Schriftstellers für die Qualität seines Werks verantwortlich sei, dann laste unablässig ein immenser Leistungsdruck auf ihm. Mit jedem neuen Werk stünden schließlich die eigene Bedeutung und Identität auf dem Spiel, dabei könne niemand den eigenen Erfolg garantieren. Das nächste Buch könne jederzeit beweisen, dass das vorangegangene ein reiner Glückstreffer gewesen war.

Die Vorstellung vom Schriftsteller als einem Genie ermuntert bestimmte Persönlichkeitstypen dazu, sich nur noch mehr auf den Erfolg zu konzentrieren – wie beim jungen Luther, der in den Beichtstuhl zurückeilte, um den Stolz zu beichten, den er angesichts seines gerade abgelegten ausgiebigen Bekenntnisses empfunden hatte. Weder die Reinheit des Herzens noch die Reinheit der schriftstellerischen Hingabe lässt sich aber – Gilbert zufolge – dadurch erreichen, dass man versucht, sämtliche unreinen Gedanken auszumerzen.

Gilbert hat eine stark lutherisch geprägte Sicht vom Genius – aber nicht die des jungen Luther, der seine Seele läutern zu können glaubte, indem er angemessen und gut und oft beichtete, sondern die des älteren Luther nach seiner Offenbarung, aus der Zeit, in der er bereits überzeugt gewesen war, dass »gute Werke« per se irrelevant seien, da die Erlösung ausschließlich durch Gottes Gnade gewährt werde. Ähnlich denkt Gilbert über das Schreiben. Auch wenn bei ihr der christliche Gott keine Rolle spielt, ist sie doch überzeugt, dass sie nur dann gut schreibt, wenn der Gott des Schreibens sein Licht auf sie leuchten lässt – nur dank der Gnade ihres Schöpfergeistes oder Genius also, der ihr sagt, was sie schreiben soll.

Der Reiz einer solchen Sichtweise ist nicht schwer zu erkennen: Sie trägt eine Menge dazu bei, den Schriftsteller vom schöpferischen Druck zu entlasten, weil sie ihn von der Verantwortung für den eigenen Erfolg befreit, ganz so wie das Gnadenkonzept den jungen Luther entlastet hat. Könnte man sich vom Wahrheitsgehalt dieser lutherischen Vision überzeugen und wäre man wirklich in der Lage, darin zu leben, könnte man Wallace' Schicksal vielleicht entgehen.

Luthers Offenbarung – seine Vision, die seinen Fokus von den Werken auf den Glauben verlagerte; von der Vorstellung, dass die Erlösung dem guten Werk der Beichte und anderen harterkämpften Anzeichen von Reinheit folge, hin zur Vorstellung, dass so etwas nur dank Gottes Gnade möglich ist – wird oft als Neuinterpretation des biblischen Topos von »Gott dem Gerechten« dargestellt: Gott ist nicht deshalb gerecht, weil er in die menschliche Seele blicken kann, das Maß der Läuterung erkennt und daraufhin ein gerechtes Urteil über einen jeden fällt – wie es die Sicht der katholischen Kirche im Mittelalter gewesen war. Nach Luther ist Gott vielmehr gerecht, weil er jedes Sein durch seine Liebe läutert, und diese Liebe schenkt er unabhängig davon, ob oder wie sündig jemand gelebt hat. Dieser gewandelten Sicht zufolge ist Gottes Gnade also etwas, auf das der Mensch nicht erwirken kann. Der Mensch ist nichts weiter als der passive Empfänger dieser Gnade, gerade so, wie Gilbert im Schriftsteller nichts weiter als den passiven Empfänger der Inspiration seines Genius sieht.

Gilbert belegt diese Ansicht mit einer Geschichte über die amerikanische Dichterin Ruth Stone, die 2011 fast hundertjährig starb und sich Gilbert zufolge noch lebhaft an ihre erste Begegnung mit der Macht der Dichtung erinnerte:

> *Sie wuchs auf dem Land in Virginia auf und arbeitete gerade draußen auf den Feldern, [...] da fühlte und hörte sie ein Gedicht über die Landschaft auf sie zu*

rasen [...]. Es war wie ein herbeitosender Luftstrom.
Und er toste auf sie herab [...] und sie rannte zum
Haus, als sei der Teufel hinter ihr her, und wurde ge-
jagt von diesem Gedicht, und nun ging es darum, dass
sie sich schnell genug ein Stück Papier und einen Blei-
stift greifen konnte, um es, wenn es durch sie hindurch
toste, einfangen und zu Papier bringen zu können.

Diese Vorstellung vom Gedicht als einer Kraft außerhalb
des Selbst und als etwas, das durch die Welt wandert und
Ausschau hält nach einem Behältnis, dem es innewohnen kann, ist Gilberts lutherisches Ideal. Es ist das, wovon sie glaubt, es könne große Künstler vor destruktiven
Kräften und finsteren Zeiten retten oder davor, um neun
Uhr morgens Gin zu trinken. Wie bei Luther erfordert
auch diese Sichtweise vom kreativen Individuum einen
Paradigmenwechsel, der eine scheinbar mühsame, bela-
stende und wahrscheinlich unerfüllbare Aufgabe in etwas verwandelt, das dessen Verantwortung gänzlich entzogen ist.

Ob das der wahre Grund für diese Vorstellung vom
Gedicht als einer Kraft außerhalb des Selbst ist, sei dahingestellt, aber es ist zumindest der entscheidende Grund
für Gilbert, es glauben zu wollen. Über den nietzscheanischen Ansatz, wie Wallace ihn verfolgte, sagt sie:

Ich muss Ihnen sagen, ich denke, dass das ein gewalti-
ger Fehler war. Wissen Sie, ich finde, wenn man je-
mandem zu glauben gestattet [...], er oder sie sei selbst
[...] der Quell allen göttlichen, schöpferischen, un-
wissbaren, ewigen Mysteriums, dann ist das einfach
ein bisschen zu viel Verantwortung für die fragile

menschliche Psyche. Das ist, als fordere man jemanden
auf, die Sonne zu schlucken. Es verbiegt und verzerrt
das Ego und schafft diesen übersteigerten Erwartungs-
druck. Und ich glaube, es ist dieser Druck, der seit
fünfhundert Jahren unsere Künstler umbringt.

Der Vorstellung, dass wir »selber zu Göttern werden«
müssten, wie Nietzsche schrieb,[57] oder zum »Quell allen
göttlichen, schöpferischen, unwissbaren, ewigen Mysteriums« – dieser so ungemein selbstherrlichen Sichtweise,
die Gilbert ganz zu Recht ablehnt, ging in der Tat der
Geniegedanke der Renaissance voraus, der im Zuge des
rationalen Humanismus entstanden war. Uns scheint
das nicht einfach nur ein »bisschen zu viel Verantwortung für die fragile menschliche Psyche« zu sein, es ist
vermutlich auch völlig unvereinbar mit den zutiefst
menschlichen Bedürfnissen nach Trost und Glück. In
diesem Punkt stellen wir uns also auf die Seite von Gilbert und nicht auf die von Wallace.

Aber Gilberts Sicht vom Schriftsteller und Dichter als
einem reinen Gefäß hat auch ihre Schattenseiten. Die
Vorstellung von einem Gedicht als einer von außen ein-
strömenden und durch uns hindurch tosenden Kraft
– oder vom Heiligen und Göttlichen und Bedeutungsvollen als etwas, das nicht verdient werden kann, sondern
von Gottes unergründlicher Gnade abhängt – ist ebenso
lähmend wie Wallace' nietzscheanischer Nihilismus.
Während Wallace uns vor eine unerfüllbare Aufgabe
stellt, stellt Gilbert uns vor gar keine. Wir können natürlich auf Inspiration durch den eigenen Genius hoffen, so
wie der gereifte Luther um die Gnade Gottes betete.

Doch welche Art von Leben wir führen, spielt dann keine Rolle mehr.[58] Denn dann ist allein von Bedeutung, ob wir zufällig gerade einen Bleistift zur Hand haben, wenn das Gedicht durch uns hindurch tost. Das mag vielleicht eine gute Nachricht für Bleistiftfabrikanten sein, für alle anderen hält sie kaum Erfreuliches parat.

Bleibt die Frage, ob wir mit Gilbert und Wallace das Terrain wirklich vollständig abgesteckt haben. Nach Wallace' nietzscheanischer Sicht sind wir Menschen die einzige wirkende Kraft im Universum und dafür verantwortlich, aus dem Nichts heraus das Heilige und Göttliche zu erschaffen. Gilbert hingegen nimmt sozusagen die Position Luthers ein. Ihrer Darstellung nach sind wir nichts weiter als die passiven Empfänger des göttlichen Willens, nichts als Gefäße für die Gnade, die zu gewähren er geneigt ist. Gibt es irgendwas dazwischen? Wir glauben, ja. Diesen Gedanken werden wir im letzten Kapitel unseres Buches entwickeln.

3

Homers Polytheismus

ALICE [zu ihrem Mann]: Weißt du noch, unseren Urlaub letzten Sommer auf Cape Cod? Einen Abend, als wir im Speisesaal des Hotels gesessen haben, da war doch ein junger Marineoffizier, er saß mit zwei andern Offizieren am Nachbartisch, weißt du noch? … Und als er durch die Halle lief, hat mich sein Blick gestreift, nur gestreift. Nichts weiter. Aber ich dachte, ich falle ins Bodenlose. … Und ich dachte: Nur ein Wort von diesem Mann, auch wenn er nichts von mir gewollt hätte außer einer Nacht, ich hätte sofort, ohne zu überlegen, einfach alles aufgegeben. Dich. Unser Kind. Meine ganze Scheißzukunft. Einfach alles.

— Stanley Kubrick, *Eyes Wide Shut*

Bei einem üppigen Gastmahl zu Ehren von Telemachos erzählt Helena vor ihrem Gemahl König Menelaos und dem versammelten spartanischen Adel eine spektakuläre Geschichte – gewiss kein Heldenepos, denn die schönste Frau der Welt berichtet, warum sie vor langer Zeit Menelaos und ihr kleines Kind verlassen hatte, um mit einem unwiderstehlichen Hausgast namens Paris davonzulaufen. Ja, mit *dem* Paris, dem Mann, dessen Tändelei mit Helena den Trojanischen Krieg vom Zaun brach.

Eine seltsame Wahl, möchte man denken, für eine Plauderei bei Tisch im Palast des Königs.

Das vielleicht Schockierendste an dieser Szene ist – zumindest aus heutiger Sicht –, dass niemand schockiert ist. Es verblüfft, dass keiner sich moralisch entrüstet und auch Homer ganz offensichtlich nur bedingungslose Bewunderung für Helena hegt. In seiner Version der Geschichte ist Helena nicht bloß zu ihrem Gemahl zurückgekehrt und spielt wieder die perfekte Gastgeberin und Ehefrau, hier gratuliert ihr sogar der eigene Ehemann zu ihrer Erzählkunst: »Wahrlich, o Frau, du hast wohlziemende Worte geredet.«[1]

Natürlich verführt der Eros die Menschen auch heute noch, aber in Stanley Kubricks *Eyes Wide Shut* fällt die Reaktion des Ehemanns doch sehr anders aus – er ist schockiert. Wie erklärt sich Homers Darstellung dieser Szene? Nun, man könnte versuchen, die ausbleibende Entrüstung der Tatsache zuzuschreiben, dass Helena allen Anwesenden Drogen in die Getränke gemischt hatte. Damit ließe sich vielleicht erklären, wieso sie eine so magische Anziehungskraft auf ihre Gäste ausübte und diese trotzdem selbstbestimmt Handelnde blieben. Allerdings würde uns diese Erklärung nicht auch Homers abschließende Wertung dieser Episode begreiflich machen: Als Menelaos an diesem Abend zu Bett geht, ruht Helena, »die Herrliche«, neben ihm.[2]

Homers deutliche Bewunderung für Helena, die Tochter des Zeus, legt nahe, dass sich sein Verständnis vom menschlichen Handeln und Sein radikal von dem unsrigen unterschied. Lassen Sie uns diese homerische Vorstellung von der menschlichen Existenz einmal genauer betrachten. Die meisten Leser und Kommentatoren des Altertums hielten Homers Moralvorstellungen und seinen Begriff von moralischer Verantwortung schlicht für defizitär und versuchten erst gar nicht, seine huldigende Darstellung der Helena zu verstehen. Helena bestreitet, dass es falsch war, ihre Familie im Stich zu lassen, um mit Paris zu fliehen; sie weigert sich sogar, die Verantwortung dafür zu übernehmen, und behauptet, Aphrodite, die Göttin der sinnlichen Begierde, habe sie dazu verleitet. Doch bereits im Altertum – als man Homer ja allgemein bewunderte – hatten die Moralisten unter den Lesern das als eine reine Ausflucht betrachtet und sich genötigt gesehen, seinen Bericht über Helenas Anteil am Trojanischen Krieg zu »korrigieren«: In einigen alternativen Versionen der Geschichte wird Helena zum Beispiel gezwungen, der Gesellschaft Abbitte zu leisten.[3]

Aber auch zeitgenössischen Wissenschaftlern fällt es schwer, Homers Idealisierung von Helena ernst zu nehmen. Entweder sie diskutieren diese Frage überhaupt nicht, oder sie sehen Homers Darstellung nur als einen weiteren Beweis für seine primitiven Wertvorstellungen. Sogar die drei wahrscheinlich einflussreichsten Homer-Interpreten des 20. Jahrhunderts – der deutsche Altphilologe Bruno Snell, der Oxforder Altphilologe Eric Robertson Dodds und der englische Moralphilosoph Bernard Williams – stellten fest, dass Homer noch weit von den großen ethischen Einsichten eines Kant, Hume oder Nietzsche entfernt gewesen sei.[4] Aber was, wenn sie sich irrten? Was, wenn Homers Verständnis vom menschlichen Sein viel profunder und keineswegs primitiver war als das unsere? Und was, wenn sich gerade Homers Bewunderung für Helena, sofern sie nur mit etwas Wohlwollen betrachtet wird, als der Schlüssel zu Homers Einsichten in das Leuchtende und dessen Bedeutung im menschlichen Leben erweist?

Wir dürfen Homers Welt weder gönnerhaft herablassend mit unseren modernen philosophischen und psychologischen Vorstellungen von moralischer Handlungsfähigkeit vergleichen noch als primitiv betrachten oder als die Wiege unserer Kultur feiern. Vielmehr sollten wir uns eingestehen, dass wir die wahre Attraktivität des homerischen Weltbilds bislang schlicht und einfach mit unseren modernen Einstellungen und philosophischen Theorien übertüncht haben. Anstatt Homer also selbstgefällig auf der Basis unserer eigenen Auffassungen vom menschlichen Sein zu interpretieren, sollten wir ihn als einen Künstler lesen, der noch Zugang zu den positiven Phänomenen des Seins hatte, für die uns längst jedes Gespür fehlt.

Die homerischen Griechen waren auf eine Weise empfänglich für alle Dinge zwischen Himmel und Erde, die wir moderne, introspektive Menschen, für die Stimmungen eine Sache des subjektiven Gefühls sind, kaum noch nachvollziehen können. Homers Griechen definierten sich nicht über ihr inneres Erleben oder ihre persönlichen Überzeugungen, sondern über öffentlich geteilte und vermittelbare Stimmungen. Bei Homer spielen Stimmungen eine große Rolle, eben weil sie kollektive Erfahrungen illuminieren: In ihnen manifestiert sich, was den Moment bedeutungsvoll macht, insofern sind sie es auch, die die Menschen zu heroischen und leidenschaftlichen Handlungen bewegen. Es sind in erster Linie die Götter, die solche Stimmungen aufkommen lassen, und da sie selbst so verschieden sind, erhellen sie natürlich auch unterschiedliche, manchmal sogar einander völlig widersprechende Bedeutungen einer Situation. Aphrodite ist die Göttin, auf die Helena am besten eingestimmt ist: Sie illuminiert die erotischen Möglichkeiten des Moments und bewegt die Menschen dazu, diese auf leuchtendste Weise zum Ausdruck zu bringen. Ares ist der Gott, auf dessen aggressive Stimmung Achilles am besten reagiert: Er lässt den Mann als tapfer entschlossenen Krieger leuchten. Andere Götter rufen die Gestimmtheiten ihrer Domänen hervor. Das erfüllte Leben in Homers Welt ist eines, das in Harmonie mit den Göttern gelebt wird. Oder wie Martin Heidegger es ausdrückte: Man dürfe die griechischen Götter »doch die Stimmenden nennen«, weil »Scheu und Gunst und Glanz der Milde zum Sein gehören«.[5]

Zentral für die homerische Welt war demnach die Einsicht, dass das Bedeutungsvolle dem Menschen bereits gegeben ist. Folglich führt derjenige ein erfülltes Leben, der sich mit dem Gegebenen in Einklang zu bringen versteht. Eine Vorstellung, die unseren modernen Bedürfnissen durchaus entgegenkommt. Homers olympische Götter vermitteln den Griechen ein Gespür für das Leuchtende, das Freud wie Leid in einem wirklich sinnvollen Dasein zugrunde liegt. Würden wir uns heutzutage, nach dem Tod Gottes, diese homerischen Götter wieder geneigt machen, könnte darin unsere Rettung bestehen: Es würde uns helfen, den Zusammenbruch des Monotheismus zu überstehen, ohne uns dem Nihilismus auszuliefern.

Homers Epen rücken den Begriff *arete* in den Fokus – die »Vortrefflichkeit«, die im Zentrum des griechischen Menschenbilds stand.[6] Schon viele Bewunderer der griechischen Kultur haben diese Idee zu definieren versucht, doch dabei muss man zwei häufigen Versuchungen widerstehen: der erwähnten Herablassung der Nachgeborenen und dem Hang, eine moderne Sensibilität in Homers Welt hineinzulesen. Eine Standardübersetzung des griechischen Begriffs *arete* ist »Tugend« – ein gutes Beispiel für die Gefahr einer retrospektiven Auslegung. Denn der Versuch, die homerisch-griechische Auffassung von »Vortrefflichkeit« im Sinne einer »Tugend« zu interpretieren – vor allem, wenn in diesem Begriff auch noch ein christlicher oder römischer Unterton mitschwingt –, kann nur in die Irre führen. Vortrefflichkeit im griechischen Sinne beinhaltet weder die christliche Vorstellung von Demut und Liebe noch das römische Ideal stoischer Pflichterfüllung.[7] In der homerischen Welt hängt Vortrefflichkeit ganz entscheidend von der Fähigkeit ab, dankbar zu sein und staunen zu können.

Nietzsche war einer der Ersten, die verstanden, dass Homers Vortrefflichkeit nichts mit der Fähigkeit zu moralischem Handeln im heutigen Sinne zu tun hatte. Seiner Interpretation nach wurde eine edle Gesinnung in der homerischen Welt mit der überwältigenden Kraft des kriegerischen Edelmuts gleichgesetzt; und nach dieser nietzscheanischen Auslegung konnte die spätere christliche Tradition, welche die Kraft und Macht des edlen Kriegers durch die Demut des Lammes ersetzte, das homerische Verständnis von Vortrefflichkeit nur schwächen.[8]

Nietzsche lag sicherlich richtig mit seiner Aussage, dass die homerische Tradition den starken, edlen Helden betonte; und richtig ist auch, dass Homers Darstellung von Vortrefflichkeit unseren moralischen Grundwerten in mancherlei Hinsicht sehr fremd ist. Doch Nietzsche übersieht auch etwas. Wie Bernard Knox erläuterte, ist das griechische Wort *arete* etymologisch verwandt mit dem griechischen Verb *araomai*: beten.[9] Daraus folgt, dass Homers Begriff von menschlicher Vortrefflichkeit auch ein angemessenes Verhältnis zu all dem beschreibt, was in seiner Kultur als heilig galt. Und dieser Interpretation nach ist Helenas Größe gewiss nicht an der Frage der moralischen Verantwortlichkeit für ihr eigenes Handeln zu messen.

Was Helena in Homers Welt Vortrefflichkeit verleiht, ist ihre Fähigkeit, ein Leben zu führen, das permanent empfänglich bleibt für die strahlende Aphrodite, das leuchtende Leitbild der heiligen erotischen Dimension des Lebens. Achilles ist auf besondere Weise empfänglich für Ares und seine kriegerische Stimmung; über Odysseus wacht Athene mit ihrer Weisheit und Anpassungsfähigkeit; und der meisterliche Handwerker wirkt in Homers Welt im Lichte von Hephaistos' Leuchten. Um uns mit diesem Verständnis von menschlicher Vortrefflichkeit befassen zu können, müssen wir zuerst einmal das Selbstbild der homerischen Griechen rekonstruieren und uns fragen, wie wichtig die Gegenwart oder Abwesenheit der Götter für sie war.

Damit stehen wir vor mehreren Fragen: Auf welche Phänomene reagieren bei Homer die Götter, wenn sie intervenieren oder sich aktiv in einen Handlungsablauf einmischen? Sind wir überhaupt noch in der Lage, diese Phänomene zu erkennen, wie eingeschränkt auch immer? Und wenn Homers Einbeziehung der Götter denn tatsächlich etwas anderes als der bloße Versuch ist, die moralische Verantwortung für die Handlungen einer Person von dieser abzuwälzen, was genau ist es dann?

Nur wenn wir uns diesen Fragen stellen, können wir erkennen, ob es möglich oder überhaupt wünschenswert ist, uns Homers Götter wieder geneigt zu machen.

Die Götter sind von essentieller Bedeutung im homerisch-griechischen Verständnis vom Menschsein. Peisistratos, der jüngste Sohn des weisen alten Nestor, sagt in der *Odyssee*, »es bedürfen die Sterblichen alle der Götter«.[10] Die Griechen waren sich zutiefst bewusst, dass Erfolg und Misserfolg – unsere Handlungen per se – niemals vollständig der eigenen Kontrolle unterliegen. Deshalb waren sie auch stets empfänglich für das, was sie zu einer Handlung *bewegte*, und mit Staunen und Dank erfüllt, wenn ihnen etwas gelang, das auch bei größter Anstrengung kein Mensch aus eigener Kraft vollbracht haben könnte. Denken wir zum Beispiel ans Einschlafen oder Aufwachen; oder an besonders harmonische oder virtuose Momente, oder solche, in denen es jemandem gelingt, andere Menschen um sich zu scharen und mit einer Rede zu fesseln, die die ganze Stimmung verändert; oder denken wir daran, wie es ist, wenn uns eine Sehnsucht oder solche, wenn uns etwas Mut verleiht oder eine Erkenntnis schenkt. Homer betrachtet solche Momente als das Geschenk des Gottes, der über die jeweilige Domäne wacht. Wenn er also sagt, dass alle Sterblichen der Götter bedürfen, dann meint er damit, dass wir uns immer dann von unserer besten Seite zeigen, wenn wir auf eine Weise handeln, die wir uns nicht als unseren alleinigen Verdienst anrechnen können – oder sollten.

Es finden sich bei Homer viele warnende Beispiele von Personen, die sich den glücklichen Ausgang eines Geschehens selbst als Verdienst anrechnen, obwohl sie es als etwas erlebt hatten, das ihrer Kontrolle entzogen war. Beispielsweise Aias. Nachdem er im Trojanischen Krieg beherzt für die Griechen gekämpft hatte, stellen sich ihm auf der Heimreise allerlei Schwierigkeiten in den Weg. Schließlich zerschmettert das heimtückische Meer seine Schiffe an den gewaltigen Felsen von Gyra. Aias gelingt es irgendwie, sich zu retten. Doch dann:

> *Da wäre er trotz Athenes Hass dem Verderben entronnen, / hätt' er nicht, arg verblendet, das Trotzwort aus sich geschleudert: / Gegen der Götter Willen sei er entronnen dem großen / Schlunde des Meeres! Es hörte Poseidon aber sein Prahlen, / fasste sogleich dann den Dreizack mit seinen wuchtigen Händen, / traf den Felsen von Gyra und spaltete ihn in zwei Hälften. / Ein Stück blieb am Ort, in die Fluten fiel das Gesprengte, / auf das Aias zuvor sich gesetzt in großer Verblendung, / und riss ihn mit hinab in die endlos wogende Meerflut. / So kam dieser dort um und schluckte das salzige Wasser.[11]*

Was können wir aus dieser Geschichte lernen? Sicher nicht, dass eine theologische Entität namens Poseidon eine kausale Rolle bei Aias' Tod gespielt hätte. Es wäre zwecklos, Homer auf diese Weise lesen zu wollen. Vermutlich kletterte Aias, nachdem sein Schiff zerschellt war, auf einen Felsen, stürzte bei einem Erdbeben hinab und fand den Tod. (Was immer wir bei den Griechen wiederfinden wollen: Es muss mit unseren Erkenntnissen von der physischen Beschaffenheit des Universums übereinstimmen.)

Die griechische Weltanschauung ist nicht als eine Alternative zu unseren Kausalerklärungen interessant, sondern weil sie uns einen neuen Blick auf die menschliche Vortrefflichkeit bietet. Die Geschichte von Aias führt uns vor, was wir Menschen anstreben – oder besser: vermeiden sollten. Ganz fraglos begeht Aias einen Fehler – einen so schweren Fehler, dass er einer Beleidigung des griechischen Selbstverständnisses gleichkommt und in gewisser Weise seinen Tod nicht nur erklärt, sondern auch rechtfertigt. Aias hätte dankbar sein müssen, weil sich die Dinge so günstig für ihn gewendet hatten, stattdessen – blind und selbstgefällig, wie er ist – rühmt er sich dafür. Dankbarkeit, nicht Prahlerei, ist die angemessene Reaktion auf die glückliche Wendung eines Ereignisses.

Dankbarkeit ist in Homers Welt weit mehr als nur eine angemessene Reaktion: Sie ist für ein erfülltes Leben unerlässlich. Aias' Tod ist seiner Selbstgefälligkeit geschuldet, seine Reaktion muss Homer als eine Schmähung all dessen vorgekommen sein, was den Griechen heilig war. Deshalb rammt Poseidon seinen Dreizack in den Felsen: Für Homer ergab Aias' Tod Sinn, weil er sich an etwas Heiligem verging.

Dankbarkeit ist also eine unerlässliche Komponente der homerischen Idee vom bestmöglichen Leben. Aus dieser Perspektive sind die Götter auch das, was außerhalb unseres Selbst nach unserer Dankbarkeit verlangt. In der modernen Welt ist die Nachfrage nach solcher Dankbarkeit ziemlich begrenzt, das Phänomen als solches aber noch erkennbar: Man stelle sich jemanden wie Aias vor, der nach dem Untergang der *Titanic* von einem Rettungsboot aufgefischt wurde und dies als einen Beweis seiner eigenen Großartigkeit wertet. Sympathisch fänden wir das gewiss nicht.

Auch wenn diese Vorstellung unser Selbstverständnis nicht bestimmt, ist uns der Gedanke also nicht ganz fremd, dass wir den glücklichen Ausgang eines Geschehens als einen solchen erkennen und deshalb dankbar dafür sein sollten. Die Griechen nahmen dieses Phänomen allerdings auf eine sehr besondere Weise wahr: Sie fühlten sich nicht einfach nur froh, wenn sich etwas, das sie selbst als ihrer Kontrolle entzogen erlebten, zum Guten wandte; sie nahmen es vielmehr als etwas Bedeutungsvolles wahr, etwas, das unmittelbar und individuell ihnen zugedacht war.

Um dies zu verdeutlichen, betrachten wir einmal den Unterschied zwischen den homerischen Griechen und den Römern im 2. und 1. Jahrhundert v. Chr.[12] Die Römer nahmen die Rolle des glücklichen Geschicks in ihrem Leben sehr ernst und personifizierten diese Kraft durch die Göttin Fortuna – die oft als blind dargestellt wurde, um anzudeuten, dass sie ihre Entscheidungen indifferent gegenüber den Individuen trifft, auf die sie sich auswirken. Fortuna hat keine Vorgängerin in der homerischen Welt. Tyche, die generell als das griechische Äquivalent von Fortuna gilt, beginnt erst im hellenistischen Zeitalter ihre wichtige Rolle in der griechischen Mythologie zu spielen, also mindestens fünfhundert Jahre nach Homer.[13]

Der Unterschied zwischen Fortuna und den Göttern des homerischen Griechenlands ist von großer Bedeutung: Wenn Fortuna ihr Füllhorn ausschüttet, dann war die angemessene Reaktion römischer Bürger darauf nicht Dankbarkeit, da Fortuna ja zu keinem Zeitpunkt sie als Individuen im Blick gehabt hatte. Um das Leben als von Fortuna bestimmt zu erfahren, bedarf es der Kultivierung einer stoischen Zurückhaltung. Der römische Stoiker erträgt tapfer die Wechselhaftigkeiten des Lebens und nimmt das glückliche Geschick ebenso an wie das unglückliche. Diese Art von Reserviertheit oder Distanziertheit dem Leben gegenüber ist denkbar weit entfernt vom homerischen Konzept der Vortrefflichkeit. Uns selbst ist es dagegen vertraut: Die Vorstellung, dass der blinde Zufall unser Schicksal bestimme, führt schnell zu der nihilistischen Idee, dass unser eigenes Leben ohne jede tiefere Bedeutung sei. Der römische Stoizismus ist der Großvater unseres säkularen Nihilismus.

Der Zusammenhang von Zufall und Sinnlosigkeit ist gerade heutzutage ein großes Thema. Woody Allen zum Beispiel erforscht es in seinem Melodram *Match Point* (2005). Chris Wilton, ein sozialer Aufsteiger, arbeitet als Tennislehrer in einem exklusiven Londoner Club. Der Film beginnt mit der Zeitlupenaufnahme eines Aufschlags. Der Ball trifft die Netzkante, schießt in die Höhe, das Bild friert ein, derweil Wilton aus dem Off seine Lebensphilosophie erklärt:

> *Der Mann, der gesagt hat: »Ich hätte lieber Glück als Talent«, hat tiefe Lebensweisheit bewiesen. Man will nicht wahrhaben, wie viel im Leben vom Glück abhängt. Es ist erschreckend, wenn man daran denkt, wie viel außerhalb der eigenen Kontrolle liegt. Es gibt Augenblicke in einem Match, da trifft der Ball die Netzkante und kann für den Bruchteil einer Sekunde nach vorn oder nach hinten fallen. Mit ein bisschen Glück fällt er nach vorn, und man gewinnt. Oder vielleicht auch nicht, und man verliert.*

Im Verlauf der Story verstrickt sich Wilton in Affären mit zwei Frauen. Er löst die Situation, indem er diejenige umbringt, die seinen sozialen Aufstieg gefährden könnte. Die Frage ist nun, ob er gefasst wird oder nicht. Wilton erkennt selbst, was auf dem Spiel steht:

> *Es wäre angemessen, wenn ich festgenommen und bestraft würde. Es wäre zumindest ein kleines Zeichen von Gerechtigkeit. Irgendein winziger Funken Hoffnung, dass es überhaupt so etwas wie einen Sinn geben kann.*

Es kommt nicht dazu. Durch reines Glück – symbolisiert durch den Tennisball, der auf der Netzkante aufkommt – verlaufen die Ermittlungen im Sand. Der logische Schluss ist, dass es keine Hoffnung auf ein sinnvolles Leben gibt. Indem Allen sich für das Glück entscheidet, legt er sich auf den Nihilismus fest.

Glück oder Fürsorge sind zwei radikal unterschiedliche Phänomene. Wenn wir, wie einst die Römer, den blinden Zufall als die Quelle eines glücklichen Geschicks erleben, dann macht es auch keinen Sinn, dankbar für den guten Ausgang eines Ereignisses zu sein. Der Preis dafür ist jedoch eine Unverbindlichkeit die es uns unmöglich macht, unser Leben als sinnvoll zu erfahren. Die Griechen hingegen betrachteten ihre Welt mit nicht nachlassendem Staunen. Sie konnten gar nicht anders, als erstaunt und dankbar auf alles zu reagieren, was sich in ihrem Leben glücklich fügte. Und diese Art des Staunens und der Dankbarkeit, die eine glückliche Fügung naturgemäß hervorruft, ist der Schlüssel zu allem, was in der Welt der Griechen leuchtete.

Um den Sinn der Griechen für das Leuchtende besser zu verstehen, wollen wir uns eine repräsentative Szene ansehen, in der Homer ganz selbstverständlich die Gegenwart der Götter beschwört: Am Ende der *Odyssee* schleudern Penelopes Freier aus nächster Nähe ihre Speere nach ihm. Homer lässt einen von ihnen sagen:

> *Darum schleudert nicht alle zugleich jetzt die Speere, die langen, / sondern auf, schießt zuerst ihr sechs, ob Zeus es vielleicht gibt, / dass Odysseus getroffen wird […] / Sprach's, und die warfen denn alle die Speere, wie er befohlen, / wild entschlossen, doch Pallas machte sie alle zunichte.[14]*

Der Punkt ist hier, dass es Odysseus nicht einfach nur als ein Zufall oder Glücksfall erschien, dass die Speere der Freier ihr Ziel verfehlten. Jemand hielt fürsorglich seine schützende Hand über ihn. Homer lässt keinen Zweifel daran, dass die Speere Odysseus verfehlten, *weil* Pallas Athene ihn vor dem Angriff der Feinde beschützt hatte.

Es gibt in dieser Schilderung etwas, das wir auf uns übertragen können, und etwas, das wir nicht auf uns übertragen können. Natürlich können wir nicht glauben, dass tatsächlich ein übernatürliches Sein namens Athene die Ablenkung der Speere *verursacht* hat. Selbst wenn wir Athene durch den jüdisch-christlichen Gott ersetzen, lehnt sich unser säkularer Zeitgeist gegen einen solchen Gedanken auf (wenngleich es natürlich auch noch Menschen gibt, die ihn in Betracht ziehen). Doch was die genauen metaphysischen und theologischen Zusammenhänge hier auch sein mögen, konzentrieren wir uns doch einmal auf die Phänomenologie dieses Ereignisses. Stellen wir uns vor, an Odysseus' Stelle zu sein: Sechs unserer Feinde haben sich in Wurfweite vor uns versammelt, ergreifen ihre Speere und werfen – der Heldentod scheint unausweichlich. Doch dann:

> *Einer traf den Pfosten der trefflich errichteten Halle, / und ein anderer traf die fest gezimmerte Türe, / und eines dritten erzschwerer Speer schlug tief in die Wand ein.*[15]

Welche Erleichterung, welches Erstaunen, welche Dankbarkeit muss man da empfinden! Kann es wirklich blinder Zufall gewesen sein? Odysseus kann nach Lage der Dinge nur einen völlig anderen Ausgang erwartet haben. So etwas erlebt man nicht einfach nur als schieres Glück oder schicksalhafte Fügung. Für Odysseus jedenfalls war durch dieses Geschehen bewiesen, dass er fürsorglich beschützt wird: von Pallas, in der Tat.

Es ist eher unwahrscheinlich, dass wir modernen Menschen solche Ereignisse dem Wirken eines Gottes zuschreiben würden. Aber es ist doch etwas Vertrautes an der Art, wie Odysseus diese Situation erlebt: Menschen, die einer Naturkatastrophe oder anderen Gefahr entronnen sind, haben oft das Gefühl, dass ihre Rettung kein reiner Zufall war, tatsächlich wird sich kaum jemand, der gegen alle Wahrscheinlichkeit einer großen Gefahr entronnen ist, dieses Gefühls erwehren können.

Betrachten wir eine Szene aus dem Film *Pulp Fiction*, die uns eine zeitgenössische Variante des Odysseus-Ereignisses präsentiert. Die Auftragskiller Jules und Vincent, gespielt von Samuel L. Jackson und John Travolta, sollen für ihren Boss einen gestohlenen Koffer wiederbeschaffen. In einem Apartment stellen sie die drei Diebe, werden aber von einem vierten überrascht, der sich im Bad versteckt hatte. Der Mann stürzt nun heraus, die silberne Magnum in der erhobenen Hand, und feuert sechs Schüsse auf die beiden ab. Unglaublicherweise trifft keine einzige Kugel ihr Ziel. Nachdem sie den Angreifer erschossen haben, zeigt sich Jules merklich erschüttert:

JULES   *Nun sieh dir mal diesen Riesenballermann an. 'ne Monsterkanone. Wir sollten mausetot sein, Mann.*

VINCENT *Ich weiß, wir hatten Glück.*

JULES   *Nein, nein, nein, nein, das hat mit Glück nichts zu tun.*

VINCENT *Ja, vielleicht.*

JULES   *Das war göttliche Vorsehung. Weißt du, was göttliche Vorsehung ist?*

VINCENT *Ich glaube schon. Gott persönlich ist aus dem Himmel herabgestiegen und hat die Kugeln aufgehalten.*

JULES   *Das ist richtig. Das ist genau das, was es bedeutet. Gott ist persönlich vom Himmel herabgestiegen und hat die Kugeln aufgehalten.*

VINCENT *Ich denke, wir sollten langsam gehen, Jules.*

JULES   *Tu das nicht! Puste den Mistkerl nicht weg. Was hier gerade passiert ist, war ein verdammtes Wunder!*

VINCENT *Krieg dich wieder ein, Jules. So was passiert.*

JULES   *Falsch. Falsch. So was passiert nicht einfach.*

VINCENT *Möchtest du diese theologische Diskussion im Wagen fortsetzen? Oder im Gefängnis mit den Bullen?*

JULES   *Wir sollten, verdammt noch mal, tot sein, mein Freund. Was hier geschehen ist, ist ein Wunder. Und ich verlange einfach, dass du's anerkennst.*

VINCENT *Ja, in Ordnung, es war ein Wunder … Können wir jetzt gehen?[16]*

Dieses Ereignis ähnelt verblüffend dem von Homer geschilderten, bis hin zur Zahl der abgefeuerten Kugeln. Und Jules erlebt diese Situation auch sehr ähnlich wie Odysseus: Beide glauben, dass ihr Überleben kein blinder Zufall gewesen sein kann. Aber es gibt Unterschiede. Erstens hält die zeitgenössische Version auch eine alternative Erklärung parat: Vincent verkörpert den modernen Kontrapunkt, er sieht im Ausgang des Geschehens nichts weiter als einen glücklichen Zufall. »Krieg dich wieder ein, Jules. So was passiert«, sagt er. Wie der Römer, der sich auf die blinde Fortuna beruft, sieht Vincent keinen Anlass zur Dankbarkeit, ganz nach dem Motto: Die Münze, die du wirfst, kennt keine Günstlinge. Manchmal geht es eben gut.

Man könnte sagen, Vincents Erleben in dieser Situation ist typisch für unser säkulares Zeitalter. Wir haben die metaphysische Vorstellung von einem übergeordneten Sein, das in die unausweichliche Kausalkette eines Geschehens eingreifen kann, verworfen. Deshalb erscheint ihm Dankbarkeit in diesem Moment auch als völlig überflüssig, metaphysisch betrachtet möglicherweise sogar als verantwortungslos. Dennoch kann es selbst heutzutage noch geschehen, dass man von einem Gefühl der Dankbarkeit überwältigt wird. Und wenn das geschieht, wie bei Jules der Fall, tritt ein weiterer Unterschied zwischen uns und den Griechen zutage: Für Jules ist es eine Art von Offenbarung, die sein Selbst- und Weltbild grundlegend verändert; für Odysseus ist es die einzig mögliche, natürliche Erklärung. Jeder weitere Kommentar dazu ist müßig. »Doch Pallas machte sie alle zunichte.« Das genügt.

Wenn wir zwei alternativen Interpretationen eines Ereignisses begegnen, wollen wir natürlich auch wissen, welche davon die richtige ist. Warum haben die Kugeln ihr Ziel verfehlt? Hat Vincent recht, wenn er ihr Überleben für einen statistischen Ausreißer hält, oder Jules, der darin einen Akt der Gnade erkennt? Die Antwort auf diese Frage ist entscheidend, denn von ihr hängt ab, wie ernst wir Homers Weltsicht nehmen können.

Man kann diese Frage metaphysisch behandeln: Gibt es ein Sein – den jüdisch-christlichen Gott zum Beispiel –, das die Ursache dieser schicksalhaften Fügung war? Wenn ja, dann hat Jules recht; wenn nicht, dann Vincent. Aber vielleicht geht es hier gar nicht um etwas Metaphysisches – ob es einen Gott oder Götter oder übernatürliche Seinsweisen gibt, oder um die Frage, was deren Eigenschaften sind. Die wirkliche Frage ist vielmehr phänomenologischer Art. Es geht darum zu begreifen, dass Erfahrungen zwar von metaphysischen und theologischen Behauptungen beeinflusst werden können, es aber gar nicht von Belang ist, ob ein Gott seine

Hand im Spiel hatte. Von Belang ist nur, ob Dankbarkeit die angemessene Reaktion auf eine Erfahrung ist.

Warum ist das die relevante Frage? Nun, zuerst einmal hilft sie, unser eigentliches Thema im Blick zu behalten. Der Nihilismus unseres säkularen Zeitalters lässt uns mit dem schrecklichen Gefühl zurück, dass unser Leben im Wesentlichen sinnlos sei. Wenn nichts von Bedeutung ist, dann fehlt die Basis, um die jeweils richtige Entscheidung zu treffen. Und diese Qual der Wahl lastet schwer auf uns. Die entscheidende Frage im säkularen Zeitalter ist daher, wie wir uns von dieser Bürde befreien können. Odysseus lebte in einer Welt, der diese Last fremd war, weil die homerische Auffassung vom menschlichen Sein – und insbesondere von der Vortrefflichkeit eines Menschenlebens – das gar nicht zuließ. Und damit stellt sich die eigentliche Frage: Was hat diese griechische Vorstellung von Vortrefflichkeit beinhaltet, und gibt es eine Variante davon, die auch in unserer Zeit lebbar ist?

Das klingt nun vielleicht irgendwie widersinnig, denn immerhin haben wir ja bereits festgestellt, dass der homerische Begriff *arete* die Idee des richtigen Verhältnisses zu den Göttern beinhalte. Und beruht er dann nicht unausweichlich auf dem Glauben, *dass* es Götter gibt? Nun, ja und nein. Es scheint logisch, davon auszugehen, dass die Griechen an ihre Götter glaubten. Aber das ist eine historische Frage, mit der wir uns hier nicht befassen wollen. Von Bedeutung für uns ist hingegen, dass die Griechen glaubten, Vortrefflichkeit im Leben bedürfe der Überzeugung, dass ständig wunderbare Dinge geschehen können, über die wir keinerlei Kontrolle haben. Dieses Gefühl, das als Grundstimmung den Alltag begleitete, rechtfertigte und bekräftigte die Dankbarkeit, die so wesentlich war in der homerischen Vorstellung vom bewundernswerten Leben. Ob sie Athene, Jesus, Vishnu oder niemandem im Speziellen gilt, ist zweitrangig.

Kehren wir noch einmal zu Vincent und Jules zurück. Beide sind erstaunlicherweise dem Tod entronnen. Die Frage ist nun, was die angemessene Reaktion darauf sein sollte. Vincent erklärt es ungerührt zu einem glücklichen Zufall; Jules hingegen findet eine tiefere Bedeutung darin und wird von Gefühlen der Dankbarkeit durchströmt. Welche dieser beiden Reaktionen ist attraktiver, welche steht mehr im Einklang mit unserem menschlichen Streben? Sollten wir indifferent auf glückliche Ereignisse reagieren, die sich unserer Kontrolle entziehen? Oder ist die Dankbarkeit, die viele Menschen in solchen Situationen spontan empfinden, nicht nur angemessener, sondern auch etwas, das wir aufwerten und kultivieren sollten? Welches Selbstbild sollten wir vorziehen?

Wir behaupten, dass Dankbarkeit die angemessenere Reaktion ist.

In Homers Welt ist ein Mangel an Dankbarkeit das sicherste Zeichen für einen schlechten Charakter. Wir haben bereits gesehen, dass Homer den Tod des Aias auf dessen Selbstgefälligkeit und fehlende Dankbarkeit zurückführt, aber dieses Thema taucht im homerischen Werk öfter auf. Das vielleicht wichtigste Beispiel dafür findet sich im Verhalten von Penelopes Freiern.

Während Odysseus' Abwesenheit versuchen mehrere Adlige aus Ithaka dessen Gemahlin Penelope für sich zu gewinnen, um sich Odysseus' Vermögen anzueignen. Zu Beginn der *Odyssee* fällt eine große Gruppe dieser Männer, kollektiv die Freier genannt, in Odysseus' Haus ein, um seiner Frau den Hof zu machen. Homer rückt diese Freier in ein wenig schmeichelhaftes Licht und lässt auch keinen Zweifel daran, dass sie ohne Rücksicht auf die Sitten und Gebräuche des Landes handeln. Sie sind schimpfliche Eindringlinge in Odysseus' Heim, machen sich gefräßig über seine Vorräte her, trinken seinen Wein und verhalten sich generell höchst ungebührlich. Aber selbst das verblasst gegen ihre Versuche, sein Königreich zu usurpieren, seine Dienerinnen zu verführen und ihm seine Frau zu stehlen. Die Freier sind alles andere als bewundernswerte Männer.

Wenn Odysseus das Paradigma für Vortrefflichkeit in Homers Welt ist, dann sind sie das genaue Gegenteil. Insofern ist es interessant festzustellen, wie Homer ihre Charaktermängel schildert. Eumaios, Odysseus' treuer Schweinehirt, erzählt:

> Da sie [...] in Ruhe / Fremdes Gut unmäßig und ohne Schonen verprassen. / Alle Tag' und Nächte [...] Und verschwelgen den Wein mit ungezähmter Begierde ...[17]

Eumaios ist deutlich empört über die Freier, und ganz gewiss finden auch wir ihr Verhalten schändlich, denn natürlich ist es unlauter und unwürdig und bar jeden Respekts für fremdes Eigentum, und das sind gewiss noch nicht einmal alle Gründe für unsere Entrüstung. Doch was die Empörung aus Homers Blickwinkel rechtfertigt, hat nicht das Geringste mit unseren Gründen zu tun. In Homers Welt ist das Verhalten der Freier verabscheuungswürdig, weil in ihm ein Mangel an Respekt für die Götter zum Ausdruck kommt. Eumaios' Bericht nach sind die Freier Männer, »deren Herz nicht Furcht vor den Göttern kennet, noch Mitleid«.[18]

Ein Anzeichen für diese Missachtung der Götter findet sich in den hinterlistigen Schmeicheleien der Freier und in ihrem ungezügelten Verhalten. »Alle gewaltsame Tat mißfällt ja den seligen Göttern; / Tugend ehren sie nur und Gerechtigkeit unter den Menschen!«, erklärt Eumaios.[19] Wer die Sitten und Gebräuche Ithakas auf solche Weise verletzt, ist den Göttern ein Dorn im Auge.

Ein anderes Anzeichen für den mangelnden Respekt der Freier ist, dass sie den Göttern nicht opfern. Psychologisch betrachtet war die rituelle Opferung der fettesten Kuh oder wohlgeratensten Ziege vermutlich von der Vorstellung motiviert, dass das übernatürliche Sein eine solche Schlemmerei genießen würde. Vielleicht versprach man sich auch einen Vorteil davon: Wenn wir dir diese schöne und wohlschmeckende Kuh geben, oh Überwesen, wirst du uns dann bitte gut behandeln? Dass eine solche Motivation für uns nicht rekonstruierbar ist, liegt auf der Hand. Aber dem Ritualopfer kam noch eine tiefere Bedeutung zu, die ebenfalls mit dem Staunen und der Dankbarkeit in der homerischen Welt zu tun hat. Die Griechen selbst haben diesen tieferen Zusammenhang vermutlich gar nicht erkannt, aber er spiegelt sich deutlich in den Sitten und Gebräuchen ihrer Kultur.

Das Ritualopfer ist in Homers Welt nicht nur von großer Bedeutung, weil es eine Möglichkeit darstellt, die natürliche Dankbarkeit, die vortrefflichste Menschen empfinden, zu *kommunizieren*. Es ist auch eine Möglichkeit, Dankbarkeit in Personen *hervorzurufen*, die sie nicht oder in nur ungenügendem Maße empfinden, und sie insgesamt zu *verstärken*. Ein Ritualopfer bringt, so es denn auf angemessene Weise und regelmäßig dargebracht wird, Dankbarkeit nicht nur *zum Ausdruck*, es *bewirkt* diese auch. Eine gebührende Durchführung des Rituals ist somit nicht nur von einem tiefempfundenen Bekenntnis zum Leuchtenden im homerischen Sinne motiviert, sie fördert ihrerseits wiederum menschliche Vortrefflichkeit, indem sie dazu bewegt, nach allerbestem Vermögen zu handeln, um anschließend staunen und dafür dankbar sein zu können.

In der homerischen Welt war das Ritualopfer natürlich die buchstäbliche Opferung *von* etwas: Typischerweise bedeutete es die Schlachtung und Brandopferung eines wertvollen Tieres, im Extremfall vieler Tiere. (Die Opferung einer »Hekatombe«, die Homer mindestens ein Dutzend Mal in der *Odyssee* erwähnt, bedeutet wortwörtlich das Brandopfer von hundert Rindern.) Aber vielleicht noch wichtiger ist, dass das Ritualopfer auch ein Opfer *für* die Teilnehmer bedeutete, denn mit diesem Opfer brachten sie etwas dar, das von außerordentlich hohem Wert für sie war. Ein solches freiwilliges Opfer zu bringen, motiviert von der Idee, dass es eine edle und gute Tat sei, ist nicht einfach nur ein gutes Werk, sondern unerlässlich für das Erlangen homerischer Vortrefflichkeit. Was genau diese Vorstellung von Dankbarkeit beinhaltete, verstehen wir am besten ex negativo. Genau deshalb sind die Freier ein so hilfreiches Beispiel. Die Dankbarkeit, die zu einer rituellen Opferhandlung motiviert, ist unvereinbar mit deren Selbstgefälligkeit und Hochmut.

Das Phänomen der Dankbarkeit und des Staunens, das schon fast zwangsläufig von unseren modernen Theorien übertüncht wird, ist grundlegend für Homers Verständnis der menschlichen Existenz: Nehmen wir eines der simpelsten Beispiele: Schlaf. In der *Ilias* ist der Schlaf selbst ein Gott – zumindest wird er einmal als »Mächtiger Schlaf, der Menschen und ewigen Götter Beherrscher« bezeichnet.[20] In der *Odyssee* ist der Schlaf hingegen primär ein Geschenk der Götter. Im Ersten Gesang der *Odyssee* weinte Penelope »lang um Odysseus, den lieben Gatten, bis süßen / Schlaf auf die Lider ihr warf die funkeläugige Pallas«.[21] Und im Fünften Gesang des Epos heißt es, der Götterbote Hermes »fasste den Stab, mit dem er die Augen der Menschen bezaubert« und »die Schlafenden auch wieder aufweckt«.[22]

Selbst wenn Homer die Götter nicht explizit für jemandes Schlaf verantwortlich macht, bleibt er für ihn doch einer der wesentlichen Aspekte des Lebens, die der Mensch nicht voll und ganz selbst kontrolliert. Niemand fällt einfach in den Schlaf, als sei es ein *willentlicher* Akt. Der Schlaf wird dem Menschen zu einem heiligen Geschenk gemacht – und Homer verfügt über eine große Bandbreite an Beschreibungen dafür.

Allein diese Vielfalt deutet an, welche entscheidende Rolle der Schlaf in Homers Verständnis vom menschlichen Dasein spielt. Für uns ist Schlaf die Ruhephase zwischen den wachen Momenten. Während wir schlafen, sind wir nicht ganz wir selbst. In der homerischen Welt versinnbildlicht der Schlaf hingegen die Conditio humana. Im Schlaf kommen die Götter zu den Menschen, um ihnen die Richtung und ihre Bestimmung zu weisen, ihre Pläne für sie zu formulieren, ihre Ängste zu zerstreuen und ihre Wünsche aufzufrischen. Der Schlaf ist bei Homer das Paradigma einer Tätigkeit, die der Mensch nicht erfolgreicher vollziehen kann, indem er sich mehr Mühe gibt. Und doch ist er nicht vollkommen machtlos. Er kann sich auf den Schlaf vorbereiten, kann dankbar dafür sein, dass er sich einstellt, und staunen angesichts der Transformation, die er mit sich bringt. Allesamt Haltungen, in denen Homer etwas Vortreffliches erkennt.

Homer findet diese spezifische Art menschlicher Vortrefflichkeit fast überall, wo er hinblickt, auch im Kontext von heroischen Taten: In einer Episode treibt Odysseus, nachdem er Schiffbruch erlitten hatte, zwei Tage und Nächte einen Balken umklammernd »im prallen Gewoge« des Meeres. Da erspäht er Land, aber es ist eine trügerische Hoffnung,

> denn da waren nicht Buchten zum Bergen der Schiffe, nicht Reeden, / sondern nichts als Felsvorsprünge und Riffe und Klippen – / ja, da lösten sich dem Odysseus das Herz und die Knie …[23]

Seine Verzweiflung lässt sich leicht nachvollziehen. Bleibt er im Wasser, wird er verdursten oder ertrinken; schwimmt er an Land, wird er an den zerklüfteten Felsen zerschmettern. Kein Wunder, dass Homer seinen Odysseus dies alles bedenken lässt »in seinem Verstand und im Herzen«. Doch gerade als er zu verzweifeln beginnt,

> trug eine große Woge ihn an das schroffe Gestade. / Da hätte er sich die Haut zerschunden, die Knochen zerschmettert, / hätte ihm nicht Athene, die funkeläugige Göttin, / dies eingegeben: Er fasste im Ansprung beidhändig den Felsen, / hielt daran stöhnend sich fest, bis die große Woge vorbei war.[24]

Homer hat ein untrügliches Gespür für solche Situationen. Wie die modernen Helden, die wir im Eröffnungskapitel kennenlernten, weigert sich auch Odysseus, die von ihm ausgeführte Handlung als seinen eigenen Verdienst zu verstehen. Gewiss, es waren *seine* Hände, die nach dem Felsen griffen und sich daran festklammerten. Aber die Eingebung dazu kam von außen – von der funkeläugigen Athene.[25]

Homer schildert immer wieder Situationen, die der Kontrolle einer Person entzogen sind und ihr deshalb Staunen und Dankbarkeit abnötigen. Wenn ein Fremder seine Hilfe anbietet, dann ist es bei Homer fast immer eine verkleidete Gottheit.[26] Auch wenn es jemandem in einem besonders kritischen Moment gelingt, mit einer Rede das Volk zu begeistern, wacht ein Gott oder eine Göttin über ihn.[27] Selbst dann, wenn Männer zusammenkommen, um sich zu beraten, kann Homer der Idee nicht widerstehen, dass bei der Entscheidungsfindung ein Gott oder eine Göttin die Hand im Spiel hat.[28] Damit wollen wir keine metaphysische Behauptung aufstellen – einmal ganz davon abgesehen, dass ja in jedem dieser Fälle immer auch reale Personen beteiligt sind: der Fremde, der Redner, der Herold. Mit der Feststellung, dass hinter jedem Ereignis ein Gott steht, wollen wir lediglich betonen, dass Dankbarkeit und Staunen die angemessenen Reaktionen sind.

Die Götter spielen noch andere Rollen. Manchmal ist die Gegenwart eines Gottes bei Homer einfach nur ein Hinweis darauf, dass sich hier das menschliche Sein von seiner besten Seite zeigt. Den Fall einer heroischen Handlung haben wir bereits betrachtet, es gibt aber auch schlichtere Beispiele. Manchmal ist ein Gott beteiligt, wenn eine besonders charismatische Person aus der Menge heraussticht. Nehmen wir zum Beispiel die Szene, in der Odysseus sich auf den Besuch beim König der Phaiaken vorbereitet:

> … machte Athene ihn, die zeusentsprossene, größer / anzusehen und strammer und ließ herab ihm vom Haupte / lockig wallen das Haar, Hyazinthenblüten vergleichbar. / Wie wenn ein kundiger Mann eine Goldschicht um Silber herumgießt, / einer, den Hephaistos gelehrt hat und Pallas Athene / mancherlei Kunst, und er vollendet Werke voll Anmut, / so übergoss ihm die Göttin mit Anmut das Haupt und die Schultern. / Dann ging er abseits und setzte sich hin ans Gestade des Meeres, / strahlend von Schönheit und Reizen der Anmut …[29]

Das griechische Wort für »Anmut« ist *charis*, die Wurzel unseres Wortes *charismatisch*. Ein charismatischer Mensch ist einer, dem wohlwollende Götter die Gabe oder das Talent der Anmut verliehen haben. Der Charismatiker bringt einen Raum zum Leuchten, so wie man es dem großen russischen Tänzer Rudolf Nurejew nachsagte. Stephen Holder schildert diesen Nurejew-Effekt in einer Szene, die sich in Andy Warhols Factory abspielte:

> Ich erinnere mich, wie ich den Tänzer aus dem Fahrstuhl schreiten sah, der Inbegriff fürstlicher Grandezza, mit einer Entourage von attraktiven jungen Männern. Unter dem Lodern seines Charismas schienen die drei anderen Stargäste – Montgomery Clift,

Judy Garland und Tennessee Williams – dahinzuwel-
ken. Sie wirkten regelrecht verschüchtert und sahen
reichlich mitgenommen aus, wie sie so aneinanderge-
schmiegt auf der Couch saßen.[30]

Die drei anderen Gäste waren auch nicht gerade Mauer-
blümchen: Sie waren ebenso schön wie berühmt, auf den
Gipfeln ihrer Karrieren und verfügten über eine geballte
Ladung an Starpower. In jeder anderen Situation wären
sie es gewesen, die Hof gehalten hätten. Doch wie bei
Athenes Günstling Odysseus war auch das Charisma von
Nurejew mit Händen zu greifen: Er war »größer anzusehen und strammer«, roch besser, bewegte sich stolzer und
überstrahlte alle Anwesenden. Hätte Homer diese Szene
beschrieben, wären die Details dieselben gewesen. Doch
in Nurejews mühelosem Charisma hätte er ohne Zweifel
das Geschenk eines Gottes erkannt.

Diese Schilderung hebt etwas ganz Entscheidendes
hervor. Denn von essentieller Bedeutung bei all solchen
Beispielen ist, dass man dieses Ergebnis nicht erreichen
kann, indem man sich mehr anstrengt. Wer charismatisch zu sein *versucht*, der macht sich unausweichlich zum
aufgeblasenen Tölpel; wer vorsätzlich nach dem Felsen
greift, der wird an ihm sehr wahrscheinlich zerschellen;
wer verzweifelt einzuschlafen versucht, der hat unter Ga-
rantie eine schlaflose Nacht vor sich. Athene hat Odysseus mit Anmut gesegnet, weil er sie Homers Verständnis
nach niemals aus sich selbst heraus entwickelt hätte.

Man muss nicht glauben, dass die griechischen Götter
wirklich existiert haben, um Homers Sinn für das Heilige etwas Tiefes und Bedeutungsvolles abgewinnen zu

können. Man muss dafür allerdings die moderne Vorstellung abstreifen, dass man selbst die einzige Quelle des eigenen Handelns sei. Denn damit verschleiern wir alle Phänomene, für die Homer so empfänglich war. Lassen Sie uns einen kurzen Blick auf diese moderne Vorstellung werfen.

Ganz selbstverständlich und intuitiv gehen wir davon aus – tatsächlich scheint es sich beinahe schon um ein Axiom unseres modernen Daseins zu handeln –, dass der Mensch, der sich für sein Handeln nicht verantwortlich fühlt, zu kritisieren sei. Der modernen Auffassung nach sind Handlungen schlicht Verhaltensweisen, für die der handelnde Akteur die Verantwortung trägt. Mitte des 20. Jahrhunderts arbeitete Jean-Paul Sartre in seiner Philosophie des Existenzialismus die logische Folge dieser Sichtweise heraus: »So besteht die erste Absicht des Existenzialismus darin, jeden Menschen in den Besitz seiner selbst zu bringen und ihm die totale Verantwortung für seine Existenz aufzubürden.«[31]

Diese moderne Auffassung, dass wir voll und ganz selbst für unsere Existenz verantwortlich seien, steht im radikalen Widerspruch zur homerischen Vorstellung, dass wir immer dann nach bestem Vermögen handeln, wenn wir uns Himmel und Erde öffnen und zulassen, von außerhalb unseres Selbst gelenkt zu werden. Wenn wir die Schärfe dieses Gegensatzes erst einmal erkannt haben, wird auch schnell klar, warum die zentralen homerischen Phänomene in unserer modernen Welt so schwer zu finden sind: Was Homer als das Paradigma von Vortrefflichkeit betrachtet, ist für uns gar keine Handlung im eigentlichen Sinn des Wortes.

Aber wenn wir die homerische Vorstellung von Vortreff-lichkeit ernst nehmen wollen, dann werden wir uns von der modernen Vorstellung verabschieden müssen, dass wir voll und ganz für unser Handeln verantwortlich seien. Es gibt gute Gründe, das für eine gute Idee zu halten.

Betrachten wir den Fall des einstigen Major-League-Baseballspielers Chuck Knoblauch, der zweiter Baseman bei den New York Yankees war. Er galt als einer der besten Feldspieler, bis er 1999 plötzlich unerklärliche Wurfprobleme bekam. Er gelang ihm kein kurzer Wurf von der zweiten zur ersten Base mehr; einmal segelte ein Fehlwurf sogar in die Tribüne und der Mutter des Sportreporters Keith Olbermann mitten ins Gesicht. Knoblauch arbeitete verzweifelt an seiner Wurftechnik, doch je besessener er dies tat, umso größer wurde sein Problem. Nach Homers Begriffen hat er sich damit in eine Angelegenheit der Götter eingemischt.

Solch plötzlich auftretende Schwierigkeiten sind weiter verbreitet, als man denkt – sie tauchen bei allen Sportarten auf, ob beim Baseball, Golf oder Tennis, auch Football-Quarterbacks sind nicht dagegen gefeit. Wir Amerikaner sagen dann, jemand habe *the yips*: den Tatte-rich. Die übliche Erklärung dafür ist, dass der Sportler in solchen Momenten seiner eigenen hochgezüchteten Feinmotorik im Weg steht. Anstatt seinen Körper einfach machen zu lassen, versuchte Knoblauch den Wurf bewusst zu erzeugen. Dr. Shawn Harvey, ein Psychiater, der mit Profisportlern arbeitet und als Experte auf dem Gebiet der Sportpsychologie gilt, kommentierte dieses Phänomen einmal mit den Worten:

Sie beginnen über etwas nachzudenken, das längst re-
flexartig abläuft. Sie stellen sämtliche Automatismen
in Frage. Und das hindert sie daran zu tun, was sie
jahrelang getan haben.[32]

Der Punkt hier ist, dass man immer dann in Bestform ist, wenn man Abläufe im Einklang mit seinem Körper geschehen lässt und nicht bewusst manipuliert. Das Schlechteste, was man in einer solchen Situation tun kann, ist, den Kopf einzuschalten.

Nur wenn wir uns selbst für den einzigen Quell unseres Handelns halten, ist Knoblauchs Reaktion, sich noch konzentrierter und bewusster auf die erforderliche Handlung zu fokussieren, alternativlos. Die Analyse des Psychiaters, dass der Kopf dem Körper im Weg steht, klingt geradezu paradox: Wie kann mehr und konzentrierteres Nachdenken zu etwas anderem als einer Verbesserung führen? Wenn man allerdings wie Homer glaubt, dass Vortrefflichkeit ein Geschenk der Götter und deshalb weitgehend unserer Kontrolle entzogen ist, dann liegt es auf der Hand, dass uns selbst intensivstes Grübeln nicht weiterbringen wird.

Genau darum geht es Homer. Sehen wir uns seine Version der Geschichte an. Als Odysseus schließlich auf seine Heimatinsel Ithaka zurückkehrt, wird er mit seinem Sohn Telemachos wiedervereint. Mit Athenes Hilfe schmieden sie nun den Plan, die Freier zu überwältigen:

Er aber blieb in der Halle zurück, der edle Odysseus,
/ und bedachte im Bund mit Athene den Mord an den
Freiern. / Und zu Telemachos sagte er gleich die gefie-

derten Worte: / »Not tut's, Telemachos, drin zu ver-
wahren die Waffen des Krieges, / allesamt; [...] / Beide
nun sprangen sie auf, der strahlende Sohn und Odys-
seus, / und sie trugen die Helme hinein, die buckelbe-
setzten / Schilde und spitzigen Lanzen; vor ihnen
schuf Pallas Athene / mit einer goldenen Leuchte
Licht, das wunderschön strahlte. / Da sagte nun Tele-
machos alsbald zu seinem Vater: / »Vater, ein großes
Wunder seh' ich da mit eigenen Augen! / Jedenfalls
leuchten die Wände der Hallen, die mittleren Balken
/ und die fichtenen Sparren und hochaufstrebenden
Pfeiler / mir vor den Augen wie von einem lodernden
Feuer. / Wahrlich, ein Gott ist im Haus, wie im weiten
Himmel sie wohnen!« / Ihm antwortete drauf der ein-
fallsreiche Odysseus: / »Schweig und zügle deine Ge-
danken und stell keine Fragen! / So ist das Wesen der
Götter, die den Olympos bewohnen.«[33]

Vielleicht verstehen wir diese Worte nun etwas besser:
Wenn die Dinge bestmöglich für uns laufen, wenn wir
die vortrefflichste Version unserer selbst sind und im Einklang mit unserem Geschick handeln – dann scheint
unser Handeln, wie von einer äußeren Kraft gelenkt,
durch uns hindurchzufließen. Das sind die leuchtenden
Momente im Leben, erstaunliche Momente, die unsere
Dankbarkeit erfordern. Es ist unwichtig, auf welchem
Gebiet sich solche Momente der Vortrefflichkeit einstellen, uns sollte dabei jedenfalls Odysseus' Stimme in den
Ohren klingen: »Schweig und zügle deine Gedanken und
stell keine Fragen! / So ist das Wesen der Götter, die den
Olympos bewohnen.«[34]

Die homerischen Griechen waren auf eine Weise offen gegenüber allem zwischen Himmel und Erde, die wir kaum noch nachvollziehen können. Introspektiv, wie wir sind, empfinden wir ein Handeln vor allem dann als gelungen, wenn es wohlüberlegt war. Stimmungen halten wir zumeist für ganz persönliche, rein innerliche Erfahrungen, zu denen andere keinen Zugang haben. Die Griechen hingegen empfanden sich als leere Gefäße, die mit Stimmungen gefüllt wurden. Allein die Vorstellung von so etwas wie einer isolierten inneren Erfahrung wäre ihnen überraschend, ja geradezu grotesk vorgekommen. Homer zeigt sich zum Beispiel sehr erstaunt darüber, dass Odysseus in der Lage war, seine Gefühle vor anderen zu verbergen. In der Szene, in der Odysseus nach der Heimkehr seine Gemahlin Penelope in Ithaka wiedersieht und noch nicht bereit ist, sich ihr zu offenbaren, gibt er vor, ein alter Freund von Odysseus zu sein, der ihr von seiner letzten Begegnung mit ihrem Gemahl berichtet. Als Penelope die Geschichten hört, bricht sie in Tränen aus. Es ist schwer für Odysseus, seine geliebte Frau traurig zu sehen, aber er kann nicht zeigen, wie bewegt er ist, ohne zugleich seine Identität preiszugeben. Homer ist von Odysseus' Fähigkeit, seinen Kummer vor ihr verbergen zu können, sehr beeindruckt und spricht voller Ehrfurcht von diesem Meister der »Lügengespinste«, der innerlich weinen kann, derweil seine Augen trocken bleiben:

> So wie der Schnee hinschmilzt [...] / so schmolzen ihr dahin die schönen Wangen in Tränen, / wie ihren Mann sie beweinte, der bei ihr saß; doch Odysseus / fühlte innerlich Mitleid mit seiner Gattin, die klagte, / aber ihm standen die Augen wie Eisen, wie Horn in

den Lidern, / Regungslos, und gewitzt verheimlichte er
seine Tränen.[35]

Die Vorstellung von einem rein innerlichen Erleben war den Griechen derart fremd, dass sie sogar ihre Träume als etwas erfuhren, das sich draußen in der Welt begab. Erschien im Traum eine Gottheit, dann war man überzeugt, sie sei durch den Türspalt geschlüpft, wie ein Hauch durch das Zimmer zum Bett geglitten und habe dort mit dem Träumer gesprochen.[36] Die homerischen Griechen verfügten über kein Konzept vom Innenleben, wie es uns so selbstverständlich ist. Träume, Gefühle und insbesondere Gestimmtheiten erfuhren sie nicht als etwas, das sich *im individuellen Geist* zuträgt. Stimmungen waren etwas Öffentliches und Geteiltes; die Menschen wurden von einer *gemeinsamen Stimmung* mitgerissen wie Wassertropfen von einem Hurrikan.

Für Homer illuminierten Stimmungen das Gemeinsame einer Situation. In ihnen manifestierte sich, was jeweils von Bedeutung war und Menschen zu heroischen und leidenschaftlichen Handlungen bewegte. Aphrodite stimmte Menschen auf die erotischen Möglichkeiten einer gemeinsam erlebten Situation ein. Andere Götter stellten andere Stimmungen her. Heideggers Aussage, Götter seien »die Stimmenden«, meint auch, dass sie uns die Möglichkeit schenken, bereits vorhandene Bedeutungen zu erkennen und uns darauf einzustimmen.

Wenn die Götter die Stimmenden sind, dann bestand das Wesen menschlicher Größe für Homer in der Bereitschaft des Individuums, sich auf das einstimmen zu lassen, was ein Gott aus einer gegebenen Situation hervorbringen wollte. Doch Stimmungen währen nicht ewig:

Sie wallen auf, tragen uns eine Weile und lassen wieder ab von uns. Der griechische Begriff für die Wandelbarkeit von Stimmung und Bedeutung ist *physis*; und die Idee, dass Stimmungen dementsprechend vergänglich sind, ist entscheidend für Homers Polytheismus. Das vielleicht Bemerkenswerteste an Homers Welt ist dieses Pantheon der Götter in ihr, in dem jeder einzelne eine bestimmte Stimmung »sammelt« und all die Sitten und Gebräuche bündelt, die diese Stimmung aufrechterhalten. Jeder Gott und jede Göttin ist das leuchtende Beispiel für die vortrefflichste Lebensweise in seiner oder ihrer jeweiligen Domäne. Der Mensch ist offen dafür, sich in diese oder jene definierende Stimmung hineinziehen und eine Weile von ihr tragen zu lassen. Doch die Tatsache, dass es ein ganzes Pantheon von Göttern und nicht den einen Gott gibt, verdeutlicht bereits, dass es kein grundlegendes Prinzip gibt, das deren unterschiedliche Seinsweisen miteinander in Einklang bringt. Die Vortrefflichkeit der Aphrodite in ihrer erotischen Domäne ist schlicht unvereinbar mit der Vortrefflichkeit der Hera in ihrer familiären Domäne. Und eben weil die Griechen menschliche Vortrefflichkeit als Offenheit gegenüber göttlichen Stimmungen verstanden und eben weil diese Stimmungen vergänglich sind, gab es im griechischen Leben auch keinen Anlass, die von den unterschiedlichen Göttern illuminierten unterschiedlichen Bedeutungen zu harmonisieren. Die polytheistische Pluralität von miteinander unvereinbaren Göttern ist es, die es Helena erlaubt, sowohl in ihrem häuslichen Leben mit Menelaos als auch ihrem erotischen Leben mit Paris zu brillieren. Sie fühlt sich nicht dazu genötigt, beides miteinander in Einklang zu bringen oder zu hierarchisieren. Sie bleibt offen, sich in die eine wie die andere Stimmung hineinziehen zu lassen. Und genau deshalb ist sie für Homer die Leuchtende unter den Frauen.

Wir begannen dieses Kapitel mit dem Gastmahl, bei dem Helena von ihrer Flucht mit Paris erzählt. Uns mag es schockieren, dass sie eine solche Geschichte in Gesellschaft zum Besten gibt, doch Menelaos findet es wunderbar. Die Diskussion des Unterschieds zwischen unserer kritischen Wahrnehmung und Homers Wertschätzung von Helena hat uns zu der Erkenntnis geführt, dass die Griechen der Antike auf eine Pluralität miteinander unvereinbarer Götter eingestimmt waren. Wir haben auch die Frage gestellt, auf welches Phänomen Homer reagiert, wenn er sagt, dass ein Gott an einer Handlung oder an einem Ereignis teilhatte. Zweifellos gibt es darauf viele mögliche Antworten, aber es gibt ebenso viele Fälle, denen überhaupt kein Phänomen zugrunde liegt. Schließlich ist der Olymp auch eine Soap Opera, und die ist völlig irrelevant für das, was wir aus Homers Werk zu bergen hoffen.[37] Aber es steht außer Frage, dass Homer die Götter beschwört, um seinen Eindruck erklären zu können, dass ein entscheidender Aspekt menschlicher Vortrefflichkeit von außerhalb des Selbst bezogen wird. Ein Gott ist in Homers Terminologie eine Stimmung, die uns auf das Bedeutsame einer Situation vorbereitet und uns ermöglicht, spontan und ohne nachzudenken angemessen darauf zu reagieren.

Ein vortreffliches Leben bedarf also nicht nur der Gegenwart der Götter, die dankbar und staunend hingenommen wird, sondern auch einer Wertschätzung der Situationen, deren guter Ausgang der eigenen Kontrolle entzogen war. Denn nur so – durch Staunen und Dankbarkeit – laden wir die Götter wieder in unser Leben ein.

Mit diesem Begriff von Vortrefflichkeit im Sinn wollen wir uns nun der Frage zuwenden, warum Helena eine derart verehrte Gestalt in den homerischen Texten ist.

Homers Griechen gerieten immer dann in einen Zustand ehrfurchtsvollen Staunens, wenn sie sich in der Gegenwart von etwas befanden, das in höchsten Maßen schön war. Auch die Gegenwart von schönen, wohlgeformten handwerklichen Dingen löste solch heiliges Staunen in ihnen aus. Betrachten wir Telemachos' Schilderung des außerordentlich prächtigen Palastes von Menelaos:

>*Schau doch, Nestors Sohn, der du meinem Herzen so lieb bist, / schau das Blitzen von Erz in diesen hallenden Sälen / und von Gold und Elfenbein, von Silber und Bernstein. / So sieht im Innern wohl aus der Hof von Zeus, dem Olympier, / wie dies unsagbar viele hier; Scheu packt mich beim Anblick.*«[38]

Das Wort, das hier als »Scheu« übersetzt wurde, ist der griechische Begriff *sebas*. Er bezeichnet das Phänomen der Ehrfurcht vor dem Heiligen, meint aber auch Ehre, und Homer verwendet ihn, um anzudeuten, dass man sich solcher Ehrfurcht angesichts von etwas Leuchtendem gar nicht erwehren kann.

Unser Wort *schön* kann nicht einmal annähernd das andächtige Gefühl vermitteln, das die Griechen beim Anblick des Schönsten überkam. Es ist also ausgesprochen trivialisierend, Helena schlicht als schönste Frau der Welt zu bezeichnen. Ihr üblicher Beiname lautet *dia gy-*

naikon, wörtlich: Göttin unter den Frauen. Aber wir müssen sogar noch weiter gehen: Helena ist die Verkörperung des Eros. So hoch über allen anderen Frauen steht sie in dieser heiligen Domäne, dass sie nur die Tochter des Zeus selbst sein kann.

Wenn die erotische Dimension des Daseins heilig ist in Homers Welt, dann bedeutet das zugleich, dass die Vortrefflichsten sich davon augenblicklich zu Dankbarkeit und Staunen angeregt fühlen. In Homers Griechenland ist der Eros nicht nur ein physisches oder sexuelles Vergnügen, er ist eine Seinsweise, die dafür sorgt, dass die Vortrefflichen sich auf ganz natürliche Weise zueinander hingezogen fühlen – eine Seinsweise, die von der goldenen Aphrodite höchstselbst überwacht wird. Und Helena ist der Inbegriff dieser heiligen Dimension des Lebens. Was das betrifft, werden in Homers Welt alle Frauen an ihr gemessen.[39]

Helenas erotische Anziehungskraft ist ebenso mühelos wie Nurejews Charisma. Die Vortrefflichsten fühlen sich unweigerlich zu ihr hingezogen; ganz natürlich sammeln sich besonders schöne Dinge um sie herum an; und alles an ihr – von ihrer Art zu reden bis hin zu ihren Gebärden – manifestiert das Paradigma von erotischer Vortrefflichkeit. Sie scheint beständig zu fordern: Seht her, hier bin ich, Helena, die Leuchtende unter den Frauen.

Betrachten wir ihren ersten Auftritt im Vierten Gesang der *Odyssee*. Homer hebt nicht nur ihre Schönheit hervor, sondern auch die Schönheit der Dinge, mit denen sie sich umgibt. Ungewöhnliche Präsente aus mystischen Orten, die andere ihr geschenkt haben, scheinen erst in ihrer Gegenwart aufzustrahlen und zu leuchten. Auch sie umgibt sich – wie Nurejew – mit einer Entourage schöner Dienerinnen, die sie als den strahlenden Mittelpunkt des Eros bestätigen. Man beachte, mit welchem Sinn fürs Detail Homer die folgende Szene schildert:

> … *da kam Helena aus der duftenden, hoch überdachten / Kammer, Artemis gleichend, der Göttin mit goldener Spindel. / Ihr stellte hin Adreste den trefflich gefertigten Lehnstuhl, / und Alkippe brachte ihr Decken von flauschiger Wolle, / und Phylo das silberne Körbchen, das einst ihr Alkandre, / Polybos' Gattin, gab, der im ägyptischen Theben / wohnte, wo reichlichst in den Häusern liegen die Schätze. / Jener gab Menelaos zwei Silberwannen zum Baden, / ein Paar Dreifußkessel und zehn Talente von Golde, / und Alkandre gab eigens der Helena schöne Geschenke, / gab ihr eine Spindel aus Gold und ein Körbchen mit Rädern / darunter, aus Silber; in Gold eingefasst waren oben die Ränder. / Dieses nun brachte und stellte ihr hin die Dienerin Phylo, / vollgestopft mit gesponnenem Garn, und es lag auf ihm oben / längs hingebettet die Spindel mit Wolle im Farbton des Veilchens. / Und sie nahm Platz im Lehnstuhl – ein Schemel stützte die Füße –, / und gleich fragte sie ihren Gatten nach allem und jedem …*[40]

Helena ist schön, ja. Doch darüber hinaus ermöglicht sie jedem aus ihrer Kultur zu begreifen, was Schönheit ist. Daher ist es nicht nur falsch, die völlig andersgearteten Normen moralischer Verantwortung an Helenas Handeln anzulegen – das wäre in der homerischen Welt schon deshalb ein Anathema gewesen, weil es Helenas Schönheit auf etwas Subsidiäres, etwas völlig Unwesentliches reduziert. Da Helenas Flucht mit Paris von Homer als eine Einstimmung auf den Eros betrachtet wurde, konnte er darin auch nur eine heilige Handlung vortrefflichster Art erkennen: Helena folgte dem Ruf Aphrodites.

Und so haben es ganz zweifellos auch die homerischen Griechen verstanden. Zwar hat Helenas Flucht mit Paris den Trojanischen Krieg ausgelöst. Aber auch das ist in Homers Welt nichts Lamentables: So ist das Leben eben. In Wahrheit wurden dadurch sogar neue Möglichkeiten zu anderen Arten von Vortrefflichkeit geschaffen. Der griechische Krieger Achilles zum Beispiel schlug sich derart heroisch in diesem Krieg, dass Homer schreibt: »… wir Argeier ehrten zuvor dich im Leben / gleich den Göttern …«[41] Seine Heldentaten waren so außergewöhnlich, dass sie einen neuen Maßstab für Vortrefflichkeit in der Domäne des heroischen Kriegers setzten – auch dies eine heilige Dimension im homerischen Griechenland. Und obwohl Achilles schließlich noch in jungen Jahren starb, hatte er bereits ein vortreffliches Leben geführt. Odysseus sagt zu ihm, als sie sich in der Unterwelt begegnen: »Glücklicher als du, Achilleus, war keiner vordem, wird sein künftig / keiner …«[42] Ja, auch der Schmerz hat in Homers Welt eine Bedeutung und kann Vortrefflichkeit hervorbringen. Odysseus – selbst ein großer Held des Zeitalters – erzählt, er könne »mehr der Übel berichten, / so viele insgesamt ich ertrug nach dem Willen der Göttern«.[43] Der große Phaiaken-König Alkinoos sagt über Odysseus' Schmerzen: »Dieses haben die Götter bewirkt und Verderben den Menschen / zugesponnen, dass es auch Künftigen an Stoff werd' für Lieder.«[44]

Somit war Helenas Flucht mit Paris vielleicht bedauernswert, aber moralisch verwerflich war sie nicht – denn ihr Handeln besaß keinerlei moralische Dimension. Es war gelenkt vom heiligen Eros, »zugesponnen, dass es auch Künftigen an Stoff werd' für Lieder«.

4

VON AISCHYLOS BIS AUGUSTINUS: DER AUFSTIEG DES MONOTHEISMUS

Die Griechen der homerischen Ära lebten intensive und bedeutungsvolle Leben in stetiger Empfänglichkeit für die überwältigend leuchtende Präsenz der olympischen Götter. Sie waren glückliche Polytheisten, ihre Welt war das Gegenteil unseres gegenwärtigen nihilistischen Zeitalters. Wie kam es zum Niedergang der verzauberten, von Staunen und Dankbarkeit erfüllten abendländischen Welt Homers und zum Aufstieg jener entzauberten Welt, die wir heute bewohnen?

So gestellt, spottet diese Frage natürlich der traditionellen abendländischen Geschichtsschreibung, die ja zumindest seit Hegel im frühen 19. Jahrhundert vom Fortschritt erzählt. Wir haben uns daran gewöhnt, die Aufklärung und jüngeren Reformperioden als Höhepunkte einer stetigen Aufwärtsentwicklung zu betrachten. Autarkie dank Freiheit, Klarheit dank Vernunft und Sicherheit dank einer Welt, die vollständig erklärt und unter Kontrolle gebracht wurde – das sind die Merkmale des Fortschritts in dieser Geschichte.

Nun gibt es allerdings auch eine Gegengeschichte, in der unser heutiger entzauberter Zustand als Folge eines sukzessiven Niedergangs und Verlusts dargestellt wird. Diese konträre Sicht ist durch und durch nostalgisch und lehnt die sinnentleerte Gegenwart zugunsten eines sinnhafteren früheren Zeitalters ab. Die Bürde der freien Selbstbestimmung, der öde und gnadenlose Vormarsch der Vernunft, die betrübliche Lethargie einer erklärten und kontrollierten Welt sind aus dieser Perspektive nichts als Verfallserscheinungen.

Doch was, wenn beide Erzählungen falsch sind? Was, wenn der gemeinsame Teil beider Geschichten – der Verlust des Staunens und der Dankbarkeit – eine Fehlinterpretation ist? Was, wenn die Götter immer noch hier sind und wir nur die Verbindung zu den leuchtenden Bedeutungen abreißen ließen, die sie uns einst offenbarten?

Selbstgefälliger Jubel über unseren Fortschritt ist ebenso unangebracht wie das nostalgische Bedauern unseres Verlusts, denn einerseits untergräbt die Bürde unseres säkularen Zeitalters – der Nihilismus – die Fortschrittsidee, andererseits stellen die Sinnressourcen, die es in den Randbereichen unserer säkularen Welt noch gibt, die Verlustidee in Frage.

Die Geschichte vom Verlust unserer Verbindung zu den leuchtenden Sitten und Gebräuchen ist die verborgene Geschichte des Abendlands. Es ist keine Geschichte, die sich in Form eines Katalogs von verkannten historischen Fakten erzählen lässt. Man kann sie nur als eine Aneinanderreihung von Zuständen darstellen, in denen wir sukzessive all das Wundervolle übertüncht haben, das im homerischen Zeitalter wahrgenommen wurde. Es ist die Geschichte darüber, wie wir die Götter zu ignorieren lernten, indem wir uns ihren Lockrufen verschlossen, sie selbst aber nicht endgültig verstoßen haben. Diese verborgene Geschichte macht deutlich, dass wir immer noch die Fähigkeit besitzen, uns als Teil einer bedeutungsvollen Welt zu begreifen. Das Leuchtende wurde in unserer westlichen Kultur zwar marginalisiert, aber es kann wiederbelebt und neu kultiviert werden. Diese verborgene Geschichte des Abendlands wird uns der Leitfaden sein auf dem Weg zur Wiederentdeckung all der Sitten und Gebräuche, die uns das Leuchtende in der Welt offenbaren können.

Im Rahmen dieses Buches kann diese verborgene Geschichte nur in Schlaglichtern erzählt werden, indem wir einige Höhepunkte der abendländischen Literatur betrachten. Von Aischylos über das Johannesevangelium zu Paulus, Augustinus, Dante und Luther bis schließlich hin zu Descartes und Kant werden wir feststellen, welche Bedeutungen unterdrückt wurden und welche durch ihre großen Werke neu entstanden sind und seither unsere Kultur prägen. Die folgenden zwei Kapitel werden uns im halsbrecherischen Tempo von Aischylos' klassisch griechischer Kultur im 5. vorchristlichen Jahrhundert bis hin zu Kant in die Moderne am Ende des 18. Jahrhunderts führen.

Manche Leser werden unsere Weigerung, näher auf die jeweiligen Epochenübergänge einzugehen, vielleicht befremdlich finden. Doch sie hat ihren Grund. Denn während wir mit unseren kurzen Interpretationen besagter literarischer Werke jeweils unsere eigene subjektive Wahl trafen, hat unsere Unfähigkeit, die Transitionen von einer zur nächsten Epoche zu schildern, objektive Ursachen. Gewiss, in der traditionellen Fortschritts- oder Verfallsgeschichte erwartet man eine rationale Darstellung der historischen Prozesse. Nach Hegel sind historische Übergangspunkte keine zufälligen, sondern notwendige Ereignisse: Jede historische Bewegung ist eine

Lösung der dialektischen Widersprüche in der vorange-
gangenen Periode. Aber zwischen Homers und Aischylos' Weltbild klafft eine ebenso große Lücke wie zwischen
Aristoteles' und Galileis Wissenschaftsverständnis. Der
amerikanische Wissenschaftsphilosoph Thomas Kuhn
schrieb, dass der Übergang von einem wissenschaftlichen
Paradigma zum anderen ein vollständiger »Gestaltwech-
sel« sei, der im Grunde unerklärbar bleibe, weil er nichts
hinterlasse, anhand dessen er sich erklären ließe. Es gibt
keinen rationalen Bezug zwischen Aristoteles' und Galileis Definitionen von Bewegung, sie sind schlicht unvereinbar. Dasselbe trifft auf Homer und Aischylos zu. Wir
können etwas darüber sagen, was der eine hat, das der andere nicht hat, aber wir kennen die Gründe nicht, weshalb die Geschichte von einem zum anderen schritt.

Dennoch, die Tatsache, dass beide Teil unserer Geschichte sind, ist von entscheidender Bedeutung: Denn
indem wir dem Leuchtenden in ihren Kunstwerken nach-
spüren, mag es uns gelingen, all jene Sitten und Gebräuche zu rekonstruieren, die auch in unserem säkularen
Zeitalter wieder ein Gespür für die Bedeutungsvielfalt
zwischen Himmel und Erde wecken können.

Aischylos, der im Athen des 5. vorchristlichen Jahrhunderts lebte, gilt allgemein als der Vater der Tragödie. Er
war notorisch für die Intensität seiner Stücke, die stellenweise derart furchterregend waren, dass schwangere
Frauen im Publikum spontan niederkamen. Doch die
Hochstimmungen, die sie hervorriefen, waren nicht weniger intensiv: Allein durch die Betrachtung von Aischylos'
Trilogie *Die Orestie* wurden aus den Zuschauern stolze Teil-
haber an der Größe des athenischen Goldenen Zeitalters.

Aischylos schrieb am Beginn der klassischen griechischen Periode, mehrere Hundert Jahre nach Homer. Seine Götter, wenngleich ihren Namen nach dieselben Olympier, symbolisierten nicht mehr Homers vielfältige Stimmungen, sie waren zu radikal anderen Mächten geworden. In seinen Werken herrschen sie über alles, worauf es ankommt, und bestimmen grundsätzlich, welches Handeln in jeder Situation das richtige ist. Vor allem aber fordern sie von den Menschen eine prinzipielle Kohärenz im Handeln. Mit der unbeschwerten Vielfalt der homerischen Götter wollen sie nichts mehr zu tun haben.

Während zu Aischylos' Zeiten einerseits also Einheit gefordert wurde, herrschte andererseits jedoch noch eine zweite, konkurrierende Göttergruppe. Homers Götter aus der *Odyssee* waren eine in sich höchst unterschiedliche, aber tolerante Götterfamilie. Sie wirkten zusammen, um den Menschen im Haus, im Krieg und im Bett der / des Geliebten anzuleiten und zu beschützen. Doch Homer und die Verehrer seiner olympischen Götter erlangten ihre Unbeschwertheit nur, weil sie eine ältere Gruppe von Göttern verdrängt hatten – die alten Götter der Familienehre, die für Fruchtbarkeit, Sippentreue und Rache zuständig waren –, uralte Stimmungen, die (erstaunlicherweise!) nie Teil der homerischen Welt gewesen waren. Doch wie Aischylos deutlich aufzeigt, war für die Unterdrückung dieser uralten Gemütslagen ein Preis zu zahlen. Seine Welt war nicht mehr von der Unbeschwertheit der pluralistischen homerischen Götter geprägt, sondern von der Gegensätzlichkeit zweier kompromisslos heterogener Vorstellungen von Recht und Unrecht: Die neuen olympischen Götter repräsentierten die eine, die uralten Erinnyen die andere Seite, und keine von beiden

Göttergruppen wollte etwas mit der anderen zu tun haben.

In der *Orestie* werden die alten Rachegöttinnen als ein monolithischer Block alter Vetteln dargestellt, für die es nur eine einzige akzeptable Lebensweise gibt: Sie schützen Familie und Sippe und fordern das Blut all derer, die ihrer Forderung auf Rache nicht nachkommen. Die neuen Götter, die die Vielgestimmtheit der homerischen Götter abgelöst haben und ihren charakteristischsten Ausdruck in Apollon finden, vertreten hingegen den fanatisch unbeirrbaren Glauben an eine unparteiische und allgemeingültige Vernunft: Zwei geschlossene Göttergesellschaften beanspruchen jeweils das Alleinrecht, und sowohl die alte wie die neue beharrt auf ihrem spezifischen Rechtsverständnis und ihrem Vorrecht, diejenigen zu bestrafen, die gegen ihre Gesetze verstoßen.

Das Drama der *Orestie* besteht in dem Widerspruch dieser alten und neuen Interpretationen von Recht und Unrecht. Die alten Rachegöttinnen – die Erinnyen, ergo allesamt Frauen – stellen die Sippe über alles; die neuen Götter – fast alles Männer – stehen für ein unparteiisches universelles Recht, das keine Unterschiede kennt und keine Ausnahmen in Bezug auf Person, Stand oder Stadt macht. So verkündet Apollon:

> *Niemals hab ich / von meinem Seherthron in Delphi aus / über Männer, Frauen oder Städte / etwas gesagt oder verlautet, / das nicht Zeus, / der Vater der Olympier selbst, / mir anbefohlen hätte. / Ich bitte euch, lernt begreifen, / wie schwer diese Rechtfertigung wiegt …!*[11]

Den Erinnyen hingegen geht es nur um die Familie und um Gerechtigkeit im Sinne einer Blutrache gegen alle, die einem Mitglied der Sippe Leid zugefügt haben: »Wir jagen die Mörder aus den Häusern.«[2]

Eine derart mafiöse Vorstellung, wie sie die Erinnyen von Recht und Gesetz vertreten, hatte in Homers Welt keinen Platz. Die homerische Kultur hatte den natürlichen Hang des Menschen zur Sippentreue unterdrückt – und Aischylos zufolge zürnen die Erinnyen den Göttern des Olymp eben deshalb. Sie waren von ihnen ins »unterirdische Haus« vertrieben worden:

> *Wir planen listenreich und vollenden, / wir behalten die Untaten im Gedächtnis. / Wir sind die Semnai, die Erhabenen, / und unbestechlich durch Sterbliche.*[3]

Der Konflikt zwischen den alten und den neuen Göttern ist von zentraler Bedeutung für Aischylos' Auffassung von der athenischen Kultur. Und diese Spannung steigert sich stetig und subtil. Der unmittelbarste Konflikt findet bereits im ersten Teil der Trilogie statt, der den Titel *Agamemnon* trägt.

Agamemnon ist der große Feldherr, der die Griechen im zehnjährigen Krieg gegen Troja anführte; sein jüngerer Bruder Menelaos war der Hahnrei, in dessen Namen der Krieg geführt wurde. Den Hintergrund zur *Orestie* bildet eine tragische Episode kurz vor Kriegsbeginn: Um die Götter gnädig zu stimmen, opferte Agamemnon ihnen auf dem Weg nach Troja seine geliebte Tochter Iphigenie. Der Chor erinnert gleich zu Beginn an Agamemnons Verzweiflung angesichts der verheerenden Forderung des Sehers:

> *Schwer lastet Unheil, / wenn wir dem Seher nicht fol-*
> *gen, / Und schwer lastet es, / wenn ich meine Tochter*
> *schlachte, / Iphigenie, / die Zierde des Hauses, / mein*
> *Kleinod, meinen ganzen Stolz – / diese Vaterhand am*
> *Altar beflecke / und in das strömende Opferblut / mei-*
> *nes Kindes tauche! / Was ist da ohne Weh?*[4]

In Agamemnons Zwiespalt kommen die unterschiedlichen Ansprüche der alten und der neuen Göttergruppe zum Ausdruck: Einerseits ist er Iphigenies Vater, andererseits der Herr von Mykene und Großkönig aller Achaier. Ergo ist er gefangen zwischen zwei widersprüchlichen Pflichten, und genau dieser tragische Konflikt setzt nun die Handlung des Stücks in Gang. Man bedenke, wie anders Homer den Odysseus darstellt: Er ist wechselweise Vater, König und Abenteurer, alles zu seiner Zeit. Er gerät nie in die Verlegenheit, sich für das eine und gegen die anderen entscheiden zu müssen. Homers Polytheismus ermöglicht es einer Person, völlig unterschiedliche Rollen einzunehmen, er erweckt nie das Gefühl, als gäbe es hier einen Konflikt zu lösen. Aischylos betont hingegen den Konflikt, der durch solch verschiedenartige Rollen heraufbeschworen wird, und fordert eine zufriedenstellende Lösung.

Iphigenies Tod wird als Rückblende erzählt, die Ereignisse der *Orestie* selbst beginnen mit Agamemnons Heimkehr aus dem Trojanischen Krieg. Seine Frau Klytaimnestra zürnt ihm natürlich vor allem wegen des Mordes an ihrer Tochter, aber sie hat auch noch andere Gründe, Agamemnon zu hassen. Beispielsweise ist sie wütend, weil er mit der schönen trojanischen Sklavin Kassandra nach Hause zurückkehrte, wiewohl ihre Eifersucht einigermaßen fehl am Platz ist, da sie während der langen Abwesenheit ihres Gemahls selbst eine Affäre mit Agamemnons Vetter Aigisthos begonnen hatte. Die griechische Tragödie ist überfrachtet mit komplizierten, inzestuösen und lüsternen Details (zudem spielt in diesem Fall auch noch ein generationenalter Fluch eine Rolle, auf den wir hier jedoch nicht näher eingehen müssen). Von Bedeutung ist hier allein, dass Klytaimnestra ihren Gemahl samt seiner Geliebten nach der Rückkehr kaltblütig in seinem eigenen Palast ermordet.

Klytaimnestra handelt im Affekt, erkennt aber dennoch, dass ihre Tat nur dann gerechtfertigt ist, wenn sie im Namen von Iphigenies Rachegöttinnen begangen wurde. Hier, wie sie ihren Fall selbst darlegt:

> *Ich meine, / kein unwürdiger Tod wurde ihm zuteil. / Hat er nicht selbst / den tückischen Mord ins Haus geschleppt? / Hat er an meinem Kind, / das ich ihm gebar, / an Iphigenie, der vielbeweinten, / recht getan, / so ist ihm recht geschehen. / Er braucht im Hades nicht groß zu tun: / mit dem Tod durch mein Schwert / hat er bezahlt, womit er selbst begann.* [5]

Das Problem ist bloß, dass Klytaimnestra sich nicht nur im Einklang mit dem Recht der Erinnyen am Mörder ihres Kindes gerächt hat, sondern auch ihren König ermordet hat, was eine abscheuliche Verletzung des universellen Gesetzes der neuen Götter ist. Der Chor, der für den gesunden athenischen Menschenverstand steht, ist zwischen diesen beiden Interpretationen hin- und hergerissen. Einerseits ist es recht getan von einer Mutter, den Tod ihres Kindes zu rächen:

> *Tadel gegen Tadel – / schwer ist es, / in diesem Streit zu entscheiden. / Wer schlug, wird geschlagen, / wer traf, wird getroffen, / wer tötet, bezahlt.*[6]

Andererseits war es ein heimtückischer Königsmord:

> *König, König, / wie soll ich dich beweinen? / Was soll ich dir sagen / aus liebendem Herzen? / Du hängst im Gewebe der Spinne, / in ruchlosem Tod / hauchst du dein Leben aus – / weh mir, auf dies unwürdige Lager / durch tückischen Mord niedergestreckt / von der Hand / mit der doppelschneidigen Waffe.*[7]

Ob Klytaimnestras Tat gerechtfertigt war oder nicht, hängt also ganz davon ab, ob es ein Racheakt gegen den Mörder ihrer Tochter oder die Ermordung des rechtmäßigen Königs war – ob die Tat im Namen der alten oder der neuen Götter verübt wurde.

Die Frage, wie der Mord an Agamemnon zu verstehen ist, spitzt sich im zweiten Stück der Trilogie (*Choephoren*) zu, das sich auf die Rückkehr von Orestes konzentriert, Agamemnons Sohn mit Klytaimnestra und somit der Bruder von Iphigenie. Orestes will, dass die Mutter für den Tod seines Vaters und Königs büßt. Doch stellt sich nun auch ihm die Frage, ob er sich an Klytaimnestra im Namen der Erinnyen rächen oder auf ihren Frevel mit einem Akt ausgleichender Gerechtigkeit im Namen der neuen

Götter und ihres universellen Gesetzes reagieren soll. Wird er seine Mutter also in zorniger Rache als die Mörderin seines geliebten Vaters richten oder kühl und leidenschaftslos als die Mörderin des rechtmäßigen Königs?

Der Chor erkennt, dass der Erinyen Durst nach Blutrache einen endlosen Kreislauf nach sich zieht und eine Kultur, die am Racheprinzip festhält, sich letztendlich selbst zerstören wird:

> *Solange Zeus auf dem Thron bleibt, / bleibt das Gesetz: wer tut, muß leiden. / Tun – leiden – lernen: / das ist göttliche Satzung. / Wer rottet / den Samen des Fluchs aus dem Haus? / Fest klebt das Unheil / an diesem Geschlecht.*[8]

Um den Rachezyklus zu beenden, muss Orestes seine Mutter in Namen von Apollon und dessen universeller Gerechtigkeit richten, darf es nicht im Namen der Erinnyen und ihrer Blutrache tun. Kurzum, er muss es kühl, rational und wohl bedacht tun – als folge die Tat zwingend einer unwiderlegbaren Logik. Es scheint die einzige Möglichkeit zu sein, dem Kreislauf der Gewalt, der die Kultur an den Rand eines Bürgerkriegs zu bringen droht, ein Ende zu setzen.

Aber natürlich kann man seiner Mutter nicht einfach die Kehle aufschlitzen, nur weil es die Vernunft erfordert. Die Rachegöttinnen sind Urtriebkräfte der Kultur. Sie können zu emotionaler Raserei aufpeitschen und jemanden dazu verleiten, Dinge zu tun, die er ansonsten nicht tun würde. Wenn sich der Mensch nicht in Rage versetzen lässt, wenn er allein von Vernunft bewegt ist, dann wird er kaum zu einer Mordtat bereit sein. Wie sagte doch David Hume viele Jahrhunderte später? »Die Vernunft ist nur der Sklave der Affekte und soll es sein.«[9]

Am Ende ließ Aischylos sich eine geniale Lösung des Problems einfallen. Orestes gelingt es, die Tat kühl und leidenschaftslos im Namen des olympischen Bekenntnisses zu Vernunft und Gesetz zu begehen. Doch die Kultur wurde mit diesem Akt der Vernunft nicht gerettet. Klytaimnestras Rachegöttinnen quälen und verfolgen Orestes, weil er die Tat nicht in ihrem Sinne gesühnt hatte. Aischylos scheint uns sagen zu wollen, dass ein kultureller Konflikt niemals durch nur einen Menschen oder eine einzige Tat beigelegt werden kann. Vielmehr bedarf die athenische Kultur dringend einer Reihe von Sitten und Gebräuchen, die den Weg zu einer Versöhnung der alten und neuen Götter weisen.

Das ist die erstaunliche Meisterleistung, die Aischylos im letzten Stück der Trilogie, *Die Eumeniden*, gelingt. Am Beginn sieht die Lage hoffnungslos aus. Ein Bürgerkrieg scheint unausweichlich. Da kommt jedoch Athene – eine der neuen Göttinnen des Olymp – auf eine Idee. Sie findet mehr Gefallen an sanfter Überzeugungsarbeit als an Apollons universeller Vernunft oder dem gewalttätigen Konfrontationskurs der Erinnyen. Athene selbst wird das bewusst, als sie die Erinnyen protestierend auf ihr Recht pochen hört:

Ungeehrt und verachtet / versehen wir unser Amt, / getrennt von den Göttern / durch sonnenlose Sümpfe …[10]

Homer unterdrückte die Blut-und-Boden-Göttinnen und bevorzugte die olympischen Götter. Anstatt sich mit den dunklen Aspekten der menschlichen Natur auseinanderzusetzen, hat er sie lediglich geschmäht und weitgehend ignoriert. Die Erinnyen bezeichnete er als »verhasste Rachegeister« und erwähnte sie nur wenige Male in der gesamten *Odyssee*.[11]

Athene begreift, dass die Erinnyen überhaupt erst durch ihre Unterdrückung zu so dunklen, gefährlichen Mächten wurden, und schlägt deshalb nun wie eine Psychotherapeutin vor, dass die athenische Kultur ihnen einen angemessenen Platz einräumen müsse. Aischylos erkennt, dass erst die Leidenschaften der Moral Nachdruck verleihen und Urkräfte wie die Sexualität notwendige Handlungsimpulse darstellen. Solche Beweggründe sind universeller als die von den Erinnyen verteidigte Sippentreue, zugleich aber nicht so allgemeingültig – und damit ohnmächtig – wie die von Apollon und den meisten olympischen Göttern vertretenen abstrakten universellen Regeln der Vernunft.

Athene überzeugt die alten Rachegöttinnen also, dass sie den Respekt der neuen Götter gewinnen und ihren Ausschluss, unter dem sie so gelitten haben, rückgängig machen können, indem sie in Zukunft die Urtriebkräfte in der Kultur repräsentieren. Und weil Athene die Notwendigkeit und Legitimität einer solchen Rolle erkannte und bereit ist, die Erinnyen anzuerkennen, bringt sie es zuwege, dass sie der Blutrache entsagen und sich in die Eumeniden verwandeln, die Wohlgesinnten, welche versprechen, ihre Urtriebkräfte nur noch zum Wohle Athens einzusetzen, anstatt weiterhin Zwietracht unter den Sippen zu säen. Athene fasst es in die Worte:

Der Krieg soll vor den Grenzen bleiben, / Krieg mit

dem Ausland gibt's genug, / man braucht nicht lange
auf ihn zu warten. / Dort soll die Ruhmsucht schreck-
lich wüten. / Doch Kampf zwischen Vögeln eines Nes-
tes / billige ich nicht.[12]

Athene sorgt nicht nur für die Transformation der Erinnyen, sie verwandelt auch die olympischen Götter. Doch vor allem ersetzt sie den Hang der neuen Göttergruppe, unparteiischen universellen Regeln zu folgen und dadurch alle Emotionen abzuwerten, mit einer Art von Geschworenensystem, das auf die Befindlichkeiten der Athener Bürger Rücksicht nimmt. Und das wirkt sich seinerseits wiederum entscheidend auf die Sitten und Gebräuche im Hintergrund der athenischen Lebensweise aus – die nun von den Eumeniden gehegt und geschützt werden. Somit hat Athene die alten wie die neuen Götter transformiert und in einem idealen Stadtstaat geeint, auf den alle Athener stolz sein können.

Am Ende des Stücks bekräftigt Athene die von ihr selbst etablierte neue Lebensweise mit den Worten: »Ich aber / werde unablässig dafür Sorge tragen, / daß in glänzenden Schlachten / der Kriegsruhm dieser sieggewohnten Stadt / sich unter den Sterblichen vermehrt.«[13] Die einstigen Rachegöttinnen und nunmehrigen Wohlgesinnten verlassen gemeinsam mit den Göttern des Olymp das Theater, besingen die Glorie Athens und laden das Publikum ein, sich ihnen anzuschließen: »Frieden für immer! / Jetzt antwortet mit Jubeljauchzen!«[14] Beide Göttergruppen gehen von der Bühne ab und marschieren mit den Athener Bürgern hinaus auf die Straßen, um gemeinsam das Loblied auf ihre Stadt anzustimmen.

Durch dieses Ritual erkennen die Athener, dass sie den

homerischen Polytheismus zugunsten einer neuen Stimmung hinter sich gelassen haben – die Liebe zu Athen, die allein durch ihre Teilnahme an dem Drama entstanden war. Die Bürger sind geeint in dem Stolz, die Hüter dieser gottgegebenen Stimmung zu sein. Und sie sind stolz darauf, dass nun *alle* Athener in der patriotischen Stimmung geeint sind, die das Stück hervorgerufen hat. Das Drama verherrlicht paradigmatisch all das, worauf die Athener zu Recht stolz sind. Es stimmt sie auf die Liebe zu Athen ein und führt ihnen vor Augen, wie sie die alten Götter – die zornigen, blutrünstigen Triebe von Empörung und Rache – mit den neuen Göttern und deren Hang zu Unparteilichkeit und einem moralisierenden Fanatismus versöhnen können.

So gesehen hat das Drama selbst die Funktion eines Gottes. Es ist kein situationsabhängiger Gott der Art, wie man ihn bei Homer finden kann und der den Menschen im Hier und Jetzt den rechten Weg weist. Es ist ein universeller Gott, welcher der gesamten athenischen Kultur ein Ziel gibt. Die *Orestie* ließ alle Athener an der Entfaltung ihrer leuchtenden neuen Welt, an einer Feier der athenischen Lebensart teilhaben und flößte ihnen einen spezifisch athenischen Stolz ein. Die heilige Bedeutung von Aischylos' Drama war den Athenern schon damals bewusst: Alljährlich wählten die Bürger eine neue preiswürdige Tragödie, die auf Kosten der Stadt während des anschließenden Jahres aufgeführt werden sollte: Die *Orestie* war das einzige Stück, das jemals mehrere Jahre hintereinander gegeben wurde.

Indem es Aischylos gelang, einen überwältigenden Bürgerstolz im Volk zu wecken und ganz und gar auf Athen zu richten, hat sich sein Bild vom Heiligen weit von Homers Polytheismus und dessen Vorstellung vom Leuchtenden entfernt und den Weg geebnet zu einer einheitlicheren, fast schon monotheistischen Vorstellung von allem zwischen Himmel und Erde. Doch das stellt Aischylos nun vor ein eigentümliches Problem: Ohne Homers Polytheismus gibt es in seinem Athen auch keinen Platz mehr für die olympischen Götter, vor allem nicht für Zeus. Aischylos erkennt dieses Problem und findet dafür eine erstaunlich subtile Lösung.

Einerseits sieht er in Zeus nicht mehr den personifizierten höchsten Gott im Pantheon, andererseits auch keine kulturelle Kraft wie die Erinnyen und die olympischen Götter der *Orestie*. Deshalb verwandelt er Zeus nun in etwas, das all diese Kräfte stützt und im Gleichgewicht hält – in die alles durchdringende Grundstimmung, die aus dem Hintergrund auf die Gesellschaft einwirkt und sich deshalb jeder genauen Beschreibung entzieht. Zeus wurde zu der Kraft, die allen bedeutungsvollen Ereignissen zugrunde liegt. So sagt der Chor zum Beispiel: »Zeus, wer er auch immer sein mag …«,[15] und fügt dem später noch die Frage an: »Was wird von den Menschen / ohne dich vollendet, Zeus?«[16]

Zeus ist nun also der *verborgene und nicht darstellbare Hintergrund*, der alle bedeutungsvollen Sitten und Gebräuche dieser Kultur prägt. Und das ist eine derart tiefgreifende und machtvolle Vorstellung vom Heiligen, dass sie auch vom Christentum für die Darstellung der zentralen Rolle Gottvaters übernommen werden wird (wenngleich sie ihren höchsten poetischen Ausdruck erst in Melvilles *Moby-Dick* findet).

Aischylos' *Orestie* beschreibt nicht nur eine Lösung für die Spannungen in der athenischen Kultur, sie führt diese

Lösung sogar selbst herbei. Während die Athener gemeinsam aus dem Theater marschieren und das Loblied auf ihre Stadt singen, erkennen sie deren Größe, und es wallt der Stolz in ihnen auf. Aber Aischylos ist ein derart tiefgründiger Denker, dass er auch um die Gefahren weiß, die der von ihm selbst hervorgerufenen Stimmung innewohnen. Vor allem erkennt er, dass sich derart überwältigende Gefühle wie Patriotismus nicht so leicht konstruktiv wenden lassen. Nachdem Athene die Bürger erst einmal zu einer kollektiven Identität vereint hatte, versuchen sie, dieses übermächtige patriotische Gefühl prompt für alle Zeiten festzuhalten. Doch dieser Versuchung steht die Vergänglichkeit von *physis* entgegen. Homer wusste, dass Stimmungen, jedenfalls sofern sie bedeutungsgebend sind, unausweichlich wieder vergehen: Sie wallen auf, beherrschen eine Weile lang die Szene und schwinden wieder dahin. Aischylos erkannte das: Als die Erinnyen Athene die besorgte Frage stellen: »Und das verbürgst du uns für alle Zeit?«, antwortet Athene aufrichtig: »Es steht mir frei, nicht zu versprechen / was ich nicht auch erfüllen will.«[17] Doch die patriotische Stimmung der athenischen Kultur war bereits eng mit dem Wunsch nach Beständigkeit verknüpft. Athens Verderben war schon im Keim angelegt.

In den Jahren nach der Aufführung von Aischylos' triumphalem Stück beschlossen die Athener, die Universalität und Beständigkeit ihrer Stadt mit Gewalt abzusichern: Sie annektierten die Nachbarstaaten; Kolonien, die die athenischen Götter nicht anerkannten und keinen jährlichen Tribut an Athen zahlten, wurden zerstört, ihre Männer getötet, die Frauen und Kinder als Sklaven verkauft. Doch Athens Überleben konnte durch diese unbarmherzige Herrschaft nicht sichergestellt werden. In den Kolonien brachen Aufstände aus, und daheim führten interne Streitigkeiten schließlich zum Bürgerkrieg. Am Ende hatte das Goldene Zeitalter Athens nur fünfzig Jahre gewährt.

Die *Orestie* hatte den Athenern ein erstrebenswertes Selbstbild präsentiert und ihre Aufmerksamkeit darauf fokussiert. Nach Heidegger liegt genau darin die Leistung des »wirkenden Kunstwerks«, wobei der griechische Tempel sein Paradebeispiel ist. In ihm spiegelt sich alles und er »sammelt« alles, was für die Griechen im vorchristlichen 5. Jahrhundert wichtig und bedeutungsvoll war:

> *Das Tempelwerk fügt erst und sammelt zugleich die Einheit jener Bahnen und Bezüge um sich, in denen Geburt und Tod, Unheil und Segen, Sieg und Schmach, Ausharren und Verfall – dem Menschenwesen die Gestalt seines Geschickes gewinnen.*[18]

Auch die *Odyssee* war für die homerischen Griechen ein solches Kunstwerk – ein heiliges Werk, das die zentralen homerischen Sitten und Gebräuche offenbarte. Die *Odyssee* enthüllte den existentiellen Raum, in dem strahlende Helden wie Odysseus und Achilles oder die herrlich erotisch leuchtende Helena, oder solche Negativbeispiele wie die Freier, die Bedeutungen möglicher Lebensweisen vermittelten. Als besungene Figuren waren sie richtungsweisend und ermöglichten es jedem gewöhnlichen Griechen in Homers Welt, ein bedeutungsvolles Leben zu führen. Die Kathedrale und Dantes *Göttliche Komödie* spielten eine vergleichbare Rolle im Mittelalter: Sie führten den Christen die Dimensionen der Verdammung und der Erlösung vor Augen und schufen somit Sünder wie Heilige.[19] Im Prinzip gilt das für alle Epochen in der Geschichte des Abendlands: Dank der für das jeweilige Zeitalter paradigmatischen Kunstwerke wusste ein jeder, wo er stand und was er zu tun hatte.

Die Paradigmen verschiedener Epochen sind grundlegend unvereinbar miteinander. Es gibt keinerlei gemeinsame Maßstäbe, anhand derer sie sich vergleichen ließen. Was im einen Zeitalter als ein erstrebenswertes Leben galt, konnte im anderen ein verabscheuungswürdiges sein. Im homerischen Griechenland hätte es zum Beispiel niemals Heilige geben können. Man hätte sie für schwache Menschen gehalten, die sich von anderen schikanieren ließen. Ebenso wenig konnte es im Mittelalter griechische Heroen geben. Sie wären als impulsive und verantwortungslose Sünder betrachtet worden. Ein Heiliger oder ein Held zu sein bedeutete nicht nur, eine jeweils bestimmte Art von Leben zu führen, es bedeutete auch, eben dieser Lebensweise wegen geachtet zu werden. Die paradigmatischen Kunstwerke eines Zeitalters brachten die jeweils achtenswerten Lebensweisen zum Leuchten. Und indem sie es taten, verhüllten sie all das, was in anderen – radikal unterschiedlichen – Lebensweisen der Achtung für würdig befunden worden war oder wurde.

Tempel, Kathedralen, Epen, Dramen und andere Kunstwerke fokussieren die Aufmerksamkeit einer Kultur auf das erstrebenswerte Leben und überhöhen es. So gesehen *repräsentieren* Kunstwerke nichts – so wie eine Fotografie von den eigenen Kindern diese repräsentiert. Oder mit Heidegger: »Ein Bauwerk, ein griechischer

Tempel, bildet nichts ab.«[20] Kunstwerke *wirken* vielmehr. Sie »sammeln« Sitten und Gebräuche, um auf eine bestimmte Lebensweise zu fokussieren und diese zu manifestieren. Wenn Kunstwerke leuchten, dann illuminieren und verherrlichen sie eine bestimmte Lebensweise – sie lassen alle Dinge in ihrem Licht erstrahlen. Ein Kunstwerk verkörpert die Wahrheit seiner Welt.

Natürlich kann der Tempel oder die Tragödie nur dann leuchten, wenn er oder sie im Kontext einer lebendigen Gemeinschaft existiert. Dem griechischen Tempel, der heute in einem öden, felsenzerklüfteten Tal verfällt, fehlt der Resonanzraum, er kann nichts mehr bündeln oder verherrlichen oder stabilisieren, so wie er einst das ganze Seinsverständnis der Menschen um ihn herum geprägt hat. Für diesen Tempel gilt nicht mehr, dass er »in seinem Dastehen den Dingen erst ihr Gesicht und den Menschen erst die Aussicht auf sich selbst« gibt.[21] Dieser Tempel kann heute bestenfalls das Objekt ästhetischer Würdigungen sein, kann staunende Touristen zu »Oohs« und »Aahs« bewegen. Doch sobald ein griechischer Tempel oder eine mittelalterliche Kathedrale auf diese Rolle reduziert wurde, sind sie keine »wirkenden« Kunstwerke mehr.

Die Aufgabe eines Kunstwerks ist es, eine Welt zu enthüllen, Bedeutung zu verleihen und Wahrheit zu offenbaren. In diesem Sinne lassen sich wirkende Kunstwerke als heilig verstehen. Sie verleihen dem Leben der Menschen Bedeutung, und die Menschen lassen sich in ihrem Leben von ihnen leiten. Ergo behandeln die Menschen sie als etwas Göttliches. Sie verehren sie wie Götter und errichten ihnen Schreine. So geschehen mit der *Odyssee*, der *Orestie* und der *Göttlichen Komödie*. Es waren Texte, die von den Menschen, deren Welt sie illuminierten, als heilig verehrt wurden. In diesem Sinne erfüllen Kunstwerke die traditionelle Funktion der Götter: Sie sind eine nicht menschliche Kraft, die den von ihnen illuminierten Lebensweisen Bedeutung, Sinn und Richtung verleiht.

Wer eine Kultur in ihr bestes Licht rückt, *artikuliert* diese Kultur. Ein Dichter wie Aischylos artikulierte die athenische Welt, in der er selbst lebte. Doch nicht nur Dichter übernehmen diese Rolle. Auch Staatsmänner wie Perikles in Athen, Lincoln in Gettysburg oder Martin Luther King Jr. vor dem Lincoln Memorial artikulierten das, was für die jeweilige Kultur gerade von Bedeutung war. Das Gleiche gilt für Philosophen wie Immanuel Kant und Theologen wie Thomas von Aquin. Wir werden solche Persönlichkeiten die *Artikulierer* nennen: Sie fokussieren auf das, was in einer Kultur von Bedeutung ist, und tragen somit zu dessen Erneuerung bei; sie rufen ein kulturelles Grundverständnis für das Bedeutsame hervor, das im Hintergrund wirkt und das sinnvolle Handeln anleitet.

Da Artikulierer das Augenmerk auf den Hintergrund lenken, der die gesamte Kultur prägt, werden sie von ihren Zuhörern umstandslos verstanden. Mit Sicherheit jedenfalls war das der Fall bei Aischylos, ebenso bei Dante, Lincoln und King. Doch für einen Gott gibt es noch bedeutendere Aufgaben. Manchmal begnügt er sich nicht mit der Verherrlichung und Fokussierung einer Lebensweise: Die potentesten Götter transformieren die Welt, erneuern sie und gestalten sie grundlegend um.[22]

Umgestalter verändern eine Kultur dermaßen radikal, dass sie sich dabei nicht einmal mehr auf die etablierte

Sprache und die herrschenden Sitten und Gebräuche verlassen können, um sich verständlich zu machen, was zur Folge hat, dass Umgestalter den Angehörigen ihrer Kultur im Wesentlichen unverständlich bleiben, ja, dass sie sich selbst kaum noch verstehen können.

Umgestalter sind entweder Götter oder Verrückte. Doch welches von beiden, kann immer nur retrospektiv beurteilt werden. Wenn das Wirken des neuen Gottes tatsächlich der Umgestaltung einer ganzen Gesellschaft gilt und wenn sich die Sitten und Gebräuche dann tatsächlich um deren neue Lebensweise herum neu organisieren, wird er zum Leitbild eines völlig neuen Weltbilds. Die Chancen dafür stehen natürlich äußerst schlecht. Es gibt immer machtvolle konservative Kräfte, die sich dem Neuen entgegenstellen oder es sich aneignen, um es in den Dienst der herrschenden Ordnung zu stellen. Und wenn eine neue Welt scheitert, werden unausweichlich die alten Maßstäbe an sie angelegt. Gemessen an diesen Normen kann sie dann sogar ausgesprochen lächerlich wirken.

Einen Hinweis, wie ein solches umgestaltendes Paradigma aussehen kann, liefert uns die Musik der Sixties. Bob Dylan, die Beatles und andere zeitgenössische Musiker schienen uns tatsächlich ein ganz neues Welt- und Selbstbild anzubieten, und beim Woodstock-Festival von 1969 hätte es sich beinahe zu einem neuen kulturellen Paradigma gefügt. Denn dort setzten die Menschen ein paar Tage lang der Mainstream-Kultur – mit all ihrer zweckrationalen Vernunft, ihrer Ordnung und Nüchternheit, ihrer Selbstkontrolle und ihrer Kontrollsucht über andere Menschen und die Natur – ein neues Selbstverständnis entgegen, eine ganz neue Offenheit, eine

Freude an der Natur, am Tanz und an dionysischer Ekstase. Die Technologie der Zeit wurde weder zerstört noch verteufelt, aber umgewidmet und in den Dienst der Musik gestellt, die diese transformierte Stimmung »sammelte«.

Hätten ausreichend viele Menschen in Woodstock erkannt, worum es wirklich ging, und hätten sie erkannt, dass so viele andere Menschen diese Vision teilten, dann hätte vielleicht eine neue Welt entstehen können. Aber Woodstock gelang es nicht, sich in eine umgestaltende göttliche Kraft zu entwickeln. Rückblickend betrachtet kann es uns nur so erscheinen, als seien die Anliegen der Woodstock-Generation nicht weit genug verbreitet und nicht ernsthaft genug vertreten worden, um unsere Kultur umgestalten zu können. Oder schlimmer noch: als sei das Ganze ein närrisches, kindisches Experiment gewesen. Dennoch liefert es uns einen Hinweis darauf, wie ein umgestaltendes kulturelles Paradigma funktionieren könnte.

Damit ein Kunstwerk eine ganz neue Welt eröffnen kann, müssen drei Bedingungen erfüllt sein.

Erstens müsste es bereits Sitten und Gebräuche im Hintergrund geben, auf deren Grundlage neue Bedeutung generiert werden und das Heilige leuchten kann. Um eine neue Welt zu offenbaren, müsste auch das Neue aus dem Hintergrund heraus wirken – wie das Licht, das Athene auf den listigen Plan von Odysseus und Telemachos leuchten lässt; oder wie Aischylos' Zeus, »wer er auch immer sein mag«. Diese neuen Sitten und Gebräuche müssten transparent sein und mittels Sozialisation von einer Generation zur nächsten weitergegeben werden. Das Vorhandensein von Sitten und Gebräuchen, die im Hintergrund aktiv sind, sich aber selbst verbergen, ist entscheidend, denn ohne sie gäbe es nichts umzugestalten – überhaupt nichts, das *als* etwas auftreten würde.

Zweitens müsste eine Person, eine Sache oder ein Ereignis mehr zum Zweck der Umgestaltung beitragen als ein rein artikulierendes Kunstwerk wie die *Orestie*. Die *Orestie* bündelte die herrschenden Sitten und Gebräuche und die Stimmung ihrer Zeit, verlieh ihnen Ausdruck und sorgte für Kohärenz; sie bewegte die Menschen dazu, das Leuchten des kulturellen Stils zu würdigen, den sie *bereits besaßen*. Der Umgestalter hingegen müsste *neue* Sitten und Gebräuche einführen und eine neue Stimmung erschaffen, die das Selbst- und Weltbild der Menschen transformieren, indem sie ihnen eine radikal neue Lebensweise vor Augen führen.

Drittens schließlich wäre das Werk des Umgestalters derart radikal, dass es von den Menschen nur unzureichend verstanden wird. Um es zu begreifen, bräuchten sie wiederum jemanden, der ihnen erklären kann, was der Umgestalter von ihnen will, und ihnen das neue Paradigma vorbuchstabiert – also einen Artikulierer.

In der Geschichte des Abendlands gab es nur zwei Menschen, die alle drei Bedingungen erfüllt haben – ein wirklich wunderliches Paar: Jesus und Descartes. Der Jesus der Evangelien schuf die christliche Welt, in der es sowohl einen Erlöser als auch Heilige und Sünder gibt; René Descartes verwandelte Menschen und Dinge in Subjekte und Objekte und schuf damit das moderne Weltbild. Betrachten wir zuerst das reinste Beispiel einer erfolgreichen Umgestaltung, das wir kennen – das Werk, das Jesus zugeschrieben wird.

Ob tatsächlich jemals eine Person namens Jesus existiert oder was sie getan oder gesagt hat, ist zweifelsohne eine faszinierende historische Frage. Doch um sie kann es uns hier nicht gehen. Für uns relevant ist nur das grundlegende Phänomen der Umgestaltung. Der Jesus, der uns in den Evangelien dargestellt wird, *hat* das Verständnis seiner Anhänger vom Menschsein vollständig transformiert. Das ist ein übermenschliches Werk. Wie ein Gott offenbarte der biblische Jesus seinen Anhängern eine neue christliche Welt. Betrachten wir noch einmal genau, was dafür nötig war.

Erstens muss es bereits Sitten und Gebräuche im Hintergrund gegeben haben – was natürlich der Fall gewesen war: Es gab das Seinsverständnis des Judentums, dessen allgegenwärtige Sitten und Gebräuche das jüdische Leben prägten. Das Judentum hatte verstanden, dass Gott *undarstellbar* bleiben muss, damit er seine Hintergrundfunktion als das Fundament aller wahrnehmbaren Phänomene erfüllen konnte. Wir werden allerdings auch hier wieder bis *Moby-Dick* warten müssen, bevor wir die prinzipielle Undarstellbarkeit dieser Funktion näher erläutern können.

Zweitens musste es ein Musterbeispiel geben, das die neue Lebensweise – das neue Seinsverständnis – verkörpert und zum Leuchten bringt. Laut Johannesevangelium versucht Jesus diese Rolle mit den Worten zum Ausdruck zu bringen: »Wer mich gesehen hat, hat den Vater gesehen« (Joh 14.9).[23] Das heißt, Jesus sieht sich selbst als Inbegriff und Paradigma eines neuen Welt- und Menschenbildes. Wie der Philosoph Søren Kierkegaard bemerkte, war nach Gottes Inkarnation in Jesus jeder direkte Zugang zum Gottvater abgeschnitten.

Jesus macht in seiner Person die Sitten und Gebräuche sichtbar, die im Hintergrund wirken, ist selbst aber auch abhängig von diesem unsichtbaren Hintergrund. So sagt er: »... der Vater ist größer als ich« (Joh 14.28). Aber auch: »Ich und der Vater sind eins« (Joh 10.30), und fügt hinzu: »Dann werdet ihr erkennen und einsehen, dass in mir der Vater ist und ich im Vater bin« (Joh 10.38). Natürlich verstehen die Jünger kein Wort. Sie schreiben bloß auf, was Jesus sagt.

Fast hundert Jahre später ringt Johannes noch immer um die richtigen Worte, damit er dieses Phänomen beschreiben kann. Eine der kompliziertesten Aussagen des Johannes über Jesus ist: »Er war in der Welt und die Welt ist durch ihn geworden, aber die Welt erkannte ihn nicht.« (Joh 1.10) Das klingt paradox, aber besser lässt es sich nicht sagen, das neue Paradigma Jesus Christus kann nur auf solch paradoxe Art erklärt werden: Der Umgestaltende ist *in* der neuen Welt und hängt selbst von ihr ab. Er ist aber zugleich derjenige, der diese Welt *offenbart*, ergo hängt diese Welt auch von ihm ab.

Und schließlich muss die Botschaft des Jesus derart radikal gewesen sein, dass sie für die Zeitgenossen im Wesentlichen unbegreiflich blieb. Das ist ein Beinahe-Paradox für jeden Umgestalter. Wenn Jesu Lebensweise denn wirklich radikal anders war als die seiner Zeitgenossen, dann muss er auch absolut unverständlich, wenn nicht komplett verrückt gewirkt haben. Im Umkehrschluss heißt das: Wenn er nicht komplett verrückt wirkte, dann nur deshalb, weil sich seine Lebensweise nicht gravierend von der seiner Zeitgenossen unterschied. Ein wahrer Umgestalter muss sich also irgendwie zwischen diesen beiden Extremen entlangtasten. Wir werden gleich sehen, wie Jesus das gelang, doch zuerst sollten wir verdeutlichen, dass die Evangelien ihn tatsächlich als einen Umgestalter mit exakt den erwähnten, dazu erforderlichen Merkmalen darstellen.

Das Johannesevangelium stellt klar, dass Jesus mit seinem Leben das Verständnis seiner jüdischen Anhänger vom aufrechten Leben vollständig transformiert. Doch Jesus verfügt über keine Begriffe, um sein neues Verständnis zum Ausdruck bringen zu können, also muss er in Gleichnissen reden – die seine Anhänger auch dann nicht verstehen, wenn er sie ihnen zu erklären versucht. Johannes zufolge ist nicht einmal klar, dass Jesus sein Handeln und seine Gleichnisse selbst versteht. Wie könnte er es auch, da ihm doch lediglich die Denk- und Handlungsmuster jener Lebensweise zur Verfügung stehen, welche zu stürzen er sich berufen fühlt.

Laut dem Johannesevangelium weiß Jesus jedoch, dass er ein Umgestalter ist, ergo weiß er auch, dass er jemanden braucht, der seine Botschaft verständlich macht. Oder wie Johannes ihn sagen lässt:

Wenn aber jener kommt, der Geist der Wahrheit [der Paraklet oder Heilige Geist], wird er euch in die ganze Wahrheit führen. Denn er wird nicht aus sich selbst heraus reden, sondern er wird sagen, was er hört … (Joh 16.13)

Mit anderen Worten, Jesu Werke und Taten werden verstanden, wenn er selbst nicht mehr da sein wird. Der Heilige Geist wird durch die Worte kommender Artikulierer leuchten und mit ihrer Hilfe Jesu freudvolle, liebevolle Gestimmtheit offenbaren. Er wird die Menschen an dessen Worte erinnern und sie situativ auslegen, um ihnen im Lichte Jesu zu offenbaren, wie sie handeln sollen. Und so spricht Jesus:

> *Das habe ich zu euch gesagt, während ich noch bei euch bin. Der Beistand aber, der Heilige Geist, den der Vater in meinem Namen senden wird, der wird euch alles lehren und euch an alles erinnern, was ich euch gesagt habe. (Joh 14.25–26)*

Jesus versteht also selbst, dass sein umgestaltendes Wirken der oben erläuterten dreifaltigen Struktur bedarf. In christlichen Begriffen ausgedrückt, hieße das: Gott in seiner Gerechtigkeit ist der Hintergrund all der jüdischen Sitten und Gebräuche, die allem einen Sinn zuweisen; Gott der Sohn ist das Paradigma, das ein neues Leben verheißt, welches diese Sitten und Gebräuche auf eine ganz neue Weise »sammelt« und die neue Stimmung von *agape* oder göttlicher Liebe offenbart;[24] und der Heilige Geist ist die leuchtende neue Lebensweise, die unter anderem Johannes und Paulus da zu bewegt, das christliche Weltbild zu artikulieren und zu verbreiten. Ein Großteil der abendländischen Geistesgeschichte in den kommenden fast zweitausend Jahren lässt sich als der Versuch begreifen, Jesu Verständnis von wahrhaftiger Menschlichkeit zu erläutern.

Der erste und bedeutendste christliche Artikulierer ist Paulus, der noch vor der Niederschrift der Evangelien Briefe an die christlichen Gemeinden verfasst, um ihnen zu verdeutlichen, wie ein wahrhaft christliches Leben aussieht. Paulus versucht nicht, wie Johannes oder spätere Theologen, Jesu Botschaft philosophisch zu artikulieren. Theologen wie Augustinus und Thomas von Aquin sollten ihr Bestes tun, um die Lehren Jesu mit Hilfe der griechischen Philosophie zu erläutern (und daran scheitern). Paulus sprach schlicht und einfach über seine eigene Erfahrung und konnte die christlichen Gedanken gerade deshalb überzeugender vermitteln. Nicht umsonst sollten spätere Exegeten wie Martin Luther ihre theologischen Vorgänger übergehen und direkt an Paulus anknüpfen.

Der Jesus der Evangelien bietet keine ausformulierte Vision von einem aufrechten Leben an. Er begnügt sich mit erhellenden Beispielen, die Paulus, vom Heiligen Geist durchströmt, erklärt, indem er die radikal neuen Verhaltensweisen artikuliert, die Jesus von den Juden gefordert hatte.

Doch wie konnte es dem Heiligen Geist überhaupt gelingen, sich verständlich zu machen? Wenn Jesus wirklich eine radikal neue Lebensweise offenbart hatte, dann hatte ihm seine alte Sprache dafür nicht die richtigen Worte geboten, und wenn er verstanden worden wäre, dann hätte er keine radikale Umgestaltung bewirken können. Es muss daher tatsächlich einen Mittelweg gegeben haben. Aber wie ist das möglich? Dank Paulus zeigt uns das Neue Testament beispielhaft, wie diese scheinbar unlösbare Aufgabe bewältigt werden konnte.

Doch zuerst ein kurzer Blick zurück auf die jüdische Welt, die umzugestalten Jesus sich berufen fühlte. Die Sitten und Gebräuche des Judentums fokussierten auf das Gesetz. Abgesehen von den Zehn Geboten beinhaltet die Thora insgesamt 613 Pflichten: 248 Gebote und 365 Verbote (darunter zwei der Zehn Gebote), die sich

im Wesentlichen auf Handlungsweisen und die Lebensführung beziehen. Aus Sicht des Judentums führte der
Mensch, der all diese detailliert dargelegten Gebote und
Verbote beachtete, ein *gerechtes* Leben, wer es nicht tat,
ein *schlechtes*.

Jesus transformiert radikal das Verständnis, das seine
jüdischen Anhänger von einem aufrechten Leben hatten.
Anstatt die angemessene Lebensweise anhand von *äußeren* Merkmalen wie Handlungen und Lebensweisen zu
bestimmen, organisiert er sie um das individuelle innerliche Begehren. In der Bergpredigt sagt er zum Beispiel:
»Ihr habt gehört, dass gesagt worden ist: Du sollst nicht
die Ehe brechen. Ich aber sage euch: Wer eine Frau auch
nur lüstern ansieht, hat in seinem Herzen schon Ehebruch mit ihr begangen« (Mt 5.27–28). Damit wird das
Begehren des Herzens wichtiger als das Handeln. Eine
verrückte Idee: Sind meine Wünsche denn nicht privat?
Es kann mir doch niemand verbieten, eine Frau begehr-
lich anzusehen; niemand kann mich eines Blickes wegen
vor Gericht schleppen; ich kann mein inneres Verlangen
nicht kontrollieren, und warum sollte ich es auch? Ich tue
doch niemandem weh damit.

Ganz allgemein muss den Juden die Vorstellung, dass
man sich eines unausgelebten inneren Begehrens schuldig machen könne, verrückt erschienen sein. Damit eine
solche Idee nachvollziehbar wird, muss die Kultur zumindest ansatzweise über ein Verständnis von Innerlichkeit verfügen und obendrein zu der Ansicht gelangt sein,
dass es auch unartikulierte Wünsche geben kann, die verwerflich sind. Niemand hätte, wäre das nicht der Fall
gewesen, Jesu Verdammung des lüsternen Blicks verstanden. Man stelle sich einmal vor, jemand hätte den home-

rischen Griechen gepredigt: »Wer eine Frau auch nur lüstern ansieht, hat in seinem Herzen schon Ehebruch mit ihr begangen.« Sie hätten kein Wort begriffen – wie sollten sie auch? –, denn wem es völlig fremd ist, still in sich hineinzuweinen oder aus sich selbst heraus zu träumen, der wird Lust kaum ins tiefste Innere verbannen. Und selbst wenn Juden ein inneres Begehren kannten, dürfte so etwas für die Kultur der Thora nicht einmal von marginaler Bedeutung gewesen sein. Wie also konnten sie das Verbot eines lüsternen Herzens dann überhaupt verstehen?

Die Antwort darauf kann nur lauten, dass es Begehrlichkeiten gab, die von Juden bereits als ungebührlich verstanden und verurteilt wurden, die für sie aber nicht von besonderer Bedeutung waren. Unter den Zehn Geboten gibt es ein einziges, das ein innerliches Begehren verbietet: das Zehnte Gebot, welches untersagt, nach dem Haus, der Frau, den Sklaven, dem Rind oder Esel des Nächsten zu verlangen. Paulus erkannte den Zusammenhang zwischen Jesu Verbot des Ehebruchs und dem Zehnten Gebot gegen das Verlangen:

> *Jedoch habe ich die Sünde nur durch das Gesetz erkannt. Ich hätte ja von der Begierde nichts gewusst, wenn nicht das Gesetz gesagt hätte: Du sollst nicht begehren. (Röm 7.7)*

Dank der Zehn Gebote können wir also feststellen, dass das jüdische Marginale zum christlichen Zentralen wurde: Für Juden war das Begehrensverbot nahezu bedeutungslos: Es ist nur eines von zehn Geboten und zudem das letzte. Jesus hingegen greift sich just das innere

Begehren heraus und stellt es in den Mittelpunkt. Und somit stieg es von seinem zehnprozentigen Anteil an den jüdischen Geboten auf einen nahezu hundertprozentigen in der christlichen Auslegung.

Jesus verwandelt sämtliche Handlungsverbote aus den jüdischen Geboten in das christliche Verbot der Gedanken an diese Handlungen, und zwar aus Gründen, die Paulus erläutert und Matthäus später niederschreibt: »Denn aus dem Herzen kommen böse Gedanken, Mord, Ehebruch, Unzucht, Diebstahl, falsche Zeugenaussagen und Verleumdungen. Das ist es, was den Menschen unrein macht ...« (Mt 15.19–20). Ganz generell verlagert Jesus damit das innere Erleben aus den Randbereichen des individuellen Lebens in dessen Zentrum.

Und was ist mit den Geboten und Verboten als solchen? Das Gebot der Sabbatruhe zum Beispiel war ein ungemein wichtiges. Den Berichten der neutestamentarischen Schreiber zufolge war es von solcher Bedeutung, es nicht zu brechen, und waren Juden so beflissen, Gesetzesbrecher vor den Priestern bloßzustellen, dass es sie nicht einmal interessierte, wenn Jesus an einem Wunder vollbrachte. Nehmen wir das Beispiel der Heilung des Gelähmten: »Da sagte Jesus zu ihm: Steh auf, nimm deine Bahre und geh! Sofort wurde der Mann gesund, nahm seine Bahre und ging. Dieser Tag war aber ein Sabbat. Da sagten die Juden zu dem Geheilten: Es ist Sabbat, du darfst deine Bahre nicht tragen« (Joh 5.8–10). Johannes fährt fort:

Daraufhin verfolgten die Juden Jesus, weil er das an einem Sabbat getan hatte. Jesus aber entgegnete ihnen: Mein Vater ist noch immer am Werk und auch ich bin am Werk. Darum waren die Juden noch mehr darauf aus, ihn zu töten, weil er nicht nur den Sabbat brach, sondern auch Gott seinen Vater nannte und sich damit Gott gleichstellte. (Joh 5.16–18)

Unbeirrt verletzt Jesus sogar die Speisegesetze aus dem Dritten Buch Mose (Leviticus). Er sagt schlicht und einfach: »Nicht das, was durch den Mund in den Menschen hineinkommt, macht ihn unrein, sondern was aus dem Mund des Menschen herauskommt, das macht ihn unrein.« (Mt 15.11)

Seine Marginalisierung der jüdischen Ge- und Verbote erläutert Jesus mit einem neuen Vokabular. Er erklärt nicht, dass er das Gesetz achte, sondern dass er es »erfüllt«. Man brauche dem Gesetz also nicht *buchstäblich* zu gehorchen, sondern solle sich von seinem *Geist* inspirieren lassen. Somit verlagert er auch die Frage der Reinheit aller Sehnsüchte von den Randbereichen des jüdischen Gesetzes ins Zentrum der christlichen Sensibilität. Damit marginalisiert er freilich die jüdische Tradition insgesamt und transformiert die Welt seiner jüdischen Anhänger vollständig: Ein Christ strebt nicht mehr danach, gerecht zu sein statt schlecht, sondern danach, ein Heiliger zu sein und kein Sünder. Seine Lebensaufgabe besteht nicht mehr im gerechten Handeln, sondern in der Läuterung seiner Begehren.

Diese Läuterung ist jedoch nichts, was man selbst vollbringen kann. Man braucht einen Erlöser, der einen transformiert, sagen die Evangelisten. Man muss in Jesus Christus wiedergeboren werden. Aber was heißt das? Es könnte bedeuten, dass man erlöst wird, indem man sich der Agape-Liebe hingibt. Mit dem Begriff *agape*, der in den Evangelien üblicherweise mit »Nächstenliebe« übersetzt wurde, ist die frohe, überströmende Fürsorge für seine Mitmenschen gemeint, bis hin zur völligen Selbstaufopferung. Zwar hat man nach wie vor das innere Begehren nicht unter Kontrolle, doch indem man sich Jesus und seinen Jüngern anschließt, erlebt man eine Wiedergeburt als ein frohes, neues, nur noch von lauterem Begehren erfülltes Sein.

Den Evangelien nach zu urteilen, ist Jesus also ein erfolgreicher Umgestalter. Wie ein Gott erschafft er eine neue Welt. In dieser neuen Welt werden die Menschen durch ihre inneren Sehnsüchte und Intentionen definiert, nicht durch ihr äußeres Handeln. Das ist ein großer Schritt weg von der homerischen Empfänglichkeit für das Leuchten der Götter, auch von dem athenischen Gespür für die Bedeutung all der geteilten Sitten und Gebräuche, die von Aischylos dramatisiert wurden. Wir werden nun nachverfolgen, wie diese christliche Innerlichkeits-Emphase mit der griechischen Philosophie verschmolzen wurde, um dann Schritt für Schritt von Augustinus über Thomas von Aquin, Dante, Luther, Descartes und Kant zum Tod Gottes und dem nietzscheanischen Nihilismus zu führen.

Um diese neue Welt zu begreifen, mussten christliche Denker die christliche Offenbarung in Begriffe fassen. Mehr als ein Jahrtausend lang versuchten sie beherzt, das religiöse Erleben der frühen Christen mit philosophischen Konzepten aus dem antiken Griechenland zu erfassen. Das war, wie sich herausstellte, eine sehr schlechte Idee.

Eigentlich hätte das offensichtlich gewesen sein müssen. Denken wir einmal vor die Entstehung des Christentums zurück und vergleichen die traditionelle jüdische Kultur mit der des klassischen Griechenland. Aus Sicht der Griechen zu Zeiten von Platon im 5. vorchristlichen Jahrhundert war der Mensch ein rationales Wesen, das mit Hilfe der uneigennützigen philosophischen Kontemplation objektive, universelle, zeitlose Wahrheiten über die Natur und die ethische Vortrefflichkeit des Menschen entdecken konnte. Auf diesem Wege kontemplierte Platon auch das höchste Sein, das er »das Gute« nannte.

Für das Judentum dieser Zeit sahen die Dinge ganz anders aus. Erstens einmal gründete es seine Identität nicht auf seine Rationalität, sondern auf seinem Bund mit Gott. Und dieser Bund war alles andere als ein universelles Merkmal, immerhin unterschied er die Juden von allen anderen Menschen. Zweitens wirkte sich dieses Selbstverständnis auch auf viele andere Dinge aus. So glaubten Juden beispielsweise nicht, sich durch uneigennützige philosophische Betrachtungen über das Gute der Wahrheit annähern zu können; aus ihrer Sicht war das nur durch die vollkommene Hingabe und Treue gegenüber Jahwe und dem mit ihm geschlossenen Bund möglich. Folglich waren es auch andere Wahrheiten, die sich ihnen offenbarten: Sie waren lokal und historisch, nicht universell und zeitlos; sie mussten durch Überlieferung bewahrt werden und stellten keine vom Menschen unabhängige, objektive und ewige Wahrheiten dar.

Unsere abendländische Kultur ist einzigartig widersprüchlich – das Produkt zweier machtvoller und gegensätzlicher Traditionen. Es gibt natürlich auch andere Kulturen mit multiplen Traditionen: China zum Beispiel hat den Buddhismus und den Konfuzianismus. Doch in diesen Fällen verhalten sich die unterschiedlichen Traditionen komplementär zueinander, oder sie ignorieren sich. Unsere Kultur ist die einzige, die über zwei derart inklusive und zugleich so gegensätzliche Traditionen verfügt. Die griechische Erkenntnis vom unvoreingenommenen, entkörperlichten Zugang zu einer zeitlosen universellen Wahrheit widerspricht dem jüdischen Bekenntnis zu einem intervenierenden historischen Gott. Die eine Seite betrachtet die Denkfähigkeit, die andere Seite den Sinn für das Heilige als unsere Essenz. Aber für die monotheistischen Erben dieser widersprüchlichen Traditionen schien der Versuch, diese beiden fundamental unterschiedlichen Auffassungen auf einen Nenner zu bringen, das Natürlichste der Welt.

Der Widerspruch beider Traditionen wird sogar noch offensichtlicher, wenn wir die Bedeutung der Inkarnation in der christlichen Tradition bedenken. Da das Leben Jesu ein existentielles Paradigma ist, kann es nicht auf eine Reihe von ewigen Wahrheiten reduziert werden. Es ist von großer Bedeutung für die christliche Tradition, dass Jesus zu einer bestimmten Zeit an einem bestimmten Ort in die Welt kam und dass er seinen Jüngern durch seine Lebensweise bestimmte existentielle Möglichkeiten illuminierte. Es ist von Bedeutung, dass er die Agape-Liebe verbreitete und andere allein durch das Beisammensein mit ihm von ihr getragen wurden. Diese Stimmung konnte nicht in universellen, durch die philosophische Kontemplation erkennbaren Prinzipien eingefangen werden. Sie bedurfte der räumlichen Nähe zu Personen, die sie verkörperten. Dieser Aspekt der Verkörperung ist entscheidend für das christliche Verständnis von der erlösenden Stimmung einer Agape-Liebe und somit auch für die Vorstellung von der Erlösung selbst. Und genau das ist der Aspekt des Christentums, der sich jeder griechisch-philosophischen Begriffsbildung verweigert.

Das konnte Augustinus, der von 354 bis 430 n. Chr. lebte, jedoch nicht aufhalten. Er war der erste bedeutende Christ, der das Wesen des Christentums unter Zuhilfenahme von Kategorien aus der griechischen Philosophie bestimmte und sich dazu im Wesentlichen auf Platons Verständnis von der Natur des Menschen und des Guten berufen hat.

Platon zufolge sehnt sich jede Seele nach dem ewigen Guten außerhalb von Zeit und Raum. Augustinus folgte Platon, indem er die Ewigkeit über die Zeit stellte und erklärte, dass nur das Ewige das letztgültig Wirkliche sei. Aber Platon war auch überzeugt gewesen, dass der Mensch mit dieser Wirklichkeit nur kontemplativ in Kontakt treten könne. Der Weg zur Erkenntnis vom Wesen der Schönheit führt demnach über die Betrachtung des schönen Körpers zur Schönheit der Seele und der schönen Sitten bis hin zur Schönheit von geistigen Einsichten. Ein solch musterhafter platonischer Aufstieg führt schlussendlich zur Kontemplation der abstrakten ewigen Wahrheiten.

Doch Augustinus empfand diese platonische Darstellung als spirituell unerfüllend. In seinen *Bekenntnissen* berichtet er, dass er versucht habe, bevor er Christ wurde, einen solchen Aufstieg zum platonisch Guten nachzuvollziehen, doch es sei zu abstrakt gewesen, um seine Sehnsucht nach einem göttlichen Sein stillen zu können, und zu unbewegt, um als erlösende Kraft auf sein Leben einzuwirken. Augustinus spricht zu Gott:

Damals erkannte ich dein unsichtbares Wesen, das in deiner Schöpfung im Geiste wahrgenommen wird; aber ich vermochte nicht das Geistesauge darauf zu heften, und in meine Schwachheit zurückgeworfen und dem Gewohnten preisgegeben, behielt ich nichts mehr in mir als die liebende Erinnerung, die gleichsam nach dem Dufte der Speise verlangte, die zu genießen ich noch nicht befähigt war.[25]

Man beachte, dass Augustinus nicht etwas Abstraktes und Ewiges liebt und ersehnt, sondern etwas von so köstlichem Duft, dass er es verzehren möchte. Damit ist in einem Satz das Durcheinander von griechischer Abstraktion und christlicher Fleischwerdung zum Ausdruck gebracht. Augustinus erkennt, dass er nicht nur des abstrakten Wortes bedarf, das man rational erwägen kann, sondern des fleischgewordenen Wortes:

Ich suchte den Weg zu der beharrlichen Stärke, die da befähigt ist, dich zu genießen, doch ich fand ihn nicht, bis ich den Mittler zwischen Gott und den Menschen, den Menschen Jesus Christus umfaßte, der da ist Gott über alles, hochgelobt in Ewigkeit ...[26]

Später, nachdem Augustinus zum Christentum konvertiert war, verfügte er schon über eine sehr viel konkretere Erfahrung des Göttlichen. Er spricht zu Gott:

Du wehtest und ich schöpfte Atem und atme zu dir auf. Ich kostete dich und hunge und dürste. Du berührtest mich und ich entbrannte in deinem Frieden.[27]

Das ist genau die Art des sinnlichen Erlebens der Agape-Liebe, die man von einem frühen Christen erwarten würde, ein Erleben, das die Inkarnation und fleischgewordene Gegenwart Jesu bei der eigenen Erlösung zutiefst ernst nimmt.

Und doch. Obwohl Augustinus sich nach der sinnlichen, fleischgewordenen Gegenwart Gottes sehnt, kann er dem platonischen Sog hin zur abstrakten, körperlosen und theoretischen Darstellung des Universums nicht widerstehen. Unmittelbar nachdem er seinen ungestillten Durst nach Gottes fleischgewordener Gegenwart kundtut, schildert er den inkarnierten Gott als den, der »angetan mit dem Gewande der Sterblichkeit« ist.[28] Später schreibt er sogar, dass Gott Jesus einen Körper verliehen habe, um seiner Demut Nachdruck zu verleihen, so als habe er Platons Idee beigepflichtet, dass die letztgültige und einzig wahre Wirklichkeit nicht hier auf Erden, sondern in einem abstrakten platonischen Himmel zu finden sei.[29] Schließlich schämt sich Augustinus sogar für seinen Körper. So beklagt er zum Beispiel, dass Männer ihre Erektionen nicht kontrollieren können, und verspricht, dass dieser missliche Umstand am Jüngsten Tag, wenn alle Menschen ihren Körper zurückerhalten, bereinigt werden würde.[30] Derweil tilgte der platonische Sog des Abstrakten und Theoretischen all das, was vom Wesen her christlich war in Augustinus' Erfahrung.

Tatsächlich beginnt diese Ausmerzung des Körpers sogar noch früher in Augustinus' Bericht. Denn wiewohl er sich nach einer sinnlichen Beziehung zu Gott sehnt, findet er eine Möglichkeit, dieses Erlebnis als etwas ganz und gar Unkörperliches zu schildern. Ein wundersames Kunststück, das Augustinus zuwege bringt, indem er das sinnliche körperliche Erleben voll und ganz im Sinne der inneren Zustände behandelt, die es mit sich bringt. Wie wir gesehen haben, wurde die Innerlichkeit von den Griechen, von Homer wie von Platon, fast vollständig ignoriert und bestenfalls als eine Kuriosität wahrgenommen. Homer staunte nicht deshalb über Odysseus' Fähigkeit, innerlich zu weinen, weil er sie bedeutend, sondern nur, weil er sie so ungewöhnlich fand. Auch für Platon stellte der Eros kein innerliches Erleben, sondern die Hingezogenheit der Seele zu einer Wahrheit außerhalb des Selbst dar.

Es war Jesus, der nach Paulus' Interpretation das Begehren erstmals als die Wahrheit des eigenen inneren Ichs hervorgehoben hatte. Heilige und Sünder unterschieden sich nicht durch ihr wahrnehmbares Handeln oder ihr Verhältnis zur ewigen Wahrheit, sondern durch ihre persönlichen Impulse. Entweder war das Verlangen lauter und rein, oder es machte den Menschen, wie im Fall des lüsternen Ehebrechers, zu einem Sünder.

Doch ganz offensichtlich war selbst dreihundert Jahre nach Jesus, zur Zeit von Augustinus, die Vorstellung von einem reichen, autonomen Innenleben noch alles andere als selbstverständlich gewesen. Augustinus musste Überzeugungsarbeit leisten, damit die Bedeutung des Seelenlebens allgemein erkannt wurde. So betonte er in seinen *Bekenntnissen* beispielsweise, dass Menschen zu Ambrosius kamen, nur um ihn lesen zu sehen. Warum? Weil er still für sich las! Augustinus schreibt:

> *Und wenn er las, schweiften die Augen über die Seiten und das Herz erforschte den Sinn, er selbst aber schwieg.*[31]

Offenbar war es zu Augustinus' Zeiten üblich gewesen, einen Text laut zu lesen. Und dass Ambrosius einen unmittelbaren Zugang zur Bedeutung eines Textes zu haben schien, bewies nun, dass das Innere nicht bloß die Heimstatt des Begehrens war, sondern auch ein Speicher für die erfahrene Wahrheit. Für Augustinus war es etwas völlig Neues – das heißt, weder in Platons Philosophie noch in der ansteckenden Liebe Jesu zu finden –, dass die erlösende Wahrheit im eigenen Herzen zugänglich war. Ambrosius' Art zu lesen bedeutete, dass das Innere nicht nur der Ort für Sehnsüchte, sondern auch ein Gefäß für die Wahrheit über die Welt und über Gott war. Oder wie Augustinus schreibt:

> ... *wenn ich meinen Gott liebe, [...] liebe ich ein gewisses Licht, eine gewisse Stimme, einen gewissen Geruch, eine gewisse Speise, eine gewisse Umarmung, [...] die Umarmung meines inneren Menschen ...*[32]

Wir beenden das Kapitel mit dieser Betonung der Innerlichkeit bei Augustinus, weil von der Läuterung des inneren Begehrens bei Paulus ein direkter Weg zu Augustinus' Entdeckung führt, dass Gottes Wahrheit im eigenen Herzen zu finden sei. Diese Neubewertung des Menschen als ein essentiell introspektives Wesen sollte die längste Zeit der kommenden zwölfhundert Jahre allerdings unbeachtet bleiben. Erst Descartes nahm den Faden von Augustinus wieder auf, indem er die Betonung auf das autarke »Cogito« legte, auf die von der Außenwelt abgetrennte innere Erfahrungswelt.[33] Hundertfünfzig Jahre nach ihm sollte Kant diese Idee mit seinem Konzept vom Menschen als einem vollkommen autonomen Sein schließlich zur Reife bringen. Doch bevor wir uns Descartes und Kant zuwenden, müssen wir erst noch einen Abstecher zu Thomas von Aquin und zu Dante machen, die auf Aristoteles und nicht mehr auf Platon zurückgriffen, um das Christentum mit griechischen Begriffen zu erläutern, und deren Scheitern später wiederum von Luther dramatisiert wurde.

5

Von Dante zu Kant:
Die Versuchungen und Gefahren
der Autonomie

Das Leitmotiv unseres Buches lässt sich in eine Reihe von Fragen fassen: Erstens, welches Verständnis vom Menschsein hat die verschiedenen Epochen der abendländischen Geschichte geprägt? Was haben uns diese unterschiedlichen Auslegungen über uns selbst und über unser Verhältnis zu den Quellen außerhalb des Selbst gelehrt, aus denen wir Sinn schöpften und die wir als heilig betrachtet haben? Zweitens, wie gelang es uns, mit diesen Denkweisen über unsere Menschlichkeit und das Heilige das Problem des Nihilismus in Schach zu halten? Und drittens schließlich: Können wir aus den unterschiedlichen Selbstbildern, die wir im Laufe der Geschichte entwickelt haben, heute etwas bergen, das uns hilft, dem Nihilismus unseres eigenen säkularen Zeitalters Paroli zu bieten?

Diese Fragen ergeben sich aus einer eher phänomenologischen denn humanistischen oder hegelianischen Auslegung der abendländischen Geschichte. Eine phänomenologische Darstellung konzentriert sich auf die Frage, wie Menschen sich selbst und das Heilige erfahren haben, nicht aber auf die rationalen Auffassungen, die wir von uns und unserer Welt hatten. Sie betrachtet unsere Geschichte nicht als einen kontinuierlichen, in eine

Richtung verlaufenden Prozess – ob nun fortschrittlich oder rückschrittlich –, sondern als eine Aneinanderreihung von unterschiedlichen kulturellen Paradigmen, die jeweils einige Aspekte der menschlichen Erfahrung hervorheben, während sie andere verschleiern. Deshalb sollten wir bei unserer Betrachtung der großen Texte, in denen sich die jeweiligen Epochen der abendländischen Geschichte gebündelt finden, nach dem suchen, was ihnen all die Probleme erspart hatte, denen wir uns heutzutage ausgesetzt sehen. Denn wenn wir das erkennen, erkennen wir auch, was es war, das zu unseren Schwierigkeiten führte.

Wir beginnen dieses Kapitel mit Dante Alighieris *Göttlicher Komödie*, nicht nur dem literarischen Höhepunkt des Spätmittelalters, sondern auch einer gebündelten Schau auf das Weltbild seiner Zeit. Das zentrale Merkmal davon ist, dass das Universum von Gott erschaffen wurde und ihm daher sowohl seine moralische als auch seine spirituelle Bedeutung bereits eingeschrieben war. Kurzum, das mittelalterliche Christentum lebte in einer Welt, in der ein jegliches seinen Platz hatte. Es ist das so ziemlich antinihilistischste Universum, das man sich vorstellen kann. Die Welt des Mittelalters war erfüllt von immanenten Bedeutungen. Und unsere Aufgabe ist es nun, herauszufinden, ob sich in den Randbereichen unserer modernen Welt Spuren davon erhalten haben.

Anders als heute waren die Christen im Mittelalter zutiefst von der biblischen Schöpfungsgeschichte überzeugt. Heutzutage dürften selbst unter den Frommen die wenigsten noch an die biblische Genesis oder ein Universum glauben, in dem jeder einzelne Aspekt eine gottgegebene Bedeutung hat. Und dennoch, Dantes Prämisse, dass unsere Freiheit darin bestünde, unser Begehren auf all die Bedeutungen einzustimmen, die der Welt da draußen bereits eingeschrieben sind, birgt einen wichtigen Hinweis für unser nihilistisches Zeitalter.

Wenn wir die Stadien nachverfolgen wollen, in denen unsere Kultur nach und nach den Kontakt zu den Göttern und damit auch zu allem Bedeutungsvollen und Bedeutungsgebenden verloren hat, dann ist die Lektüre von Dante höchst aufschlussreich: Erstens beinhaltet sein Werk eine Warnung vor den Versuchungen der Hölle, die uns auch heute noch angeht; zweitens bietet es eine vielversprechende Möglichkeit, unserem irdischen Dasein wieder Bedeutung zu verleihen – allerdings eine, die Dante selbst verschmähte; und drittens demonstriert es auf wirklich atemberaubende Weise, wie und weshalb das griechische Realitätsverständnis die frühchristliche Offenbarung untergräbt, die zu artikulieren es herangezogen worden war.

Das Christentum war so radikal anders, dass es selbst damals noch einer Menge Erläuterungen bedurfte. Fast tausend Jahre lang versuchte die abendländische Welt, es erfolglos mit platonisch-griechischen Begriffen zu erläutern. Unter den Kirchenvätern hatte sich vor allem Augustinus darum bemüht, den inkarnierten Gott und Platons Vergötterung der abstrakten Ewigkeit samt ihrer konsequenten Abwertung des Körperlichen miteinander in Einklang zu bringen. Dann ereignete sich etwas Überraschendes. Im 1. Jahrhundert v. Chr. waren in einem Keller verschollene griechischsprachige Unterrichtsnotizen entdeckt worden, die – um hier eine lange Geschichte kurz zu machen – im Laufe der Jahrhunderte teils ins Arabische und teils ins Lateinische übersetzt worden waren und sich schließlich, nach der lateinischen Übersetzung der Kommentare des Averroës, im 13. Jahrhundert im Abendland verbreiteten.

Ihr Verfasser hieß Aristoteles und war, wie sich herausstellte, ein brillanter Kritiker der platonischen Philosophie. Anders als Platon vertrat er die Ansicht, dass Beständiges, geformt Stoffliches wie Bäume oder Tische, die höchste Realität darstellt, nicht aber abstrakte Ideen vom Ewigen. Obendrein erklärte er, dass Körperlichkeit nichts Schwächendes oder Erniedrigendes sei, wie Platon und Augustinus es empfunden hatten, sondern vielmehr etwas Befähigendes. Er fand substantielle Wesenheiten sogar vollkommener als substanzlose Seelen.

Christliche Philosophen und Theologen erkannten schnell, dass Aristoteles und nicht Platon ihr Mann war, und begannen sich sogleich dem Versuch zu widmen, das Christentum in aristotelischen Begriffen zu artikulieren. Der bedeutendste unter diesen Interpreten war der von uns als Artikulierer bezeichnete Thomas von Aquin (1225–1274). Er nahm die gewaltige Aufgabe in Angriff, eine *Summa theologica* zu verfassen, die detailliert das griechische mit dem christlichen Realitätsverständnis in Einklang bringen sollte. Und zum großen Popularisierer von Thomas' Theologie sollte wiederum der eine Generation jüngere Dante Alighieri werden.

Dante ließ Thomas' Philosophie in eine Dichtung einfließen, die er *Commedia* nannte und in italienischer Umgangssprache, nicht dem gelehrten Latein, verfasste. Und da er mit diesem Gedicht das mittelalterliche Weltbild gebündelt hatte, hielt er seinen Zeitgenossen sozusagen den Spiegel vor – ergo erschuf auch er ein göttlich wirkendes Kunstwerk. Wie Archibald T. MacAllister in seiner »Historischen Einführung« zur englischen Übersetzung vom *Inferno* berichtet, hatten die beiden ersten Teile der *Commedia* schon vor Dantes Tod im Jahr 1321 einen »von Ehrfurcht vor dem Überirdischen angehauchten« Ruf erworben.[1] So ist es denn auch kein Wunder, dass man Dantes Dichtung im 16. Jahrhundert als heilig bezeichnete und deshalb seither von *La Divina*, der *göttlichen* Komödie, die Rede ist.

Aristoteles zufolge ist die Welt hierarchisch geordnet. Das bedeutet nicht nur, dass sie in sich kohärent ist, sondern auch, dass alle Dinge nach ihrer jeweiligen Vollkommenheit gereiht sind. An oberster Stelle steht in absoluter Vollkommenheit der »erste unbewegte Beweger«, der die Bewegung alles Seienden zu sich lenkt.

Diese hierarchische Ordnung offenbart sich nach Aristoteles zwar primär in der Natur, doch die Vorstellung von einem hierarchischen Universum, in dem *ein jegliches* seinen Platz hat, deckte sich bestens mit dem jüdisch-christlichen Glauben an den einen Schöpfergott. In der Welt des Mittelalters wurde allem ein Rang zugewiesen, vom Blei bis zum Gold, von der Maus bis zum Elefanten, vom Sünder bis zum Heiligen. Sogar unter den Sünden gab es noch eine Rangordnung. Je tiefer Dante im ersten Teil der *Göttlichen Komödie* in die Kreise der Hölle absteigt, umso sündiger war das Leben der Seelen gewesen, die er dort büßen sieht. Selbst die Heiligen unterliegen einer Rangordnung! Ihnen begegnet Dante im letzten Teil des Gedichts auf seinem Weg über die Terrassen zum Paradies, und je höher er steigt, umso größerer Kardinaltugenden dürfen sie sich rühmen. Man könnte das als einen monolithischen Monotheismus bezeichnen: Für die polytheistische Vielfalt von Homers

Welt oder für so tragische Widersprüche wie bei Aischylos gibt es dort keinen Platz.

Dante popularisierte in seinem berühmten Gedicht zwar Thomas von Aquins Metaphysik und Theologie, aber sein ursprüngliches Motiv war sehr viel simpler gewesen. Im Alter von neun Jahren war er einem achtjährigen Florentiner Mädchen namens Beatrice Portinari begegnet und hatte sich »auf den ersten Blick« in sie verliebt. Von diesem Moment an betrachtete er Beatrice als die Seine und schwor, dass er sie einmal besingen werde, wie noch kein Mann jemals seine Herzensdame besungen hat.

Und das tat er.

Die Göttliche Komödie ist im Jahr 1300 angesiedelt, in dem Dante fünfunddreißig ist. Sie beginnt mit den berühmten Worten: »Grad in der Mitte unsrer Lebensreise / Befand ich mich in einem dunklen Walde, / Weil ich den rechten Weg verloren hatte.«[2] Wir erfahren nicht, warum Dante vom rechten Weg abgekommen war, nur, dass dem so war, und dass er eine Reise antreten muss, um seine Seele zu retten. Um welche Reise es sich dabei handelt, ist schon klarer: Sie wird ihn durch das gesamte geistige Universum des Christentums führen. Zuerst einmal muss er in die Hölle (*Inferno*) absteigen, wo er jeder Art von Sünde begegnen wird, die das Christentum anprangert, und wo ihm vorgeführt wird, welche Strafen die Kirche für jeweils gerechtfertigt hält. Anschließend wird er den Läuterungsberg (*Purgatorio*) erklimmen, wo er den Seelen der Sünder begegnet, die Abbitte geleistet haben, und ihm der Prozess der Läuterung vor Augen geführt wird, den sie durchlaufen müssen. Schließlich erreicht er das Paradies (*Paradiso*), wo er auf unterschiedlich heilige Seelen trifft und die für sie jeweils erreichbaren Stufen der Glückseligkeit kennenlernt. Auf diesem langen Weg wird Dante begreifen, worin ein erfülltes Leben besteht und auf welch vielfältige Weisen es einem missraten kann.

Begleitet auf diesem Weg wird Dante von zwei Führern: Durch die Hölle und die längste Zeit auf dem Läuterungsberg wird ihn der große römische Dichter Vergil führen – eine doch recht seltsame Wahl als Führer durch das christliche Universum; immerhin war er ja vor der Geburt Jesu gestorben. Und tatsächlich wird der römische Stoiker aufgrund seiner Philosophie auch auf höchst aufschlussreiche Weise missverstehen, was in der christlichen Welt von Bedeutung ist. Am Ende versagt Vergils Weltbild ganz, da sich die christliche Liebe mit Vernunft allein nicht erfassen lässt. Und das wird der Moment sein, in dem er die Führung abgibt. Die Stufen des Paradieses erklimmt Dante geführt von seiner Herzensdame Beatrice.

Über der Pforte zur Hölle, die Dante und Vergil gemeinsam passieren, steht eine Inschrift, die mit den berühmten Worten endet: »Lasst jede Hoffnung, wenn Ihr eingetreten.«[3] Diese Hölle ist nicht nur den Sündern zugedacht, sondern auch all jenen, die das Pech hatten, vor Christi Geburt oder von Jesus' Einfluss unberührt gelebt zu haben. Unter den neun Kreisen der Hölle ist der erste, der Limbus oder die Vorhölle, der bei weitem erträglichste. Er ist reserviert für tugendhafte Heiden und ungetaufte Kinder. Im Limbus fand auch Vergil seine ewige Heimstatt, neben anderen großen Gestalten der antiken und alttestamentarischen Welten: neben Dichtern wie

Homer und Ovid, Philosophen wie Platon und Aristoteles, oder den Stammvätern Abraham, Noah und David, die Jesus schließlich in die Seligkeit retten wird. Die tugendhaften Heiden hatten nie die Möglichkeit gehabt, Christen zu werden, aber ihr Leben so gut gelebt, wie es ihnen unter diesen widrigen Umständen nur möglich gewesen war. Auch im Limbus führen sie ein tugendhaftes Dasein in Demut und Würde, spüren aber, dass ihnen etwas fehlt. Vergil erklärt, dass ihnen das Leid der Hölle erspart bleibt, ausgenommen des Kummers, »daß wir hoffnungslos in Sehnsucht leben«.[4]

Seufzer tönen durch den Limbus, weil die tugendhaften Heiden etwas vermissen, das sie weder wirklich verstehen noch artikulieren können. Dantes christlicher Welt gemäß wird der Mensch allzeit von Gott erschaffen, um jene absolute Erfüllung zu ersehnen, welche allein er gewähren kann. Aber in Dantes Universum wird solche Erfüllung nur dem geschenkt, der sie auch auf die richtige Weise ersehnt, nämlich ergriffen von der christlichen Stimmung der Agape-Liebe. Das Problem für die edlen Seelen im Limbus ist, dass diese Liebe unbekannt war, bevor Jesus kam und sie den Menschen vorgelebt hat. Also haben sie ihre Chance schlicht verpasst.

In den nächsten vier Kreisen der Hölle finden sich die Seelen unterschiedlicher Sünder: Sie haben sich der Wollust, Maßlosigkeit, Habgier und des Zorns schuldig gemacht. Im Gegensatz zum Limbus handelt es sich also um Christen, die vom rechten Weg abkamen. Ohne hier ins Detail gehen zu wollen, lohnt sich doch der Hinweis, dass ihre Sünden allesamt eine strukturelle Gemeinsamkeit aufweisen: Sie alle liebten etwas, das nicht genügte, um ihr Begehren zu stillen. Die Wollüstigen liebten die sexuellen Sinnesfreuden und sind ergo »die Sünder aller Fleischeslüste«.[5] Unter ihnen findet Dante nicht nur Paolo und Francesca, denen wir bereits im ersten Kapitel begegneten, sondern auch Kleopatra, Tristan und, natürlich, Helena und Paris. (Man beachte, wie stark sich Dantes Interpretation der Helena von Homers unterscheidet.) Ihren Sünden gemein ist, dass sie ihre ganze Liebe an etwas vergeudet haben, das ihnen letztendlich keine spirituelle Erfüllung schenken konnte.

Selbst ohne eine Betrachtung von Dantes positiver Alternative kann man erkennen, was seiner Meinung nach falsch ist an solchen Lebensweisen: Er sieht in diesen Sündern bloß Süchtige: Sex- und Liebessüchtige, Fresssüchtige, Geldsüchtige oder sogar solche, die süchtig nach dem eigenen Zorn sind. All diesen Süchten gemein ist ihre einzigartig unerfüllende Struktur. Man braucht sich nur einmal die Abhängigkeit von Rauchern ins Gedächtnis zu rufen: Der Süchtige will immer mehr von dem, was ihn befriedigt oder glücklich macht und seinem Leben Bedeutung verleiht. Er glaubt, er könne sein Begehren stillen, in Wahrheit gelüstet es ihn bereits nach dem nächsten Kick, und am Ende erwartet ihn nichts als noch mehr unerfülltes Begehren.

Dante hat gewiss recht mit seiner Meinung, dass solche Süchte im Leben tunlichst vermieden werden sollten. Allerdings lässt sein aristotelisches Weltbild für ihn nur eine Begründung dafür zu: Die Vollkommenheit Gottes bewege wie die Vollkommenheit von Aristoteles' erstem unbewegten Beweger alles zu sich hin; der Mensch werde nur geboren, um Erfüllung in der unmittelbaren Gotteserfahrung zu finden; wer also zulässt, dass seine Liebe sich von etwas anderem ablenken lässt – und sei es eine

Herzensdame wie Beatrice –, der wird am Ende ein unerfülltes Leben geführt haben.

Aber hier geht es nicht um die Frage, ob es möglich ist, Erfüllung durch die absolute Hingabe an einen anderen Menschen zu finden. Die Seelen in den tieferen Kreisen der Hölle haben ohnedies ganz andere Probleme. Zwischen dem sechsten und fünften Kreis zieht sich rund um den Höllentrichter eine große Mauer, die das obere vom unteren Höllenreich trennt. Dort beginnt die wahre Hölle, von Dante als Innere Höllenstadt oder »Dis« bezeichnet (nach Dis Pater, dem Vorgänger von Pluto als dem römischen Gott der Unterwelt, dem Äquivalent des griechischen Gottes Hades). Und um ins Paradies zu gelangen, müssen Dante und Vergil Dis nun durchqueren und bis auf den Grund der Hölle vordringen, damit sie von dort aus den Läuterungsberg ersteigen können.

Hier nun wird Vergils vorchristlicher Hintergrund zu einer Bürde: Als verantwortlicher Führer marschiert er los und fordert Einlass am gewaltigen Stadttor. »Fürchte nichts«, spricht er zu seinem verängstigten Schützling, »denn unsre Reise / Kann keiner hindern, da Er sie erlaubte«.[6]

Als Vergil die Tore erreicht und – vermutlich – im Namen Gottes Einlass fordert, kann Dante zwar »nicht hören [...], was er ihnen sagte«, sieht aber, wie die Wächter

> *plötzlich alle schnell nach innen liefen. / Die Tore schlossen sie, die bösen Feinde, / Vor meinem Herrn, der draußen bleiben mußte.*[7]

Vergil ist fassungslos. »Wer sperrt den Weg uns zu den Schmerzensstätten?«, fragt er sich.[8] Doch er missversteht die spirituelle Anordnung der Hölle. Er glaubt, die tiefsten Kreise entsprächen einem massiven Karzer, in dem die schlimmsten Verbrecher weggesperrt wären. So hätte jedenfalls mit Sicherheit die Hölle in der römischen Welt ausgesehen. Aber die Höllenstadt Dis ist kein Karzer, in dem die sündigsten Seelen eingesperrt sind: Sie ist eine Festung, aus der Gott ausgesperrt bleiben soll. Dante, der Christ, versteht das auf Anhieb, wenn er schreibt, »daß er sich zu betrachten wünschte, / Was jene Festung in sich eingeschlossen«.[9]

Dis ist eine Festung und kein Karzer, weil die Seelen, die darin hausen, nicht nur ihre Liebe im Leben etwas Unerfüllenderem als Gott geschenkt, sondern Gott auch aktiv geschmäht hatten. Thomas von Aquin unterscheidet zwischen fleischlichen und geistigen Sünden, und genau dieser Unterschied spiegelt sich auch in der Geographie von Dantes Hölle. Eine fleischliche Sünde ist zum Beispiel die maßlose Liebe zu guten Dingen wie Speisen, Sex und materiellen Gütern, und Maßlosigkeit wird außerhalb der Mauern von Dis bestraft. Eine geistige Sünde hingegen ist es, Gottes Schöpfung zu schmähen, und eben solche Sünder haben sich hinter der Mauer von Dis verschanzt und verwenden ihre ganze Energie darauf, Gott den Einlass zu verwehren.

Doch warum hat sich in dieser gottesfürchtigen Zeit jemand derart gegen Gott aufgelehnt? Darüber klärt uns John Milton in *Paradise Lost* auf. Denn Miltons Satan sagt, er würde lieber in der Hölle herrschen als im Himmel dienen: Er hasst den Gedanken, von Gott erschaffen worden zu sein, auf dass er Friede und Erfüllung nur in der Kontemplation Gottes finde. Er will selbst entscheiden, wen oder was er verehrt. Ähnlich bei Dante. Sein Satan und die rebellischen Engel in seinem Gefolge, die die Mauer um Dis verteidigen, sind wild entschlossen, frei zu entscheiden, worin sie Erfüllung finden. Sie schmähen die göttliche Schöpfung, um einem jeglichen den Wert zuzuweisen, den sie selbst für richtig halten. Somit ersetzen die Sünder in der Stadt Dis natürliche Verlockungen gegen vorsätzlich und aktiv gewählte. Den Homosexuellen zum Beispiel (»einer Schar von Sodomiten«) begegnet Dante im siebten Höllenkreis am Rande der Sandwüste. In Dantes Welt gilt ihre Lebensweise als eine Rebellion gegen den natürlichen Wunsch nach einer monogamen heterosexuellen Liebe.[10] Doch eine noch weit schwerwiegendere Sünde ist die Rebellion gegen das Leben selbst: Selbstmörder werden noch tiefer unten im Höllenschlund bestraft.

Je tiefer Dante in die Hölle absteigt, desto unempfänglicher werden die Totengeister für die Anziehungskraft von Gottes Liebe und allem, was aus ihr hervorgeht. Und je mehr sie sich Gott verschließen und von ihm entfernen, desto weniger bewegt werden sie von seiner Liebe. Da Gott der erste unbewegte Beweger ist, werden sie selbst umso unbeweglicher, je tiefer der Graben, in dem sie darben. Die schwersten Sünder am Höllengrund sind bis zum Hals eingefroren in einem vereisten See. Weil sie nichts von Gottes Schöpfung hatte bewegen können, können sie sich nun selbst nicht mehr bewegen.

Miltons protestantische Hölle ist hingegen heiß bis auf den tiefsten Grund. Außerdem sind wir an das Bild eines interventionistischen Satans an der Spitze seiner

Armee gefallener Engel gewöhnt. Dantes Luzifer ist jedoch so autark, dass ihn nichts mehr zu irgendeinem Tun bewegen kann: Er ist praktisch zu völliger Bewegungslosigkeit verdammt, im Eis eingefroren, kann bestenfalls noch mit den Flügeln schlagen – und eben weil er sie schlägt, ist die Hölle zugefroren.[11]

Die Aufklärung bewunderte und pries den Menschen, der sich unabhängig und völlig autonom eigene Gesetze gibt. Im Mittelalter war es hingegen der Kern aller Sünde, sich um der eigenen Autonomie willen aus der göttlichen Glückseligkeit auszuschließen. Dantes Text lässt sich demnach als eine an seine Mitmenschen gerichtete Warnung vor den Übeln der Autonomie verstehen. Aber auch unsere eigenen, von Nietzsche inspirierten Zeitgenossen wie David Foster Wallace dürfen sich angesprochen fühlen. In einer Schöpfung, die den Menschen hin zum einzig Erfüllenden drängt, kann die Versuchung, sich eigene Werte zu schaffen und den Dingen eine selbst gewählte Bedeutung zu verleihen, zu einem traurigen Nihilismus führen, in dem ein jegliches ohne Bedeutung ist und nichts mehr den Menschen bewegt.

Dantes System bedürfte eines Raumes für den freien Willen. Denn wenn der individuelle Wille letztendlich nichts mit dem Leben zu tun hatte, das seine Seelen einst führten oder das wir führen – wenn dieses Leben vorherbestimmt ist und es nichts gibt, was das Individuum dagegen tun kann –, welchen Sinn haben dann Belohnung und Strafe im Jenseits? Und wie hätte Dante, dem die willentliche Autonomie in der Stadt Dis doch so verhasst ist, demnach überhaupt irgendeine Vorstellung von einer Freiheit des Willens haben können?

Tatsächlich lässt Dantes System Raum für einen freien Willen, aber es ist ein anderer als der, den wir kennen. Erstens setzt Dante Freiheit nicht wie wir mit der Befähigung gleich, wählen zu können, welches Leben man leben oder welche Handlung man der anderen vorziehen möchte. Vor allem beinhaltet sie nicht die Befreiung von irgendwelchen äußeren Zwängen, die auf das individuelle Handeln einwirken können. Diese Art Freiheit (um die wir uns heutzutage am meisten sorgen) hätte in der Tat gegen den damals herrschenden Determinismus verstoßen. Dante hatte eine andere Freiheit im Sinn.

Freiheit bestand für ihn in der Möglichkeit, das eigene Begehren voll und ganz auf die einzig wahre Erfüllung richten zu können. Und aus seiner Sicht ist es die grundlegende Aufgabe von Staat und Kirche, das menschliche Streben in genau diese Richtung zu lenken. Demnach wäre das Problem der modernen Welt, dass Staat und Kirche bei dieser Aufgabe versagt haben.[12] Wären wir »richtig« erzogen worden und verspürten deshalb die »richtigen« Sehnsüchte in uns, dann würden wir auch direkt zu Gott finden, »wie ein Blitz, der vor dem eignen Ursprung flüchtet«.[13] Doch selbst in Dantes Welt hat der Mensch, wenn Kirche und Staat bei seiner Erziehung versagt haben, die Freiheit, sich selbst umzuerziehen. In seinem Bericht vom Läuterungsberg beschreibt Dante detailliert, wie man sich das vorzustellen hat.

Dante ist überzeugt, dass unsere Sinne und unser Begehren gebunden sind an das, was sie ergreift, wir jedoch die Freiheit besitzen, sie mit Hilfe unseres Willens und unseres Geistes so zu formen, dass sie sich vom Richtigen ergreifen lassen. Ein besserungswilliger Völler zum Beispiel kann sich freiwillig so umziehen, dass er die Nahrung nicht mehr als das einzige Objekt seines Begehrens betrachtet. Auf dem Läuterungsberg sind einstige Völler mit genau solcher Umerziehung befasst: Sie lassen die Tantalusqualen einer Art von erzwungener Diät über sich ergehen. Der entscheidende Unterschied zur Hölle ist also, dass dort die Seelen nicht von ihren schlechten Begierden lassen wollen, wohingegen sie auf dem Läuterungsberg Abbitte leisten. Der Akt des Büßens ist eine freiwillige Willenshandlung, die zu einer Neubeurteilung führen kann. Bußfertigkeit bringt den Sünder auf den Pfad der Erlösung, und seine »Strafe« besteht in der Freiheit, seine Sinne und Begierden läutern und in die richtige Bahn lenken zu können.

Dante glaubt, dass alle Seelen natürlicherweise von irdischen Dingen angezogen würden. Und um diese Anziehung auf das richtige Ziel zu lenken, bieten sich zwei Optionen an. Die erste lautet: Versuche deine Begierden zurückzuhalten oder dich ganz von ihnen zu befreien. Das ist ein typisch stoischer Ansatz und der Weg, den Vergil einschlägt. Er sagt: »Ist eine Urteilskraft euch eingeboren; / Sie muß die Schwelle der Bejahung hüten.«[14] Mit einem Wort, die Lust muss in Schach gehalten werden, und die Vernunft muss uns davor bewahren, unserem Verlangen nachzugeben.

Dante vertritt die andere, die christliche Option: Jede Liebe ist gut, solange sie sich auf die angemessene Weise auf das angemessene Objekt richtet. Vergils stoischer Sicht, dass der freie Wille die Liebe *zügeln* sollte, setzt er die christliche Sicht entgegen, dass der freie Wille die Liebe auf etwas *lenken* sollte. Dante glaubt sogar, dass man seine irdische Liebe noch steigern und sich ihr vollkommen hingeben müsse, weil sich einem nur so die

Möglichkeit eröffne, das Unausweichliche festzustellen, nämlich, dass diese Liebe keine Erfüllung bringt. Man müsse aus seinen Fehlern lernen, um schließlich die Liebe finden zu können, die der vollkommenen Leidenschaft und der absoluten und verpflichtenden Hingabe wert sei. Man solle sein irdisches Begehren also nicht zügeln, sondern in die richtige Bahn lenken.

Dante erweckt den Anschein, als lasse er eine Vielfalt an erstrebenswerten Zielen zu. Die Frage ist nur, ob er hier widerspruchsfrei bleibt, und vor allem, ob er es für möglich hält, jemanden oder etwas *hier auf Erden* zu finden, der oder das der vollkommenen Leidenschaft und verpflichtenden Hingabe wert ist. Denn wenn er das nicht tut, läuft er Gefahr, Augustinus' Fehler zu wiederholen und eine Interpretation des Christentums anzubieten, die mit einem fleischgewordenen inkarnierten Christus wenig anzufangen weiß.

Dante vernachlässigt jedoch weder Jesus, noch sucht er wie Augustinus in seinem tiefsten Inneren den Zugang zu einem ewigen, körperlosen Gott. Dante war ein ungemein extrovertierter Mensch, tief in die Politik seiner Heimatstadt Florenz verstrickt und obendrein der Frau, die ihn zu seinem Gedicht inspirierte, vollkommen ergeben. Zu seinem Glück hatte die Jesu-Verehrung im Mittelalter indirekt eine Gruppe von französischen Poeten, die sich als Troubadoure bezeichneten, zur Entwicklung eines neuen Liebesverständnisses angeregt, zu einer Liebe, die weder im *erotischen* Sehnen der Griechen noch in der christlichen *agape* aufging. Es war eine neue Stimmung, die man später als die höfische Liebe oder Minne bezeichnen sollte. Sie erforderte die absolute Hingabe an die Person, die zum Mittelpunkt des eigenen Lebens wurde. In der Tradition der Troubadoure verlieh die Geliebte dem Liebenden sogar seine Identität. Ohne sie hörte der Liebende auf, als die Person zu existieren, die er durch seine Liebe geworden war. Sein ganzes Selbstverständnis steht und fällt mit dieser Liebe, deshalb ist er auch bereit, für sie zu sterben. Kurzum, die Troubadoure erfanden die romantische Liebe, und Dante war ein romantisch Liebender.

Wie tief seine Hingabe an Beatrice war, lässt sich seinem Gedicht deutlich entnehmen. Im Neunundzwanzigsten und Dreißigsten Gesang des *Purgatorio* begegnet ihm am Ufer der Lethe ein allegorischer Triumphzug der Kirche, eine Prozession von sinnbildlichen Darstellungen der biblischen Bücher zur Feier der Kirchengeschichte. In der Mitte des Zuges wird der Siegeswagen der Kirche von einem Greifen gezogen, dem traditionellen Christussymbol, dessen Farben auf seine göttliche und menschliche Natur hindeuten. Der Wagen hält vor Dante an. Hinter einer Blumenwolke sieht er eine Gestalt »in einem grünen Mantel«, derweil um sie herum Dinge geschehen, die den krönenden Abschluss der Kirchengeschichte symbolisieren: Die Seligen singen mit den Engeln »Benedictus, qui venis«, gesegnet, der da kommet. Und wir erwarten, Jesus Christus aus der Blumenwolke hervortreten zu sehen. Doch hier macht Dante seine kühnste Volte, denn die Gestalt auf dem Siegeswagen ist nicht Jesus, sondern Beatrice! Dante hat seine Herzensdame an Jesu Stelle gesetzt und sie damit – so viel ist sicher – so besungen wie noch kein Dichter vor ihm!

Phänomenologisch betrachtet ist das nicht unplausibel. Das Phänomen hier ist die Liebe, die uns so ungemein stark zu einem Menschen hinziehen kann, dass dieser zum Mittelpunkt unserer ganzen Welt wird. Ist man mit einer solchen Liebe gesegnet, dann ergibt alles im Leben einen Sinn, solange es in einem Zusammenhang mit ihr steht. Und der Sinn, den diese Liebe stiftet, ist leuchtend und glorreich und vollkommen erfüllend. Mit einem Mal versteht man sich selbst vollständig und ist unendlich glücklich mit der Art, wie diese Liebe das eigene Sein bestimmt.

Wenn Dante so empfunden hat, dann ist es gar nicht so verrückt, Beatrice auf dem Läuterungsberg in der Rolle von Christus dem Erlöser zu sehen. Die Gemütsverfassung der romantischen Liebe unterscheidet sich nicht groß von den anderen Arten des Heiligen, die wir bisher kennengelernt haben. Erstens ist sie kein Gefühl, für das man sich entscheiden kann. Wie unter der Anleitung von Athene oder der ansteckenden Agape-Liebe in der Gegenwart Jesu wird man auch von der romantischen Liebe überwältigt und in Besitz genommen. Und auch sie fordert ein Gefühl der Dankbarkeit ein. Denn allein ihretwegen weiß man nun genau, wie man handeln soll: Sie wird zur Grundlage unserer Entscheidungen. Die romantische Liebe stimmt uns auf das Bedeutungsvolle im Leben ein. Hätte Dante sein Gedicht mit dem Auftritt von Beatrice auf dem Läuterungsberg beendet, hätte er eine für ihn absolut lebenswerte, freud- und sinnvolle Welt beschrieben.

Zudem gilt seine Hingabe an Beatrice ja einem körperlichen, Gestalt gewordenen Sein. In der Absolutheit seiner Hingabe schwärmt er von ihren schönen grünen Augen, ihrem lieblichen Mund und vor allem von ihren Beinen. Aber damit fängt Dante auch einen entscheidenden Aspekt der christlichen Intuition ein: Die erlösende Stimmung ist die, welche uns in einer körperlichen, Gestalt gewordenen Form ergreift. Dantes Erfüllung in seinem Bekenntnis zu Beatrice vermeidet den augustinischen Fehler, das Christentum auf eine völlig abstrakte und entkörperlichte Weise zu interpretieren. Dante hätte also die Chance gehabt, eine Auslegung des Christentums anzubieten, die es von allen mit ihm unvereinbaren griechischen Abstraktionen befreit.

Bedauerlicherweise ist das jedoch nicht der Weg, den er einschlägt. Das Abendland sollte noch fünfhundert Jahre warten müssen, bis Søren Kierkegaard mit seiner Phänomenologie der romantischen Liebe hier anknüpft. Dante jedenfalls findet den Sinn seines Lebens nicht in seinem Bekenntnis zu Beatrice, obwohl sie es ist, die ihn durch das Paradies führt. Vielmehr lässt er Beatrice, nachdem sie ihn durch die himmlischen Kreise geführt hat, auf ihren Thron in der Himmelsrose zurückkehren, in der die Seligen und die geretteten Seelen Gott schauen. Den Platz des Erlösers – desjenigen, der nach Johannes der Weg und die Wahrheit ist – muss sie wieder räumen. Nun ist sie lediglich die Leiter, die Dante hinter sich zurücklassen kann, sobald er bei Gott angekommen ist. In Dantes letztem Bild ist Beatrice nicht mehr selbst das höchste Objekt seiner Liebe.[15] Sie ist der Weg, aber nicht die Wahrheit.

Nachdem Beatrice zu ihrem Thron in der Rose zurückgekehrt ist, sieht Dante sie hoch oben zu Füßen von Petrus sitzen. Sie schenkt ihm ein letztes Lächeln, dann wendet sie sich wieder der Kontemplation des göttlichen Lichts zu. Dante berichtet: »In jenem Lichte muß man also werden, / Daß man unmöglich sich entschließen könnte, / Sich einem anderen Bilde zuzuwenden.«[16] Beatrice hat Dante eine glückselig machende Vision ermöglicht, nämlich »in das Licht der Gottheit selber zu schauen«. Doch die Seligkeit der göttlichen Liebe ist so überwältigend, dass sie nun weder sein Leben leitet noch zum Bezugspunkt all seines Handelns wird, sondern ihn völlig aus der Bahn wirft. Anstatt mit frischen Energien in die Politik zurückzukehren oder zu versuchen, das Leben zu führen, das Beatrice von ihm gefordert hätte, scheint Dante jegliches menschliches Selbstgefühl zu verlieren. Thomas von Aquin zufolge ist die Seligkeit, zu der die Kontemplation des göttlichen Leuchtens führt, das höchste Ziel des menschlichen Strebens. Aber es ist eine Seligkeit, die so überwältigend ist, dass sie alle irdischen Freuden in die Bedeutungslosigkeit drängt.

Dante wird nie wieder einen Blick auf Beatrice zurückwerfen. Was das wichtigste Bekenntnis seines Lebens auf Erden gewesen war, stellt sich als irrelevant für seine Erfüllung heraus. Tatsächlich wird die bislang einzig wichtige Unterscheidung in seinem Leben – die zwischen seiner Liebe zu Beatrice und allem anderen – von der Seligkeit in der Kontemplation Gottes nivelliert.

Auch Dantes politisches Engagement endet in Irrelevanz. Von seinem Platz im Paradies aus blickt er zurück auf die Erde: »Mein Auge ist zu allen sieben Sphären / Zurückgekehrt, und ich sah diese Erde / so, daß ich ob der Kleinheit lächeln mußte.«[17] Er erkennt, dass alles Irdische, auch die von ihm so geschätzte Politik, trivial ist: »Die kleine Erde, wo wir so sehr toben, / Erschien mir ganz mit Bergen und mit Schluchten, / Als ich im ewigen Zwiegestirne kreiste.«[18] Wie seine Liebe zu Beatrice wird nun auch die Bedeutung, die das Politische für ihn hatte, von Gottes Leuchten überstrahlt. Nachdem Dante Gott geschaut hatte, wird er sich niemals wieder von dem Leuchten abwenden, um politisch Partei zu ergreifen oder Beatrice zu besingen.

Aristoteles zufolge ist es der erste unbewegte Beweger, der alles Seiende durch die Anziehungskraft seiner Vollkommenheit bewegt. Die letzten Zeilen vom *Paradiso* beschreiben, wie die christliche Version des griechischen unbewegten Bewegers von Dante Besitz ergreift:

> *Doch schon bewegte meinen Wunsch und Willen, / So wie ein Rad in gleichender Bewegung / Die Liebe, die bewegte Sonn' und Sterne.*[19]

Der Dante, welcher dank der Troubadoure herausgefunden hatte, dass seine Liebe zu einer, zu *der* Frau die wichtigste Erfahrung seines Lebens war, wird nun in die Umlaufbahn des ersten unbewegten Bewegers gezogen. Sein individueller Wille, seine Liebe zu Beatrice, seine politischen Verpflichtungen, alles wird von der Seligkeit in der Kontemplation Gottes überwältigt. Man könnte auch sagen: Dante war in Ekstase. Ekstatische Seligkeit lässt das Selbst verblassen, Freude beflügelt das Selbst. Aber in Dantes Welt ist jede Freude nichtig geworden im Vergleich zu der seligmachenden Gottesschau. »Mit Liebe zu dem wahren Gut voll Freude, / Voll Freude, jede Wonne übersteigend«, schreibt er.[20] Dante hat sich aufs Letzte und Höchste in der Liebe aller Geschöpfe zu ihrem Schöpfer verloren.

Doch ist das wirklich der Weg zu einem erfüllten Leben? Es wirkt eher wie die Vermeidung eines sinnvollen

Lebens als der Weg dorthin. Tatsächlich könnte es sich hierbei sogar um eine mittelalterliche Form von Nihilismus handeln. In Dantes Worten kommt zum Ausdruck, dass nichts im Leben noch von irgendeiner Bedeutung sein kann – sogar Beatrice' erlösende Liebe oder sein politisches Engagement sind trivial geworden im Vergleich zur Liebe Gottes. In diesem Moment zeigt Dante uns ungewollt auf, dass die griechische Metaphysik eines Thomas von Aquin die Agape-Liebe untergräbt, die wir im Frühchristentum des Johannes und Paulus wirken sahen. Nach dem frühchristlichen Modell führt der Jesusglaube zu einer Gestimmtheit der Freude, nicht aber zu ekstatischer Seligkeit; zu einer Gestimmtheit, die den Gläubigen zu einem entschiedenen und gezielten Handeln in der Welt des fleischgewordenen Wortes anleitet. Somit ist das Konzept der Gottesliebe also ambivalent. In Dantes Welt ist damit die Liebe zu Aristoteles' erstem unbewegten Beweger gemeint, im Evangelium die Liebe, die Jesus für die Menschen empfindet. In Dantes finaler mystischer Verschmelzung gibt es keinen Platz für Jesus, das gestaltgewordene Paradigma der Agape-Liebe. Dantes abschließende Feststellung lautet, dass Gottes »Helle« ihm »mit unsrem Angesicht bemalt« erscheint.[21] Dantes Jesus ist nur ein körperloses Antlitz.

Summa summarum musste der Versuch im Mittelalter fehlschlagen, das Christentum mit aristotelischen Begriffen zu artikulieren. Die schlechte Botschaft aus dem *Inferno* passt zu unserer phänomenologischen Analyse: Totale Autonomie führt zu einem *aktiven* Nihilismus, denn wenn jegliche Bedeutung aus uns selbst heraus entsteht, dann besitzt auch nichts die Macht, uns zu bewegen. Und wenn wir die christliche Liebe des inkarnierten

Jesus in aristotelische Begriffe zu kleiden versuchen, dann enden wir bei einem höchsten Seienden und einer so überwältigenden *passiven* Liebe, dass jegliche Individualität ausgelöscht wird. Dantes bedingungsloses Bekenntnis zu Beatrice, das nicht nur ihm, sondern auch seinen Zeitgenossen zu einem neuen Quell des persönlich Bedeutungsvollen hätte werden können, wird von einer unpersönlichen, griechischen, mystischen Erfahrung ausgelöscht. Es stellt sich heraus, dass das, was als die Synthese des Mittelalters bezeichnet wurde – die Verbindung von aristotelischer Philosophie und christlicher Dogmatik –, keine Antwort auf den Nihilismus, sondern nur ein weiterer Schritt in dessen Richtung war.

In Anlehnung an Aristoteles bestand für Thomas von Aquin das höchste Ziel im Leben in der seligmachenden Schau des ersten unbewegten Bewegers – den er als höchsten Seienden bezeichnete. Doch wie wir soeben gesehen haben, bleibt bei Dante damit weder Raum für Jesus und die Agape-Liebe noch für eine Gemeinschaft froher Christen, geschweige denn für das individuelle Ich.

Martin Luther, der rund zweihundert Jahre nach Dante und rund dreihundert nach Thomas von Aquin wirkte, war entschlossen, die Christenheit vor Aristoteles zu retten und zu dem Frühchristentum zurückzulenken, das in den Paulusbriefen zum Ausdruck kommt. Luther nimmt kein Blatt vor den Mund, wo es um seine Abscheu vor dem katastrophalen Einfluss von Aristoteles geht:

Es thut mir weh in meinem Herzen, daß der verdammte, hochmüthige, schalkhaftige Heide mit sei-

nen falschen Worten so viel der besten Christen ver-
führt und genarrt hat. Gott hat uns also mit ihm
geplagt, um unsrer Sünden willen.[22]

Dem hatte er bereits vorangestellt:

Die Universitäten bedürften auch wohl einer guten
starken Reformation. [...] Hier wäre nun mein Rat,
daß die Bücher Aristoteles [...] ganz würden abgetan;
dazu seine Meinung niemand bisher verstanden, und
mit unnützer Arbeit, Studieren und Kost, so viel edler
Zeit und Seelen umsonst beladen gewesen sind.[23]

Luther bricht also entschlossen mit dem Versuch, die
griechische Philosophie mit der Erfahrung des frühen
Christentums in Einklang zu bringen. Es klingt wie eine
Kritik an Augustinus, Thomas von Aquin und Dante zugleich, wenn Luther schreibt: »Der ist es nicht wert, ein
Theologe genannt zu werden, der Gottes ›unsichtbares‹
Wesen ›durch seine Werke erkennt und versteht‹, aber
der, der das, was von Gottes Wesen sichtbar und der Welt
zugewandt ist, als in Leiden und Kreuz sichtbar gemacht
begreift.«[24] Oder prägnanter: »Der Theologe der Herrlichkeit nennt das Schlechte gut und das Gute schlecht.
Der Theologe des Kreuzes nennt die Dinge, wie sie wirklich sind.«[25] Das heißt, Christen sind nicht dazu berufen,
nach griechischer Art die reine Gegenwart des Göttlichen zu erfahren, sondern dazu, sich auf Jesus zu beziehen, auf das fleischgewordene Wort, wie es von Johannes
beschrieben und von Paulus erlebt worden war.

Generell hatte Luther der Reformator wenig übrig für
Mystiker und Mönche. Beide meditierten abgeschieden

von der Welt und übersahen, dass nicht die ekstatische Kontemplation Gottes, sondern die Freude der Gemeinschaft die wahre christliche Stimmung war. »Aus dem allem folgt der Beschluß«, schreibt er denn auch unerschütterlich,

> *daß ein Christenmensch lebt nicht in sich selbst, sondern in Christo und seinem Nächsten, in Christo durch den Glauben, im Nächsten durch die Liebe; durch den Glauben fähret er über sich in Gott, aus Gott fähret er wieder unter sich durch die Liebe, und bleibt doch immer in Gott und göttlicher Liebe, gleich wie Christus.*[26]

Anstatt der Welt also den Rücken zu kehren und die göttliche Wahrheit im tiefsten Inneren zu suchen wie Augustinus, oder mit der liebesbewegenden Schöpfung zu verschmelzen wie Dante, wird dem Christen bei Luther »eine Wiedergeburt zum Reiche Gottes« geschenkt, wodurch er »ein geistlicher, neuer, innerlicher Mensch« in einer neuen Welt wird.[27]

Und eine neue Welt zeichnete sich nun in der Tat ab. Dank Luther stand mit einem Mal nicht mehr die aristotelisch-thomistisch-dantesche Theologie im Zentrum des Selbstverständnisses der abendländischen Kultur. Der wiedergeborene Christ, dem seine Stimmung von Jesus geschenkt wird und der sie mit anderen Christen teilt, bedarf der Vermittlung von Päpsten und Priestern nicht. Nach Luther ist jeder Christ ein Papst, »jeder, der an Christus glaubt, hat den Heiligen Geist«.[28]

Luthers Christenmensch ist zwar noch kein autarkes oder autonomes Sein, aber er gewinnt gegenüber der römischen Kirche – der bis dahin mächtigsten Institution des Abendlandes – ein gutes Stück geistige Freiheit. In dieser neuen Welt vor der Aufklärung, in die Luther nun überleitet, klingen seine Gedanken jedenfalls ziemlich autonom, insbesondere wenn er schreibt:

> *Ein Christenmensch ist ein dienstbarer Knecht aller Dinge und jedermann untertan, d. h. soweit er frei ist, braucht er nichts zu tun; soweit er Knecht ist, muß er allerlei tun. [...] Siehe, das ist die rechte, geistliche, christliche Freiheit, die das Herz frei macht von allen Sünden, Gesetzen und Geboten, die alle andere Freiheit übertrifft wie der Himmel die Erde, die gebe uns Gott recht zu verstehen und zu behalten.*[29]

Luthers Reformation bot also – wie die protestantische Reformation generell – ein Korrektiv gegen den passiven mittelalterlichen Nihilismus von Dante. Doch die Betonung der individuellen Freiheit ebnete zugleich den Weg zu jenem aktiven Nihilismus, der den Tod Gottes nach sich ziehen sollte. Luthers Korrektiv gegen den mittelalterlichen Nihilismus äußert sich vor allem in seinem Beharren, dass die Liebe Gottes einen jeden umfängt, ungeachtet von dessen Sünden. Ergo ist die christliche Stimmung bei Luther eine der Freude und Dankbarkeit.[30] Diese Stimmung schenkte auch ihm selbst die Zuversicht, die Aufforderung zum Widerruf vor dem Reichstag zu Worms im Jahr 1521 mit einem Hinweis auf sein Gewissen zurückzuweisen: Hier stehe ich, ich kann nicht anders. »Glaube«, schreibt Luther 1522 in seiner *Vorrede auf die Epistel S. Paul: An die Römer*, sei »eine lebendige, erwogene Zuversicht auf Gottes Gnade, so gewiß, daß er tausend Mal drüber stürbe«. Solche Zuversicht steht im krassen Gegensatz zu Dantes Hoffnung auf eine ekstatische Selbst- und Weltvergessenheit.

Doch Luthers Korrektiv ging auf Kosten der alteingeführten Bedeutungen. Die Stimmung der Freude und Dankbarkeit war, wie Luther betonte, nur durch die persönliche, die individuelle Beziehung zu Jesus erfahrbar. Daraus folgte zwar noch nicht das von der Aufklärung gefeierte unabhängige Individuum, aber es war ein erster Schritt in diese Richtung. Die Reformation zog die Betonung des Individuums nach sich, das von seinen eigenen Gedanken und Wünschen bestimmt wird – was natürlich zu Lasten der gottgegebenen Bedeutungshierarchie ging.

Tatsächlich entzaubert Luther die alte christliche Welt mit all ihren politischen, religiösen und naturgegebenen Strukturen. Von Dantes mittelalterlicher Bedeutungshierarchie, in der allem und jedem sein Wert bereits eingeschrieben ist, bleibt kaum noch etwas übrig. Bei Luther ist jeder Christenmensch ein »freier Herr über alle Dinge«.[31] Dafür steht er nun in der Schuld Jesu, dessen Liebe und dessen Leid dem neuen Christen verständlich machen, was rechtens ist, ganz nach dem Logion Jesu: Liebe erfüllt das Gesetz. Man braucht sich nicht mehr in die Abhängigkeit von Priestern und ihren Fürbitten zu begeben: Jesus gewährt jedem umweglos seine Gnade und Liebe.

Das war ein großer Schritt hin zum aufklärerischen Verständnis vom Ich als einem autonomen Quell der Erkenntnis und der Bedeutungsfindung zwischen Himmel und Erde. Doch im Gegensatz zu den Aufklärern, insbesondere zu Descartes und Kant, legte Luther noch großen Wert auf die individuelle Abhängigkeit vom Erlöser. Luther zufolge sind fromme Werke, ob von der Kirche als solcher oder vom einzelnen Christen getan, bloß wertlose und vorsätzlich stolze Taten, solange sie nicht aus tiefstem Glauben heraus und in Demut geleistet werden. Wir können uns den Glauben ebenso wenig selbst schenken wie alle anderen Gemütsverfassungen:

> *Glaube ist eine lebendige erwogene Zuversicht auf Gottes Gnade [...]. Und solche Zuversicht und Erkenntnis göttlicher Gnade macht fröhlich, trotzig und freudig gegen Gott und alle Kreaturen [...]. Gerechtigkeit ist nun solcher Glaube. [...] Solche Gerechtigkeit können weder Natur, freier Wille, noch unsere Kräfte zuwege bringen. Denn wie niemand ihm selber den Glauben geben kann, so kann er auch den Unglauben nicht wegnehmen.[32]*

Den nächsten großen Schritt in Richtung Nihilismus unternahm René Descartes. Er enthob uns jeglicher Empfänglichkeit für äußere Kräfte und fokussierte uns ausschließlich auf das, was wir durch die Kraft unseres Willens erlangen können.

Auf den französischen Philosophen René Descartes, den einzigen Umgestalter, den das Abendland neben der hier dargestellten Jesus-Figur hatte, musste es noch bis zum frühen 17. Jahrhundert warten. Jesus begründete die christliche Welt mit ihren Heiligen und Sündern, Descartes begründete die moderne Welt, indem er zwischen autonomen *Subjekten* und *Objekten* unterschied (und die Ersten über die Letzteren stellte). Das gelang ihm nicht zuletzt, weil er an der augustinischen Betonung des tiefsten seelischen Inneren und auf der lutherischen Vorstellung von christlicher Unabhängigkeit anknüpfte. Doch während Luther – vor allem hinsichtlich der Agape-Liebe und der Dankbarkeit – die Unerlässlichkeit der christlichen Empfängnisbereitschaft beibehalten hatte, behauptet Descartes nun, dass das Subjekt idealerweise vollständig losgelöst, autonom und ganz und gar nicht passiv empfangend sei. Vielmehr besitze es eine quasi-göttliche Willenskraft. Oder wie er schreibt:

> *Der Wille allein oder die Freiheit der Willkür ist es, die ich in mir als so groß erfahre, daß ich sie mir gar nicht größer vorstellen kann. Daher ist sie es auch vorzüglich, aufgrund deren ich in mir ein Ebenbild Gottes erkenne.*[33]

Eine exemplarische Möglichkeit, das Heilige so zu verstehen, wie wir es hier dargestellt haben, liegt in der Empfänglichkeit für Stimmungen. Homers Götter haben Stimmungen hergestellt und den Menschen mittels dieser Stimmungen zum Handeln bewegt. Wir haben auch über andere Gestimmtheiten gesprochen: über die patriotische Stimmung bei Aischylos, über die Stimmung der Agape-Liebe bei Johannes und Paulus, über die Stimmung der ekstatischen Seligkeit bei Dante und über die Stimmung der Freude und Dankbarkeit bei Luther. Ein entscheidendes Merkmal der Aufklärung ist nun, dass sie den Stimmungen – insoweit sie überhaupt eine Rolle spielten – alles absprach, was sie in früheren Epochen bedeutet hatten. Früher waren sie, wie gesagt, etwas Öffentliches und Gemeinschaftliches gewesen, ob man nun in der Gegenwart von Ares in die leidenschaftliche Stimmung kriegerischer Tapferkeit geriet oder in der Gegenwart Jesu in die Stimmung der Agape-Liebe. Erst seit der kartesianischen Charakterisierung des Individuums als einem Subjekt wurden Stimmungen zu persönlichen, inneren Zuständen, die anderen Individuen im Wesentlichen unzugänglich bleiben. (Wir werden noch feststellen, dass die alte Bedeutung öffentlicher Stimmungen auch bei Melville eine große Rolle spielt: Er verweigert sich dem monotheistisch geprägten Willen, indem er das Heilige dieser alten Stimmungen herausarbeitet.)

Aber zurück zu Descartes. Folgen wir kurz den Entwicklungsspuren unseres modernen Selbstbildes und unserer heutigen Vorstellung von menschlicher Handlungsfähigkeit. Vor Descartes kann von einer Glorifizierung der Innerlichkeit in der abendländischen Kultur nicht die Rede sein. Wie wir sahen, hatte Augustinus ziemlich damit zu kämpfen, seinen Zeitgenossen die Bedeutung des eigenen Inneren für die Erfahrung des Göttlichen zu vermitteln. Und sogar nach Augustinus schien noch offenkundig, dass der Mensch allen möglichen äußeren Kräften zugänglich ist: In Dantes Welt war die menschliche Seele für die göttliche Liebe noch ebenso empfänglich wie für den teuflischen Sog der Autonomie. Tatsächlich haben die homerische und die mittelalterliche Welt gemein, dass wir immer dann vortrefflich handeln, wenn wir es unseren eigenen Gedanken und Ideen *nicht* gestatten, uns vom vorgezeichneten Weg abzulenken.

Descartes knüpfte an Augustinus an und rückte die Vorstellung ins Blickfeld, dass wir autarke, auf uns selbst gestellte, von unseren individuellen Gedanken und Begehren bestimmte Geschöpfe seien. Wenn ich wissen will, wer ich bin, dann muss ich dieser kartesianischen Sicht nach nur in mich hineinblicken und mich fragen, welche Gedanken ich wirklich als die meinen akzeptieren kann.

Mit Descartes haben wir also begonnen, uns als *Subjekte* zu begreifen – als die Gefäße für unsere *inneren* Gedanken, *inneren* Begehren und unser *inneres* Wollen –, wohingegen die *Außen*welt aus bedeutungslosen *Objekten* besteht, aus nicht subjektiven Entitäten, die sich gegen mich abheben. Vor Descartes hätte sich niemand als Subjekt gegenüber Objekten verstanden: Man war ein Geschöpf Gottes, da alles von Gott erschaffen wurde. Seit Descartes steht uns frei, allem und jedem um uns herum, auch den bedeutungslosen Objekten, beliebige Bedeutungen zuzuschreiben.

Damit wurde die traditionelle Vorstellung von unserer Empfänglichkeit für äußere Kräfte völlig umgestürzt. Zum ersten Mal in ihrer Geschichte waren Menschen mit der Frage konfrontiert, woran sie als nunmehr völlig autarke Wesen ihr Leben orientieren sollten.

Descartes glaubte eine Antwort darauf zu haben. Er behauptete, jeder Mensch sei dank seiner Vernunft und Erfahrung imstande, die Regeln zu erkennen, nach denen sich rational ergründen lässt, was in jeder gegebenen Situation zu tun ist. Und er war entschlossen, diese Ethik auszuarbeiten, sobald er sein naturwissenschaftliches Werk vollendet haben würde:

> … *so habe ich mir, um in meinen Handlungen nicht unentschlossen zu bleiben, [...] eine Moral auf Zeit gebildet, die nur aus drei oder vier Grundsätzen besteht, die ich Ihnen gerne mitteilen möchte.*[34]

Um diese Philosophie ausarbeiten zu können, berichtet er uns, habe er sich in ein warmes Zimmer zurückgezogen, in dem er sich von allen Leidenschaften befreit fühlte.

Offensichtlich gelang es Descartes jedoch nicht, seine Ethik zu vollenden. Während seine naturwissenschaftlich-mathematischen Werke entscheidende Durchbrüche waren, kam er auf seinen Plan, eine Ethik für seine nüchterne Welt zu schreiben, nicht mehr zurück. Dennoch gelang es ihm, die abendländische Welt grundlegend umzugestalten – indem er den rationalen Willen, der bei Dante noch das bestimmende Merkmal des Bösen gewesen war, zum zentralen Aspekt des menschlichen Seins machte. Es war ein wirklich entscheidender Beitrag zum kommenden Nihilismus.

Descartes' Vorstellung von Freiheit war derart radikal, dass sie eines Artikulierers bedurfte. Und diese Aufgabe übernahm Immanuel Kant, der große deutsche Philosoph des 18. Jahrhunderts. Kant postulierte, wenn wir autonome Subjekte seien, dann können wir auch kein anderes Gesetz für unser Handeln anerkennen als das, welches wir uns selbst geben.

Bei Kant wird Gott durch das Subjekt entthront; Aufklärung bedeutete für ihn die Bereitschaft, autonom und in Freiheit die Verantwortung für das eigene Handeln zu übernehmen. Mit anderen Worten, der aufgeklärte Mensch muss dem Papst oder König nur gehorchen, wenn er sich aus freiem Willen dafür entscheidet. Seine Autonomie, respektive die Fähigkeit und der Wille, sich selbst die Gesetze des Handelns zu geben – die schwerstmögliche Sünde der Seelen in Dantes Dis –, wird nun zur höchsten Tugend.

Diese kantische Sicht steht in Luthers Schuld und weicht zugleich von seiner Position ab. Es stimmt, auch Luther betont die Bedeutung des Individuellen, aber für Luthers Christentum ist es unerlässlich, dass die Stimmung der Freude und Dankbarkeit daraus erwächst, der *Empfänger* von Gottes Gnade zu sein. Nur weil ich mich in Gottes Schuld fühle, weiß ich mit Gewissheit, wie ich handeln soll. Luther hätte also in der Tat sagen können: »Hier stehe ich, ich kann nicht anders. *Gott helfe mir.*« Diese Gewissheit ist bei Luther etwas Existentielles: Luthers Christ vertraut zuversichtlich und frohen Mutes auf sein Wissen um das rechte Handeln.

Als Kant sich des Themas der moralischen Gewissheit annahm und sie in die Grundbedingung des moralischen Handelns verwandelte, veränderte sie sich jedoch vollständig – wie Kant selbst erkannte. Während bei Luther Jesu unerschöpfliche Liebe der Quell existentieller Gewissheit im Hinblick auf das eigene Handeln ist, übernimmt der Mensch bei Kant allein die Verantwortung dafür. Und genau darin sieht Kant das Zeichen moralischer Reife.

Kant beschreibt detailliert, welche Merkmale dieses selbstgegebene Gesetz haben muss. Wichtig ist in unserem Zusammenhang jedoch nur, dass wir der kantischen Terminologie nach selbstgesetzgebend sind – das heißt, wir üben in Übereinstimmung mit den uns selbst gesetzten Prinzipien die »Autonomie der reinen praktischen Vernunft« aus.[35] Es kann nichts außerhalb von uns geben – keinen Gott und keine andere höhere Macht, keinen äußeren Anstoß, keine noch so heilige Schrift, keine elterliche Forderung, keinen Brauch, kein staatliches Dekret –, auf das wir unser sittliches Handeln gründen könnten, wenn wir denn nach unserem besten Vermögen handeln wollen. Sämtliche äußeren Kräfte, das heißt alle fremdbestimmten Ursachen für unser Handeln, lehnt Kant ab, weil »die Heteronomie des Willens [...] der Quell aller unechten Prinzipien der Sittlichkeit« ist.[36] Wenn wir es äußeren Kräften gestatten, unser Handeln zu beeinflussen, dann werden wir den Ansprüchen, die an uns als freie, autonome Geschöpfe gestellt werden, nicht gerecht.[37]

Zwar ist die kantische Philosophie sehr abstrakt, doch der ihr zugrunde liegende Impuls ist längst tief verwoben mit unserer modernen Welt. Wir finden es ganz selbstverständlich, intuitiv davon auszugehen, dass eine Person, die keine Verantwortung für ihr Handeln übernimmt, zu kritisieren sei. Der modernen Vorstellung nach ist jeder handelnde Akteur selbst für sein Handeln verantwortlich. Im dritten Kapitel zitierten wir Jean-Paul Sartres Aussage, dass der Existenzialismus jedem Menschen »die totale Verantwortung für seine Existenz« aufbürdet.[38] Der Abstand zu Homers billigender Darstellung von Helena, die von Aphrodite gelenkt wurde, als sie mit Paris floh, könnte größer nicht sein.

Die moderne Sichtweise, dass wir voll und ganz für die eigene Existenz verantwortlich seien, steht im krassen Gegensatz zu der homerischen Vorstellung, dass wir immer dann vortrefflich handeln, wenn wir uns der Möglichkeit öffnen, von außen gelenkt zu werden. Wenn wir uns bewusst machen, *wie* scharf dieser Kontrast ist, dann verstehen wir auch, warum die homerischen Phänomene in unserer modernen Welt keine Rolle mehr spielen. Was Homer als das Paradigma menschlicher Vortrefflichkeit betrachtet hatte, war für Kant nur ein moralisches Fehlverhalten, eine Heteronomie des Willens und damit eine fremdbestimmte und deshalb unrechtmäßige Abtretung unserer Freiheit. Helenas Flucht mit Paris läuft auf eine Art Nötigung hinaus. Helena, blind vor Liebe, scheint einfach die Kontrolle über sich verloren zu haben.

Die Gefahr der kantischen Position ist, dass wir uns, wenn wir uns voll und ganz für das eigene Handeln verantwortlich erklären, auch die Pflicht auferlegen, selbst zu bestimmen, worauf es wirklich im Leben ankommt. Die Geschichte der letzten hundertfünfzig Jahre hat jedoch gezeigt, wie schlecht wir diese Aufgabe erfüllen. Der Schritt von der kantischen Vorstellung vom Menschen als einem vollständig autonomen Sein hin zu Nietzsches Freigeist, der nach Belieben Bedeutung erfindet, ist klein. Aber eben weil der freie Geist Bedeutungen einfach erfindet, kann er sie auch jederzeit zurücknehmen. Von ihm selbsterdachte Bedeutungen haben keine Macht über ihn. Und genau das ist der aktive Nihilismus, der, wie bereits Dante erkannte, ein sinnvolles Dasein unmöglich macht.

Herman Melville, der ein knappes Jahrhundert nach Kant und eine Generation vor Nietzsche schrieb, sah die Gefahr des Nihilismus bereits aufziehen. Noch erstaunlicher aber ist, dass schon er in der Wiederbelebung des Polytheismus oder in der Rückgewinnung von Homers Göttern eine Möglichkeit sah, ihn zu überwinden. Schließen wir also den Kreis unserer Geschichte, indem wir uns nun *Moby-Dick* zuwenden.

6

FANATISMUS, POLYTHEISMUS UND
MELVILLES »BÖSE KUNST«

»Ich habe ein böses Buch geschrieben«, erklärte Herman Melville, »und fühle mich makellos wie das Lamm«.

Im November 1851 hatte Melville diesen Satz in einem Brief an seinen Freund und Nachbarn Nathaniel Hawthorne geschrieben. Die britische Ausgabe seines *Moby-Dick* war einen Monat zuvor herausgekommen, die amerikanische sollte in Kürze folgen. »Es ist ein seltsames Gefühl«, fuhr er fort,

> *ohne Zuversicht, ohne Verzweiflung. Zufriedenheit — das ist es; und Verantwortungslosigkeit, aber ohne liederliche Neigungen. Ich rede jetzt von meinem tiefinnersten Daseinsgefühl, nicht von irgendeiner zufälligen Anwandlung.*[1]

Melville sah in *Moby-Dick* etwas Tieferes, auch etwas Bedrohlicheres — mit einem Wort: etwas »Böseres« — als in seinen skandalösen Geschichten über Kannibalen und die unzivilisiert freizügige Sexualität von Insulanern, die seinen Ruf als das erste amerikanische Sexsymbol des Literaturbetriebs begründet hatten.[2] Die fünf zuvor erschienenen Romane — Seefahrer-Abenteuer, die in bemerkenswert kurzen Abständen zwischen 1846 und 1850 erschienen waren – hatten Kontroversen und Aufregungen und vor allem die Lust auf weitere ungeschönte Geschichten ausgelöst. Die Londoner *Times* hatte in ihrer Rezension von Melvilles erstem Roman *Taipi* genüsslich all das Drumherum der *enthusiastischen* Aufmerksamkeit geschildert, die er als Schiffbrüchiger auf einer polynesischen Insel im Südpazifik genossen haben wollte: »Beneidenswerter Herman! Man kann sich wohl keinen fröhlicheren Mops vorstellen als Herman im Taipi-Tal.«[3] Als er 1847 Elizabeth Shaw heiratete, konnte die Trauungszeremonie nicht in der Kirche stattfinden, wie es hieß, aus Sorge »vor dem Andrang seiner Fans«.[4]

Moby-Dick ist in einem düstereren und eindringlicheren Sinne »böser« als Melvilles vorangegangene Romane, obwohl sich diese Geschichte letztendlich ebenfalls unter die Seefahrer-Abenteuer einreihen lässt. Als Ende August 1851 vor der chilenischen Küste der Walfänger *Ann Alexander* von einem Pottwal gerammt und versenkt wurde,[5] fragte Melville sich, ob er das wilde Tier irgendwie mit seiner literarischen schwarzen Magie dazu provoziert haben könnte. »Das ist wirklich & wahrhaftig ein erstaunliches Zusammentreffen – vorsichtig ausgedrückt«, schrieb er angesichts der Ähnlichkeiten zwischen dem Wal seines in Kürze erscheinenden Romans und dem Tier, von dem aus Chile berichtet wurde:

> *Kein Zweifel: es ist Moby-Dick höchstselbst, denn seit dem traurigen Schicksal der Pequod vor ungefähr vierzehn Jahren hat niemand berichtet, daß man ihn erlegt hätte. – Ihr Götter! Was für ein Kommentator ist doch dieser Wal der Ann Alexander! Was er zu sagen hat, klingt kurz & markig & punktgenau. Ich frage*

mich, ob meine böse Kunst [evil art] dies Ungeheuer aufgestört hat.[6]

Nun mag die Tragödie der *Ann Alexander* ja ein Schlaglicht auf die gefährlichen Kräfte seines neuen Buches geworfen haben, doch in welche Richtung Melvilles neue Geschichte steuern würde, war schon eine ganze Weile lang klar gewesen. Gegen Ende Juni 1851, Melville gab *Moby-Dick* gerade den letzten Schliff, hatte er seinem Freund Nathaniel Hawthorne einen Teil des Manuskripts zu lesen angeboten:

> *Soll ich Ihnen eine Flosse des Wals schicken, als Happen zum Vorkosten? Der Schwanz ist noch nicht gar – obwohl das Höllenfeuer, über dem das ganze Buch gegrillt wird, es eigentlich schon längst durchgegart haben müßte. Dies ist das Motto (das geheime) des Buchs – Ego non baptiso te in nomine – aber finden Sie den Rest selbst heraus.*[7]

Die lateinische Passage, die Melville hier unvollständig lässt und die das geheime Motto seines Buches ist, wird üblicherweise wie folgt vervollständigt: *Ego non baptiso te in nomine Patris et Filii et Spiritus Sancti – sed in nomine Diaboli*: Ich taufe dich nicht im Namen des Vaters und des Sohnes und des Heiligen Geistes, sondern im Namen des Teufels.[8]

Was also macht *Moby-Dick* zu einem so »bösen« Buch? Und wenn es denn so böse ist, wie konnte Melville sich nach seiner Fertigstellung dann »makellos wie das Lamm« fühlen? Welche Botschaft verbirgt sich hinter dem geheimen Motto? Und worin genau besteht Melvilles »böse Kunst«?

Noch ist die Tafel für diesen Festschmaus nicht gedeckt. Für den Moment soll es uns genügen zu sagen: Wie immer die Antworten auf diese Fragen auch lauten werden, es könnte dabei gar nicht mehr auf dem Spiel stehen. Dieses Buch ist nicht bloß böse im Melville'schen Sinne, nicht nur liederlich oder gar ruchlos; es ist durchdrungen, durch und durch, von dem Höllenfeuer, über dem es gegrillt und von dem es völlig durchgegart wurde. Und Melville selbst ist daran nicht bloß unschuldig, so als hätte ihn irgendeine Jury freigesprochen: Er bleibt rein und schuldlos in einem unendlich viel tieferen Sinne. »Makellos«, betont er, »wie das Lamm«.

Wie das Lamm Gottes.

Oder wie Jesus Christus.

Die religiöse Metaphorik ist hier eine komplizierte. Sie scheint eine geheime, höllische und somit antichristliche Frevelhaftigkeit mit radikal reiner Unschuld zu verschmelzen, mit einer Unschuld so makellos, dass sie sich gewissermaßen mit der von Jesus Christus selbst vergleichen lässt. Traditionellerweise sind diese beiden Bilder einander diametral entgegengesetzt. Daher ist auch alles andere als klar, was es bedeutet, wenn man sie wie Melville miteinander verschmilzt.

Es bleibt vieles unklar. Zuerst einmal stellt sich heraus, dass das geheime Motto, welches Melville in seinem Brief an Hawthorne erwähnt, schließlich gar nicht so geheim ist. Denn Kapitän Ahab, der fanatische, verrückte, monomane Walfänger im Zentrum der Geschichte, zitiert in einer Schlüsselszene eine abgekürzte Variante dieser Satansformel: Als seine drei Harpuniere sich auf die

finale Jagd vorbereiten, intoniert Ahab feierlich die frev-
lerische Formel *Ego non baptizo te in nomine patris, sed in
nomine diaboli!*, um die Harpune, die dem großen weißen Pottwal Moby-Dick den Tod bringen soll, mit deren
heidnischem Blut zu taufen.[9]

Ebenso unklar ist, was genau diese Beschwörungsfor-
mel zum geheimen Motto des Buches macht. An der einzigen Stelle, an der Melville sie außerhalb seiner Geschichte zitiert – in besagtem Brief an Hawthorne –, reißt
er sie nur an. Er beginnt aufreizend mit: *Ego non baptiso
te in nomine*, verweigert aber die Auflösung – »finden Sie
den Rest selbst heraus« ist alles, war er zu sagen bereit ist.
Wie also lautet die komplette Fassung – so es denn eine
gibt – der Formel, die das Geheimnis des Buches in sich
birgt? In wessen Namen findet die Taufe nun wirklich
statt?

Und schließlich gibt auch die Makellosigkeit Rätsel
auf. Glaubt Melville, dass die antichristliche Frevelhaftigkeit seines Buches – worin sie auch bestehe – am Ende
dennoch eine irgendwie geartete Erlösung darstellt, so
wie Jesus in seiner Unschuld einem früheren Zeitalter
Erlösung versprochen hatte? Sieht Melville in *Moby-Dick*
– natürlich nur dann, wenn man es seinem geheimen
Motto entsprechend interpretiert – eine neue Hoffnung,
die neue Form einer heiligen, vielleicht sogar erlösenden
Möglichkeit für unsere Kultur als solche?

Diese Fragen öffnen den Weg zu einer der irritierends-
ten Passagen in Melvilles so tiefgründigem wie verwir-
rendem Buch, zu einer Passage, die die meisten Interpreten ignorieren oder aber missverstehen, obwohl es sich
dabei ganz offensichtlich um eine zentrale Stelle handelt.
Denn hier scheint Melville uns etwas prophezeien zu

wollen: »Sollte es in den kommenden Jahren einer poetischen, kultivierten Nation gelingen«, schreibt er,

> *den lebenslustigen Maigöttern von damals zu ihrem*
> *Erstgeburtsrecht zu verhelfen und sie im heute*
> *selbstherrlichen Himmel, auf dem heute verlassenen*
> *Berge, wieder auf den Thron zu heben, dann wird ge-*
> *wiß hoch droben auf des Jupiters Olymp der große*
> *Pottwal über alle herrschen.*[10]

Aha.

Moby-Dick ist natürlich die Geschichte von der Jagd auf
den Wal. Es ist die Geschichte von der Mission des verrückten, monomanen Kapitäns Ahab und all der Männer, die er für die Fahrt auf seinem Walfänger *Pequod* in
Nantucket angeheuert hat.

Aber der Wal bedeutet jedem etwas anderes. Vielleicht
ist es das, was mit der kunterbunten Sammlung von »Auszügen« verdeutlicht werde sollte, die das Präludium zum
Buch darstellen und die, so erfahren wir, von einem »ge-
wissenhaften Grubenwühler« zusammengetragen wurden, einem armen Teufel von einem Unter-Unter-Biblio-
thekar, der »offenbar die langen Regalreihen des Vatikans
und die Straßenantiquariate der Erde durchforstet und
aufs Geratewohl aufgeklaubt hat, was er an Anspielungen
auf die Wale nur finden konnte, in welchem Buche auch
immer, ob geistlich oder weltlich«.[11]

Dieses wirre Nebeneinander grotesker Ergüsse ist stellenweise sehr komisch. Etwa wenn es in einem Auszug
heißt, »und der Brodem des Wales wird oftmals von solch
einem unausstehlichen Geruche begleitet, daß das Hirn

dadurch in Verwirrung gerät«, und gleich darauf Alexander Popes satirische Schilderung des Unterrocks zitiert wird – »mit Reif und Walbein wohl bewehrt« –, dann muss man unwillkürlich auflachen. Auch dass sich ständig irgendwas völlig Unlogisches eingestreut findet, das wie ein unerklärliches Naturereignis herausragt, verfehlt seine Wirkung nicht. So wird beispielsweise ein Auszug aus *Das Leben des Samuel Comstock* geboten, der schlicht lautet: »›Wenn du nicht mucksmäuschenstill bist‹, entgegnete Samuel, ›schick ich dich hinab in die Hölle‹.«[12]

Nicht ganz klar, was das mit Walen zu tun hat.

Doch obgleich diese Auszüge stellenweise komisch sind, scheinen auch sie einem höheren Zweck zu dienen: Sie deuten an – wenn sie es auch nicht unbedingt demonstrieren –, dass der Wal unendlich viele Bedeutungen haben kann. Er ist der »König der endlosen Flut«, wie es in einem alten Walfängerlied heißt, der wie Gott über die Unendlichkeit herrscht. Aber er ist auch der Leviathan – oder Satan –, jener zumindest einstmals gewaltigste Feind Gottes, wie ein Auszug aus dem Buch Jesaja attestiert.[13] Er ist der »große Fisch«, der Jonas verschlang, sein Maul ein Tohuwabohu, was König Heinrich zu der (von Melville zitierten) Bemerkung veranlasste: »Für innre Schäden kommt nichts auf der Welt dem Spermaceti bei«, derweil Lord Bacon erklärte: »Was den ungeheuerlichen Umfang des Wales oder Butzkopfes angeht, haben wir keine sicheren Nachrichten erhalten.«[14]

Hier wird bereits suggeriert, was im Verlauf von Moby-Dicks Geschichte in allen Einzelheiten weiter entwickelt wird, nämlich dass der Wal ein Mysterium ist. Er ist so bedeutungsvoll, dass es fast schon wieder an Bedeutungslosigkeit grenzt, weil sich die vielfältigen Interpretationen gegenseitig aufheben. Die so verlockenden wie unfasslichen Eigenarten des großen Pottwals – seine Gesichtslosigkeit; sein imposantes »pyramidales Schweigen«; das von ihm ausgelöste, ungemein starke Gefühl, dass »die Gottheit und alle furchtbaren Mächte« dem weiten »Firmament« seiner Stirn innewohnen –, dieses ganze erbarmungslose und nicht enträtselbare Mysterium ist es, was den Mittelpunkt des Universums bildet. »Ich stelle diese Stirn nun vor euch hin«, sagt eine entscheidende Figur im Buch. »Lest sie, wenn ihr könnt.«[15]

Die vielleicht zentrale philosophische Frage des Buches gilt der Art dieses Mysteriums und unserer Möglichkeit, uns darin selbst zu erkennen. Ein erster Hinweis darauf findet sich bereits in den Eröffnungspassagen.

Ismael ist der Name des Erzählers, oder zumindest dessen Pseudonym. »Nennt mich Ismael«, lautet der berühmte erste Satz des Romans. Am Ende wird er der einzige Überlebende der Unglücksfahrt der *Pequod* sein, man könnte in ihm so etwas wie den Helden dieser Geschichte sehen. Er ist jedoch ein seltsamer Held. Auf dem Schiff spielt er so gut wie keine Rolle, außerdem erweist er sich als ausgesprochen wankelmütig. Und doch lernen wir ihm zu vertrauen. Das Buch legt großes Gewicht auf unterschiedliche Weltanschauungen, und Ismael – benannt nach dem biblischen Sohn Abrahams, der verstoßen durch die Wüste wanderte – ist eine Figur, die nicht nur mit all den Artigkeiten und Gutartigkeiten, sondern auch mit den Schrecken vertraut ist, die uns die Welt zu bieten hat. »Wenn ich das Gute auch nicht übersehe«, erzählt er uns, »habe ich doch ein waches Auge für das Grauen und könnte mich sogar damit anfreunden …«[16]

Ismael erinnert an Melville zur Zeit seiner eigenen Fahrten auf Walfängern und Fregatten und seines dreiwöchigen Aufenthalts bei den Kannibalen im Taipi-Tal, als er eine Tugend – um nicht zu sagen: eine Profession – daraus machte, gut mit den unterschiedlichsten Menschen auszukommen. Wie Melville hat auch Ismael eine Zeitlang »auf dem Lande als Schulmeister das Kommando geführt«, wo er »den größten Burschen heilige Ehrfurcht einflößen konnte«.[17] Melvilles Biographie legt nahe, dass er dieses Umherwandern, dieses heimatlose Dasein – ein Leben, in dem man die Gewissheiten der eigenen Zivilisation zurücklässt und sich nicht nur auf all das Gute, sondern auch auf die Schrecken der Welt einlässt –, sogar die beste Möglichkeit fand, um mit all unseren Problemen fertigzuwerden. »Das Grübeln unter dem Sternbild des Südens«, zitiert ein Kommentator Melville, »macht mich empfänglich für neue Ideen«.[18]

Das also ist der Ismael, in dessen Hände wir uns begeben müssen. Kann dieser wankelmütige, aber gesellige Charakter, dieser Verstoßene und heimatlose Herumtreiber, kann dieser Ismael uns das Mysterium des Wals erklären? Kann er uns lehren, uns darin selbst zu erkennen?

Ismael sagt, er »wollte ein wenig herumsegeln und mir den wässrigen Teil der Erde besehen«. Und wie immer in dieser Geschichte war es eine seiner vielen Stimmungswandlungen, die ihn dazu animiert hatte. Durch die unermesslichen Weiten des Meeres zu ziehen, erklärt er, »ist so meine Art, mir die Milzsucht zu vertreiben und den Kreislauf in Schwung zu bringen«.[19]

Immer wenn ich merke, daß ich um den Mund herum grimmig werde, immer wenn in meiner Seele nasser,

niesliger November herrscht; immer wenn ich merke,
daß ich vor Sarglagern stehenbleibe und jedem Lei-
chenzug hinterhertrotte, der mir begegnet; und beson-
ders immer dann, wenn meine schwarze Galle so
überhandnimmt, daß nur starke moralische Grund-
sätze mich davon abhalten können, mit Vorsatz auf
die Straße zu treten und den Leuten mit Bedacht die
Hüte vom Kopf zu hauen – dann ist es höchste Zeit für
mich, so bald ich kann auf See zu kommen.[20]

Derart entschlossen, zur See zu fahren, um die sich ab-
zeichnende Verzweiflung abzuwehren, findet er sich
plötzlich vor einem riesigen Gemälde im Spouter Inn
wieder. Es beherrscht den ganzen Eingangsflur, hängt jedoch in einem so diffusen Licht und ist »so gründlich
verräuchert und auf jede nur denkbare Weise verunstal-
tet«, dass Ismael kaum »eine Vorstellung von seinem
Zwecke« gewinnen kann. Aber er will diesem »wundersamen Gemälde, das den Betrachter so verwirrt«, auf die
Schliche kommen. »Immer wieder durchschoß mich die
Erleuchtung, aber ach, sie war nur trügerisch«:

Es ist das Schwarze Meer in mitternächtlichem
Sturme. – Es ist der widernatürliche Kampf der vier
Elemente. – Es ist eine verbrannte Heide. – Es ist eine
arktische Winterlandschaft. – Es ist der aufbrechende,
eisstarrende Strom der Zeit.[21]

Zuerst war ihm beim Anblick dieses Gemäldes in den
Sinn gekommen, »ein ehrgeiziger junger Künstler habe
es zur Zeit der Hexen Neuenglands unternommen, einen
chaotischen Hexensabbat darzustellen«.[22]

Das mysteriöse Bild hängt »in einem weiten, niedrigen, verwinkelten Eingangsflur mit altmodischer Vertäfelung«, die ihn »an das Schanzkleid eines alten, abgewrackten Schiffes erinnerte«.[23] Dieses verkommene, nautisch ausgestattete Gasthaus, selbst ein Wrack, ist nun also der Ort, an dem Ismaels Walfangtour beginnt; und gleich in dessen Eingangsflur begegnet er einem betörend geheimnisvollen Bildnis, einem uralten, verräucherten und verunstalteten Mysterium, das in ebensolchem Maße der Entschlüsselung bedarf, wie es sich ihr widersetzt.

Unerwartet gefesselt von der Erhabenheit dieses geheimnisvollen Gemäldes beschließt Ismael schließlich, dessen Tiefen auszuloten:

> *Und doch eignete ihm eine unbestimmte, unvollendete und unvorstellbare Erhabenheit, die einen wie versteinert darauf starren ließ, bis man sich unwillkürlich schwor, dem Sinn dieses wundersamen Gemäldes auf die Schliche zu kommen.*[24]

Man sollte meinen, die scheinbar endlose Bandbreite an möglichen Bedeutungen würden Ismael in die Verzweiflung treiben oder die Unentschlüsselbarkeit des Geheimnisses dieses Gemäldes wäre schier unerträglich für ihn. Zumindest gäbe es Präzedenzfälle für eine solche Reaktion – wenngleich erst aus späteren Generationen, in der Verzweiflungsliteratur des 20. Jahrhunderts von T. S. Eliots »The Love Song of J. Alfred Prufrock« bis zu Allen Ginsbergs »Howl« und darüber hinaus. Aber auch Ahab selbst kann, wie wir noch sehen werden, den Gedanken nicht ertragen, dass das Universum ein solch unlösbares Mysterium sein könnte. Doch Ismael ist kein gereizter Mann wie Ahab, zudem hat er seine Reise ja angetreten, um eine Anwandlung von Verzweiflung zu verjagen, und nicht, um sich an ihrer Poesie zu weiden oder sie ein für alle Mal aus seinem Leben zu vertreiben. Schließlich kam Ismael zu einer abschließenden Theorie, »die zum Teil auf den gesammelten Meinungen vieler betagter Menschen gründet, mit denen ich über das Thema gesprochen«. Deshalb ist sie in einem tieferen Sinne vielleicht nicht die letztgültige, wie er selbst einräumt, aber eben seine abschließende eigene:

> [A]m Ende verblaßten all diese Hirngespinste vor jenem unheilschwangeren Etwas in der Bildmitte. Wäre dies erst einmal entschlüsselt, wäre alles andere einfach. Doch halt, hat es nicht eine schwache Ähnlichkeit mit dem gewaltigen großen Fisch? Mit dem großen Leviathan selber gar? [...] Das Bild stellt einen Kap-Hoorn-Segler in einem mächtigen Wirbelsturme dar; vom halb schon gesunkenen Schiff, das hin- und herrollt, sind nur die drei abgetakelten Masten zu sehen, und ein wutentbrannter Wal, der versucht, glatt über das Schiff hinwegzuspringen, vollbringt gerade das Ungeheuerliche, sich auf den drei Mastspitzen aufzuspießen.[25]

Ein Wal also, der sich auf einer Dreifaltigkeit von abgetakelten Masten aufspießt, die noch emporragt aus dem sturmgepeitschten endlosen Meer, das ihn gleich verschlingen wird.

Das ist eine bewegende Interpretation, und eine, die Bände spricht zu dem Walfänger. Man versteht, warum Ismael es dabei belassen will.

»Dies ist ein langer Brief«, schrieb Melville einmal an Hawthorne, »aber Sie sind durchaus nicht verpflichtet, ihn zu beantworten«.

> *Tun Sie es dennoch, und adressieren Sie ihn an Herman Melville, kommt er bei dem gar nicht mehr an – denn just die Finger, die jetzt diese Feder führen, sind nicht mehr genau dieselben, die sie eben ergriffen und aufs Papier gesetzt haben. Herrgott, wann werden wir uns endlich nicht mehr verändern?[26]*

Nie, lautet die Antwort auf diese Frage. Wir werden nie aufhören, uns zu verändern. Und das trifft auf Ismael ebenso zu wie auf Melville selbst: Ismael ist ebenso stimmungsanfällig wie sein sich stetig wandelnder Schöpfer. Er ist der »Catskill-Adler«, den Melville schildert, ein edler Vogel, der sich in die höchsten Höhen hinaufschrauben und in die tiefsten Schluchten hinabstoßen kann. Und wohin die Stimmung ihn auch treibt, offenbaren sich ihm in seinem Flug göttergleich Wahrheit und Bedeutung. Bei Ismael wie bei Melville zeigen sich Anwandlungen »göttlichen Großmuts, spontan und momentan – fang ihn ein, derweil du es kannst«.[27]

Hätte Ismael eine andere Stimmung ins Spouter Inn getrieben – hätte in seiner Seele nicht gerade »nasser, niesliger November« geherrscht –, dann hätte er sich vielleicht mit irgendeiner anderen Interpretation des Gemäldes zufriedengegeben. Was Melvilles Buch so aufregend macht, was es so eindringlich zu unserem modernen Zeitalter sprechen lässt, ist, dass Ismaels niesliger Stimmung die unsere ist. Und auch seinen Entschluss, sich »die Milzsucht zu vertreiben«, kennen die meisten von uns, selbst wenn wir ihn nicht immer in die Tat umsetzen.

Wenn unsere Interpretationen – wenn die Bedeutungen, die wir in den Ereignissen unseres Lebens finden, oder in Gemälden und anderen Kunstwerken, oder in der Literatur, oder in Walen, oder tatsächlich in allem, was tief und wichtig und wahr ist – wirklich immer durch unsere Stimmungen gefiltert werden, dann liegt es doch sicher daran, dass wir den Dingen noch gar nicht auf den Grund gegangen sind? Oder anders gefragt: Können wir solche durch Stimmungen gefilterten Aussagen überhaupt noch als zufriedenstellend, geschweige denn als wahr empfinden? Sind es nicht die Naturwissenschaften, die uns die letztgültige Wahrheit über das Universum offenbaren, und ist nicht die Voraussetzung dafür eine seelenruhige, selbstreflexive, unvoreingenommene Forschung?

Melville sieht das anders: Wo es um die Rätsel unserer Existenz geht – um die tiefen Mysterien unseres Seins, des Universums, des Wals –, bringt uns eine unvoreingenommene wissenschaftliche Erforschung nicht weiter. Am deutlichsten kommt das in dem berühmten Cetologie-Kapitel zum Ausdruck, in dem Melville uns eine vorgeblich wissenschaftliche Klassifikation des Wals anbietet, jedoch Ismael erklären lässt: »Ich verspreche nichts Vollkommenes, weil jedwedes Menschending, das nach Vollkommenheit strebt, just aus diesem Grunde unfehlbar fehlerhaft sein muß.«[28] Eine Klassifikation des Wals kann nicht objektiv und unanfechtbar, nicht vollkommen und letztgültig sein – eben weil sie niemals vollendet werden kann. Am Ende des Kapitels erklärt Ismael:

Abschließend dies: Es wurde eingangs ausgeführt, daß dieses System nicht hier und jetzt und vollständig sein wird. Ihr könnt nicht umhin, klar zu erkennen, daß ich mein Wort gehalten habe. Doch nun lasse ich meine Systematik der Cetologie solchermaßen unvollendet stehen, just wie es dem großen Dom zu Köln erging, auf dessen unvollendetem Turm hoch droben noch der Baukran steht. Denn mögen auch kleinere Gebäude von ihren ursprünglichen Architekten vollendet werden – die großen und erhabenen, die wahren Bauwerke überlassen den Schlußstein stets der Nachwelt. Da sei Gott vor, daß ich jemals etwas zur Vollendung brächte. Mein ganzes Buch ist nur ein Entwurf – nein, nur der Entwurf zu einem Entwurf. Ach, Zeit, Kraft, Geld und Geduld![29]

Göttliche Wahrheiten, sofern es sie gibt, müssen veränderlich und dürfen niemals vollendet sein. Der göttliche Großmut, über den Melville zu verfügen glaubt, ist eben deshalb göttlich, weil er spontan und veränderlich ist; weil er, anders gesagt, gottgleich ist und wahr; weil er unvollendet, unfertig bleibt; und weil er sich immer als eine momentane Stimmung offenbart. Aus eben diesem Grund fliegt der wankelmütige Catscill-Adler so hoch über allen anderen Vögeln. Denn »auch wenn er ewig in jener Schlucht kreist«, erklärt Ismael,

so liegt sie doch hoch in den Bergen, so daß selbst im tiefsten Sturzflug der Adler der Berge noch über den Vögeln des Flachlandes schwebt, so hoch sie sich auch aufschwingen.[30]

Wenn wir unsere Stimmungen ernst nehmen – die hoch-fliegendsten ebenso wie die Sturzflüge in tiefste, dun-kelste Täler –, wenn wir in einer jeden so leben, wie es der wandelbare Ismael tut, dann sind wir offen für die man-nigfachen Wahrheiten, die sie uns offenbaren können. Diese Wahrheiten sind nicht definitiv und von Dauer, sie sind nicht vollendeter als das Mysterium des Wals. Aber eben weil sie unvollendet sind, sind sie göttlich und wahr.

Ismael nimmt seine Stimmungen ernst. Sie ermöglichen es ihm, mit Existenzen in Kontakt zu treten, die sich ra-dikal von der seinen unterscheiden. Queequeg zum Bei-spiel.

Queequeg erinnert sich, nur einmal in seinem Leben an einer Magenverstimmung gelitten zu haben. Es war ein denkwürdiger Anlass gewesen. Nach einer siegrei-chen Schlacht hatte sein Vater der König ein fantastisches Festmahl bereiten lassen: Man hatte »bis gegen zwei Uhr nachmittags fünfzig Feinde getötet und diese allesamt noch am selben Abend gebraten und verspeist«.[31]

Queequeg ist der Kannibale mit dem »purpurn und gelb gefärbten Gesicht«, welcher aus Kokovoko stammt, »einer Insel weit im Westen und Süden«, und mit dem Is-mael sich in seiner ersten Nacht im Spouter Inn gezwun-genermaßen ein Zimmer – also auch das Bett – teilen muss. Gerade von einem langen Arbeitstag zurückge-kehrt – er verhökert Schrumpfköpfe –, bietet er einen er-staunlichen Anblick. Sein Körper ist »über und über mit einem Muster tätowiert, das dem endlosen kretischen La-byrinth glich: Keine zwei Teile waren genau gleich ge-tönt«;[32] sein Arm »glich einem Streifen selbiger Flicken-decke«;[33] sein »nacktes purpurnes Haupt«[34] und seine

Wangen ähnelten »mit ihren verschieden gefärbten Streifen den westlichen Hängen der Anden«, die »in aufsteigender Reihe die unterschiedlichsten Klimazonen zeigen, Streifen für Streifen«.[35]

Trotz dieses unheilvoll anmutenden Auftakts und ungeachtet auch der ersten Begegnung der beiden, die von einem Missverständnis getrübt war und deshalb ein paar »schreckliche Schwünge seines Tomahawks« nach sich zog, werden Ismael und Queequeg bald Busenfreunde.[36] »Lieber mit einem nüchternen Kannibalen das Bett teilen als mit einem trunkenen Christenmenschen«, sagt sich unser Held.[37] Als Ismael am nächsten Morgen erwacht, findet er sich »auf das liebevollste und zärtlichste« von Queequegs farbenfrohem Arm umschlungen. »Man hätte fast meinen können, ich sei sein Weib.«[38]

Queequeg, ein heidnischer Seemann allerbester Sorte, wird schließlich zum ersten Harpunier auf Kapitän Ahabs Schiff. Sein Mangel an christlicher Barmherzigkeit wird hoch geschätzt von den Quäkern und alten Eignern der *Pequod.* »Fromme Harpurniere machen keine guten Fahrten«, sagt einer von ihnen, das »Frömmeln vertreibt den Haifisch in ihnen«.[39] Und Queequegs heidnisches Blut ist es auch, mit dem Ahab die unheilige, Moby-Dick zugedachte Harpune taufen wird.

Zweifellos muss Queequeg auf Melvilles Leser in der Mitte des 19. Jahrhunderts wie die schlimmste Ausgeburt aller Schrecken dieser Erde gewirkt haben, und Ismaels Zufriedenheit in seiner Gesellschaft kann ihnen nur äußerst sündhaft erschienen sein. Die antikoloniale Botschaft, dass es vielleicht mehr gibt, was wir von heidnischen Kannibalen lernen können als sie von uns, wird in ihren Ohren pervers geklungen haben, ebenso pervers, wie ihnen Queequegs Art sich anzukleiden erschienen sein muss: Splitterfasernackt setzt er sich zuerst seinen hohen Zylinder auf, dann schiebt er sich in einer seltsamen Anwandlung von Schicklichkeit unter die Bettdecke, um in die Stiefel zu schlüpfen, kriecht wieder hervor und beginnt mit dem zwackenden Schuhwerk vor den vorhanglosen Fenstern herumzuhüpfen, bis er diesem unsittlichen Treiben schließlich ein Ende setzt, indem er in seine Hosen steigt.[40] Der erotische Zuckerguss auf dieser Schilderung dürfte den meisten viktorianischen Augen zwar entgangen sein, muss aber doch auf unbewusster Ebene das Seine zu dem Gefühl des Lesers beigetragen haben, hier der reinsten Perversion und Sündhaftigkeit beizuwohnen – ein gefundenes Fressen für postmoderne und psychoanalytisch geschulte Interpreten.[41]

Nun, vielleicht ist das ja die Sündhaftigkeit im Zentrum von Melvilles Buch. Oder vielleicht liegt, anders gesagt, das Böse von Melvilles Kunst in der scheinbar grotesken Andeutung, dass wir die Gesellschaft des heidnischen Kannibalen der unseres christlichen Nachbarn vorziehen sollten, ja sogar, dass wir dem Heidnischen den Vorzug vor dem Christlichen geben sollten.

An dieser Interpretation ist mit Sicherheit etwas dran. Immerhin bekundet Queequeg ja seine tiefe und aufrichtige Skepsis gegenüber dem christlichen Leben. Er hatte sich in der Hoffnung auf diese Walfangtour eingelassen, etwas über die Sitten und Gebräuche des Christentums erfahren zu können, das zum Wohlergehen seines Volkes beitragen könnte. Doch nachdem er es gewissenhaft geprüft hat, stellt er fest, dass das Christentum die Dinge bloß schlechter macht. Ismael berichtet:

Aber ach, die Sitten und Bräuche der Walfänger über-
zeugten ihn bald davon, daß selbst Christenmenschen
so jämmerlich wie böse sein konnten, und dies unend-
lich viel mehr, als alle Heiden seines Vaters zusammen-
genommen. [...] da gab es der arme Queequeg end-
gültig auf und dachte bei sich: Die Welt ist böse, und
zwar in allen Breiten. Ich will als Heide sterben.[42]

Mehr noch, Queequeg ist sogar besorgt, seine Erfahrung
mit dem Christentum und vor allem sein Zusammensein
mit Christen könnten ihn besudelt und für die Rückkehr
in die heidnische Reinheit seiner Heimat Kokovoko un-
tauglich gemacht haben:

Mit Gesten und Gebärden fragte ich ihn, warum er
nicht zurückgehen und sich krönen lassen wolle, da
doch sein Vater nunmehr tot und begraben sein
dürfte – zum Zeitpunkt der letzten Berichte war er
nämlich uralt und gebrechlich gewesen. Nein, ant-
wortete er, noch nicht, und fügte hinzu, er fürchte,
daß ihn das Christentum oder vielmehr die Christen
für die Besteigung des reinen und unbefleckten Thro-
nes verdorben haben könnten, auf dem dreißig Hei-
denkönige vor ihm gesessen.[43]

Auch in anderer Hinsicht legt Ismael nahe, dass Queequegs Leben nicht nur besser sei als ein christliches – als
ob der Sprung über diese offenkundig niedrige Hürde ein
Kunststück wäre –, er deutet sogar an, dass der von spiritueller Lebenskraft durchdrungene Insulaner selbst in
einem noch viel absoluteren Sinne höchst bewundernswert ist. Als Queequeg krank wird und dem Tode nahe

scheint, gerät Ismael angesichts der »unvergänglichen Lebenskraft«, die aus seinen Augen leuchtet, in andächtiges Staunen:

> *Wie schwand er dahin in diesen wenigen, zähfließenden Tagen, bis es schien, als wäre er nur noch Haut und Knochen und Tätowierungen! Während aber alles an ihm dünner und dünner wurde und seine Wangenknochen immer schärfer hervortraten, schienen seine Augen dafür immer größer und voller zu werden. Sie nahmen einen seltsam sanften Glanz an und blickten mild und doch tief aus seiner Krankheit auf, wundersame Zeugen jener unvergänglichen Lebenskraft in ihm, welche weder sterben noch erlahmen konnte.*[44]

Obwohl Melville also etwas zutiefst Bewundernswertes in Queequeg sieht, scheint seine Botschaft an uns doch nicht zu lauten, dass wir zu dessen vorchristlich heidnischen Sitten und Gebräuchen zurückkehren sollten. Wie sollte uns das nach zweitausend Jahren Christentum wohl auch gelingen? Vielmehr wirken Queequeg und Ismael wie das Buchstützenpaar rechts und links der Geschichtsbände über das Abendland: Queequeg, der gerade den Übergang in die christliche Kultur hinein vollzieht, und Ismael, der sie gerade verlässt.[45] Queequeg wird nicht an seiner Krankheit sterben, aber die Konfrontation mit dem Wal nicht überleben: Seine vorchristlich heidnische Existenz ist letztendlich doch nicht der Weg nach vorn.

Auch wenn sich so gesehen vielleicht etwas Frevlerisches an Melvilles Porträt von Queequegs heidnischem Wesen – und Ismaels Freundschaft mit ihm – findet, muss das fundamental »Böse« in diesem Buch doch andernorts gesucht werden.

In Ismaels Zufriedenheit mit seiner Interpretation des Gemäldes im Spouter Inn spiegelt sich Melvilles Zufriedenheit mit seinem »bösen Buch« – das ihn »ohne Zuversicht« zurückließ, wie er schrieb, »ohne Verzweiflung. Zufriedenheit – das ist es«. Das ist wirklich eine gute Erklärung, auf beide bezogen: eine Interpretation, die den Dingen, so wie sie sind, Sinn abgewinnt. Denn es gibt keine Hoffnung, dass sie mehr sind als das, und da ist weder die Sehnsucht nach einer erfahrbaren letzten, letztgültigen Wahrheit, noch kommt Verzweiflung auf bei dem Gedanken, dass eine solche tiefe letzte Wahrheit nicht erfahrbar sein könnte. Das mittelalterliche Bild von einem gesicherten, letztgültigen und absolut gewissen Fundament – von Gott als tiefstem und letztem Quell von allem, das ist – hat abgedankt. Ismael hat »erkannt, daß der Mensch sein Bild vom greifbaren Glück durchweg niedriger hängen oder zumindest verlagern muß …«.[46]

Kapitän Ahab ist zu einer solchen Verlagerung nicht fähig. Er war vermutlich von jeher ein Gepeinigter, der sich mit religiösen Fragen herumgeschlagen hat. Es gibt ein paar geheimnisvolle und nicht weiter erklärte Hinweise – auf ein lange zurückliegendes Ereignis vor Kap Hoorn, wo er für die biblisch bedeutsame Dauer von drei Tagen und drei Nächten »wie tot darniederlag«; auf ein »mörderisches Handgemenge mit den Spaniern«, vermutlich Katholiken, »vor dem Altar in Santa«; und auf eine silberne Kalebasse, »wo er reingespuckt hat«, was besonders mysteriös ist und ebenfalls unerklärt bleibt.[47] Kann es sich dabei um das Behältnis gehandelt haben, in dem die katholische Kirche die Eucharistie verwahrt? Und war es das provokative Spucken in diese Kalebasse, das zu dem Handgemenge mit den Spaniern geführt hatte? Religiöse Anspielungen überall, doch die Details bleiben unerzählt.

Worin die Seelenqual des Kapitäns auch bestanden haben mag, sie fand jedenfalls einen neuen Fokus bei seiner letzten Walfangtour, als ihm der Große Weiße Pottwal Moby-Dick das Bein abbiss. Von diesem Augenblick an wurde der Wal zu seinem wahren Peiniger. Ab da dient Ahabs monomane Zielgerichtetheit, seine »unerbittliche Fehde«,[48] nur noch einem einzigen Zweck: der Konfrontation Stirn an Stirn mit »dies[em] unfaßbare[n] Ding«.[49] Er muss hinter die Unergründlichkeit des Wals blicken und herausfinden, ob sein Angriff auf ihn wirklich und wahrhaftig aus reiner Bösartigkeit geschehen war oder ob der Wal bloß ein stupides, brachiales Urvieh ohne Sinn und Verstand ist. In einer wichtigen Passage erläutert Ahab das metaphysische Weltbild, das seinem Hass zugrunde liegt: Hinter der oberflächlichen Erscheinung einer jeden Tat, eines jeden Dings und eines jeden Ereignisses auf Erden herrsche eine tiefe Wahrheit, und der einzige Daseinszweck des Menschen sei es, diese letztgültige ewige Wahrheit herauszufinden – »wir müssen tiefer schürfen, Mann, alles, was du siehst, gleicht einer Pappenmaske«, sagt Ahab und fährt fort:

In allem aber, was geschieht – im echten Handeln, in der bedenkenlosen Tat –, scheint das Gebilde eines unbekannten, jedoch vernunftbegabten Dings hinter der vernunftlosen Maske auf. Wenn der Mensch schlagen will, so schlag er durch die Maske! Wie kann der Häft-

ling denn ins Freie, wenn er die Mauer nicht durch-
bricht? Für mich ist dieser Weiße Wal die Mauer, dicht
vor mich hingestellt. Dahinter, denk ich manchmal,
ist nichts mehr. Gleichviel, genug damit. Er fordert
mich heraus, er überhäufet mich; ich sehe in ihm fre-
velhafte Kraft, von sehniger und unfaßbarer Arglist
angetrieben. Dies unfaßbare Ding ist es vor allem, was
ich hasse; und ob der weiße Wal nun Werkzeug oder ob
der weiße Wal der Urheber von allem ist, ich werd mit
diesem Haß ihn überziehen. Sprich du mir nicht von
Gotteslästerung, Mann; ich würde selbst die Sonne
schlagen, wenn sie mich beleidigt.[50]

Ahabs größter Wunsch ist es, die Gewissheit zu erlangen, die nur eine letztgültige Wahrheit bietet. In einem späteren Kapitel spricht Ahab mit dem Zimmermann der *Pequod* und greift sich dessen Zwinge, um zu sehen, wie gut sie zwickt. »Oh, Sir – die knackt selbst Knochen – wahrschau! Wahrschau!«, ruft da plötzlich der erschrockene Zimmermann aus. »Nur keine Bange«, erwidert Ahab, »ich mag den festen Griff. Ich mag's, Mann, wenn ich auf dieser allzu glatten Welt etwas spüre, das hält.«[51] Und so ist es. Kein Glück wartet auf Ahab, solange diese gesichtslose »Pappenmaske« nicht das letzte Geheimnis offenbart, das sie noch hütet. Glückseligkeit, so er sie denn je erlangen kann, ist für Ahab nicht erreichbar, indem er seine Ansprüche zurückschraubt.

Es ist etwas Bewundernswertes an Ahabs Verfolgungsjagd. Sie erinnert an die heilige amerikanische Tradition verbissener Entschlossenheit, wie sie etwa in der Wendung *Don't fire until you see the whites of their eyes!* (Schieß erst, wenn du das Weiß im Auge des Feindes siehst!) zum Ausdruck kommt. Es spricht von großer Entschlusskraft und Willensstärke, wenn jemand trotz verschwindend geringer Aussichten auf einen Sieg eine derart »unerbittliche Fehde« führt. Und dabei geht es ja oft nicht nur um die eigene Entschlossenheit, sondern auch um die nötigen Führungsqualitäten, damit andere die eigene Sache zu der ihren machen und sich geschlossen hinter ihrem Anführer versammeln. Ahab hat seine Mannschaft im Griff, sogar der wankelmütige Ismael kann sich seiner Überzeugungskraft nicht entziehen:

> *Ich, Ismael, war einer aus dieser Mannschaft; meine Schreie waren mit den ihren emporgestiegen; mein Schwur war mit dem ihren verschweißt, und ich schrie um so lauter und hämmerte und nietete meinen Schwur um so fester an ihren ob der Furcht in meiner Seele. Ein wildes, geheimnisvolles, sympathetisches Gefühl hatte sich meiner bemächtigt; Ahabs unerbittliche Fehde schien die meine geworden. Meine gierigen Ohren lauschten der Geschichte jenes mörderischen Ungeheuers, dem ich und alle anderen Rache und Tod geschworen hatten.*[52]

Wenn es wirklich etwas an Ahab gibt, das wir bewundern, wenn er uns wirklich auf seine Seite zieht, dann ist vielleicht dies das ultimative »Böse« in diesem Buch. Viele Interpreten sahen in dem eloquenten, getriebenen Ahab ein Spiegelbild des Satans aus *Paradise Lost* und fanden Melvilles Kunst, »unbewusst Sympathie für den Teufel« wachzurufen, ebenso genial wie Miltons.[53] Vor rund fünfzig Jahren behauptete der amerikanische Psychologe

Henry A. Murray zum Beispiel: »Melvilles Satan ist das Ebenbild von Miltons Held, [...] des geplagten, heißblütigen, ungehaltenen und oft so eloquent rebellischen Engels aus *Paradise Lost*, hier in der Rolle von Ahab.«[54] Dieser Interpretation nach nimmt Melvilles Moby-Dick die Rolle von Miltons Gott ein. Somit wird Ahab durch seinen hochmütigen, heißblütigen Kampf gegen den Wal zum Anführer der rebellischen Engel. Und demnach sind auch wir, sofern wir Sympathie für Ahab aufbringen, im Bunde mit dem Teufel.

Für diese Sichtweise lassen sich durchaus Belege finden, vor allem in Melvilles vielen Anspielungen auf die Bibel: Schon der Name Ahab ist ein Fingerzeig auf den König von Israel aus dem Buch der Könige, den Gemahl der berüchtigten Isebel, der in die Geschichte als der Herrscher einging, welcher »tat, was dem Herrn missfiel, mehr als alle seine Vorgänger« (1. Kön 16.30). Der Prophet Elias sah seinen Untergang voraus und verkündete ihm die Strafe Gottes für seine mörderischen und gotteslästerlichen Taten. Auch Melville bringt einen Elias ins Spiel, einen »zerlumpten alten Seemann«, der prophezeit, dass Ahab unrettbar verloren sei. »Hört mal«, sagt er, »wenn mein linker Arm hier in Ordnung ist, dann wird auch Kapitän Ahab in Ordnung sein, vorher nicht«.[55] Der linke Arm ist natürlich der böse – abgeleitet von *sinister*, dem lateinischen Wort für links. Mit anderen Worten: Erst wenn links rechts geworden ist, erst wenn das Böse den Platz des Guten eingenommen hat, wird Ahab geheilt sein.

Diese Lesart hat durchaus etwas für sich. Wir stimmen beide der traditionellen Auslegung zu, dass Ahab in gewissem Sinn böse ist, nur ist seine Boshaftigkeit nicht von der gleichen Art wie die von Miltons Satan, und Moby-Dick entspricht ganz gewiss nicht Miltons Gott. Gewissermaßen ist Ahabs Frevelhaftigkeit sogar das Gegenteil von der des Luzifer, denn sie äußert sich nicht als eine Rebellion gegen Gott, sondern in seiner Entschlossenheit herauszufinden, ob es überhaupt einen Gott gibt, gegen den man sich auflehnen kann. Ahabs Jagd auf Moby-Dick ist in Wirklichkeit seine monomane Suche nach der *endgültigen, ultimativen Wahrheit* aller Dinge. »Wenn der Mensch schlagen will, so schlag er durch die Maske!« Doch in Melvilles Welt gibt es keine endgültigen Wahrheiten. Hinter der vernunftlosen Maske wartet kein vernunftbegabtes Ding. Ahabs unbedingte Entschlossenheit, etwas derart Grundlegendes zu finden – *das* ist sein im Kern böser, monomanischer Monotheismus.

Mit dieser Verkehrung kommen wir dem wahren Bösen von Melvilles Buch ein gutes Stück näher. Die Vorstellung, dass das Universum bis ins Letzte unergründlich bleiben oder tatsächlich so sein könnte, wie er befürchtet – »Dahinter, denk ich manchmal, ist nichts mehr« –, ist Ahab zutiefst verhasst. Deshalb hält er verzweifelt und inbrünstig an der Idee fest, dass es eine letztgültige universelle Wahrheit aller Dinge gibt, mit anderen Worten: den einen Gott. Und genau diese Passion für den Monotheismus ist es auch, die Melville uns als die fehlgeleitetste, gefährlichste und tödlichste aller Leidenschaften offenbart. So besehen besteht sein wahrer Frevel darin, Ahabs monomanen Monotheismus als die Verkörperung all dessen darzustellen, was das Universum verabscheut.

Im Kontrast zu diesem »Bösen« besteht die Makellosigkeit des Buches in seiner polytheistischen Alternative.

Um uns dieser Alternative bewusster zu werden, müssen wir uns Moby-Dick und seiner erschreckenden Weiße zuwenden.

Wir wissen inzwischen, dass der Wal ein Mysterium ist und eine unendliche Bandbreite an Bedeutungen birgt, letztendlich aber undarstellbar bleibt. Diese Interpretation wird bereits in den »Auszügen« vor Beginn der Geschichte nahegelegt, dann bei der Erörterung des geheimnisvollen Gemäldes vom Wal im Spouter Inn verstärkt und schließlich bestätigt durch das Cetologie-Kapitel, in dem es heißt, dass nichts, was von Wert und wahr ist, jemals vollkommen sein kann. Doch wenn der Wal Gott ist, dann gehört er einem polytheistischen System an, einem ganzen Universum an mannigfachen Bedeutungen und Wahrheiten. Man beachte die ungewöhnliche Unterscheidung, die Melville zwischen dem Pottwal und dem alttestamentarischen Gott trifft.

Jahwe lässt sein Antlitz nicht schauen. Als Moses bittet, »lass mich doch deine Herrlichkeit sehen!«, gibt er zur Antwort:

> *Ich will meine ganze Schönheit vor dir vorüberziehen lassen und den Namen des Herrn vor dir ausrufen. Ich gewähre Gnade, wem ich will, und ich schenke Erbarmen, wem ich will. Weiter sprach er: Du kannst mein Angesicht nicht sehen; denn kein Mensch kann mich sehen und am Leben bleiben. (Ex 33.18–20)*

Melville hat ganz eindeutig diese jüdische Tradition vor Augen, wenn er den Pottwal als einen neuen Gott vorstellt, beabsichtigt aber noch einen Schritt über diese alttestamentarische Darstellung hinauszugehen: Die außergewöhnliche und heilige Kraft von Melvilles Pottwal äußert sich nicht darin, dass er sein Antlitz vor dem Menschen verbirgt, sondern darin, dass er gar kein Antlitz hat.

> *Doch beim großen Pottwal ist die hohe und hehre, gottgleiche Würde, welche dieser Stirne innewohnt, ins Unermeßliche gesteigert, so daß ihr sie von vorne nicht betrachten könnt, ohne die Gottheit und alle furchtbaren Mächte stärker zu spüren als beim Anblick irgendeines anderen Geschöpfes in der beseelten Natur. Ihr seht nämlich nicht einen Punkt genau – nicht ein bestimmter Zug offenbart sich euch – nicht Nase, nicht Augen, Ohren oder Mund – nicht das Gesicht (er hat kein richtiges Gesicht), nur dieses eine weite Firmament einer Stirn von Rätseln zerrunzelt …* [56]

Mit der Erklärung, dass der Pottwal kein »richtiges Gesicht« hat, geht Melville über jede traditionelle religiöse Mystik hinaus. Hier ist es nicht bloß so, dass das Antlitz zu furchteinflößend oder zu komplex wäre, um es schauen zu können. Hier geht es auch nicht darum, dass es unsere Erkenntnisfähigkeit übersteigen würde. Dem Gott des Melville'schen Universums (und somit Melvilles Universum selbst) mangelt es an einer verborgenen Wahrheit. Sein Gesicht ist nicht hinter irgendeiner »Pappenmaske« versteckt. Die Maske – »dieses eine weite Firmament einer Stirn von Rätseln zerrunzelt« – ist alles, was da ist.

Im Zentrum der Melville'schen Erkenntnis vom Wal steht der Gedanke, dass hinter den oberflächlichen Ereignissen im Universum keine Bedeutung verborgen ist, dass diese Ereignisse – so gegensätzlich und mysteriös und vielfältig sie auch erscheinen mögen – alles an Bedeutung sind, die da ist. In einem späteren Kapitel sagt Ismael: »Wie ich ihn auch sezier, ich komm nicht tiefer als die Haut …«[57] Ismaels unglaubliche Stärke liegt in seiner Fähigkeit, in diesen oberflächlichen Bedeutungen zu leben und darin eine große Bandbreite an wahren Freuden und Tröstlichem zu finden, ohne sich zu wünschen, dass sie etwas Tieferes bedeuten. Das ist es, was er meint, wenn er sagt, man müsse seine Vorstellung vom Glück revidieren. Er hat erkannt,

> *daß der Mensch sein Bild vom greifbaren Glück durchweg niedriger hängen oder zumindest verlagern muß, indem er es weder in der Welt des Verstandes noch im Reiche der Phantasie sucht, sondern im vertrauten Weibe, im Herzen, im Bette, an der Tafel, im Sattel, am Kamin, auf dem Lande …*[58]

Die Fähigkeit, auf der Oberfläche zu leben und die Ereignisse des Lebens hinzunehmen, wie sie sich darstellen – anstatt ständig einen versteckten Sinn und Zweck in ihnen zu suchen. Die Fähigkeit, Freiheit, Glück und Freude im bereits Vorhandenen zu finden, war im vorchristlichen Zeitalter, und genau genommen auch im vorbuddhistischen, vorplatonischen, vorhinduistischen oder vorkonfuzianischen Zeitalter, deutlich ausgeprägter.

Seit Karl Jaspers 1949 sein Werk *Vom Ursprung und Ziel der Geschichte* veröffentlichte, haben sich Historiker und Soziologen mit der kulturübergreifenden Wende befasst, die Jaspers zufolge zwischen dem 8. und 2. vorchristlichen Jahrhundert stattfand und von ihm als die »Achse zur Weltgeschichte« bezeichnet wurde.[59] Das Revolutionäre dabei war die Einführung der Idee – man denke an Platons metaphysische Philosophie, das buddhistische Konzept von einem Nirwana und verschiedene religiöse Denkbilder von einem ewigen Leben –, dass es auch noch andere Vorstellungen vom Guten als nur die von einem blühenden Leben im Diesseits gebe; dass es auch ein transzendentes Gutes gebe und dies die Natur des Göttlichen sei. Der kanadische Philosoph Charles Taylor erklärt es mit den Worten:

> [D]ie achsenzeitliche Revolution hatte die Tendenz, das Göttliche auf der Seite des durch und durch Guten anzusiedeln, das allerdings neu definiert wurde als etwas, das – wie das Nirwana und das ewige Leben – über den Begriff des normalen menschlichen Gedeihens hinausgeht.[60]

Genau dieses »Darüberhinausgehen« ist es, dem zu widersprechen Melvilles gesichtsloser Wal uns auffordert. Anstatt wie Ahab nach vernunftbegabten Gedanken hinter der Maske zu suchen, sollen wir laut Ismael lieber die Stimmungen hegen und pflegen, die uns in unserem täglichen Dasein berühren – beim vertrauten Weibe, im Herzen, im Bett, an der Tafel, im Sattel, vorm Kamin, auf dem Lande und an all den anderen Orten, wo wir sie entdecken könnten –, und sie in ihren ureigenen Bedeutungen akzeptieren. Nietzsche erklärt, dass sich uns diese Möglichkeit am ehesten eröffne, wenn wir zum Staunen der vorachsenzeitlichen homerischen Ära zurückkehrten:

Oh diese Griechen! Sie verstanden sich darauf, zu le-
ben: dazu thut Noth, tapfer bei der Oberfläche, der
Falte, der Haut stehen zu bleiben, den Schein anzu-
beten, an Formen, an Töne, an Worte, an den ganzen
Olymp des Scheins zu glauben! Diese Griechen waren
oberflächlich – aus Tiefe![61]

Die Tiefe solcher Oberflächlichkeit besteht nicht nur
darin, wahre Bedeutung in den Ritualen am Familien-
tisch oder, wie zum Beispiel Helena, in den Herrlichkei-
ten von Aphrodites erotischer Welt zu finden. Sie ergibt
sich auch aus der Fähigkeit, die Widersprüche anzuneh-
men, die durch die unterschiedlichen Bedeutungen des
Heiligen gegeben sind. Die strahlende Helena ist, wie
wir feststellten, das vielleicht extremste Beispiel dafür:
Zuerst wird sie von Aphrodites Leuchten zur Flucht mit
dem charmanten und attraktiven Hausgast Paris verleitet, dann kehrt sie fröhlich entspannt in das heimische
Leben zurück, über das Hera wacht und das von ihrem
Gemahl Menelaos ermöglicht wird, derweil Menelaos
und sogar Homer selbst trotz all dieser Wendungen und
Widersprüchlichkeiten ein Loblied auf sie singen.

Auch Ismael steckt voller bedeutsamer Widersprüche,
doch seine haben eine deutlich religiöse Note. So gelingt
ihm beispielsweise völlig problemlos der Übergang von
den presbyterianischen Freuden der kraftvollen Predigt
des Vaters Mapple zu den wundersamen Freuden von
Queequegs seltsamen götzenanbeterischen Riten. Vater
Mapple ist ein zum Prediger gewandelter einstiger Walfänger, der seine Sermone in der Walfängerkirche unten
an der Straße zum Spouter Inn hält. Als Ismael am Sonn-
tag vor dem Auslaufen der *Pequod* seinen Gottesdienst

besucht, hält Mapple eine Predigt über (natürlich) die biblische Geschichte von Jonas und dem Wal. Im Gegensatz zu Queequeg, der irgendwann vor dem Segen aus der Kirche schlüpft, bleibt Ismael bis zum Schluss. Offenbar glaubt er, dass sich in Mapples presbyterianischer Version vom Universum etwas von Wert für ihn finden lässt. Mapples Zustand am Ende der Predigt schildert er mit den Worten »tiefe Freude stand in seinen Augen«.[62] (Eine Freude, die Queequeg in seiner ablehnenden Haltung gegenüber dem Christentum vermutlich nicht zu würdigen gewusst, vielleicht nicht einmal bemerkt hätte.) Wenn es denn Ismaels Wunsch war, »den nassen, nieseligen November« aus seiner Seele zu vertreiben, dann ist diese christliche Freude vielleicht eine Stimmung, nach der er suchte. Doch zugleich gibt es in Mapples Weltbild eindeutig etwas, das Ismael ablehnen möchte. Denn Mapples wahres Ziel ist ja nicht die irdische Freude, sondern die höchste Ekstase himmlischer Wonnen. »Freude«, sagt er, »Bramstengenfreude – gewinnt, wer weder Herren noch Gesetze anerkennt, außer den Herrn, seinen Gott, und nur den Himmel sein Vaterland nennt«.[63] Dieser christliche Abgesang an die Freuden des gemeinschaftlichen Lebens und an einen jeden Glauben neben dem christlichen – diese allumfassende Idee, dass der christliche Gott keine anderen Götter neben sich duldet und eine christliche Freude einzig die vollkommene himmlische Seligkeit sein könne – wird augenblicklich von Ismaels nächster Handlung in Frage gestellt: Nach Vater Mapples Predigt kehrt er ins Spouter Inn zurück, um sich Queequegs Götzenritual anzuschließen.

Ohne jeden Zweifel steht dieser nahtlose Übergang im völligen Widerspruch zu Mapples traditioneller Auffassung vom Christentum. Doch Ismael, der »am Busen der unfehlbaren Presbyterianischen Kirche« geboren und genährt wurde,[64] liefert uns ein wundervoll christliches Argument gegen alle geschlossenen, totalisierenden Auslegungen des Christentums. Es ist die Überlegung, mit der er sich selbst überzeugt, an Queequegs Ritualen teilnehmen zu wollen. Sie lautet ungefähr so:

1. Gottesdienst bedeutet, den Willen Gottes zu erfüllen;
2. Der Wille Gottes ist, dass ich meinem Nächsten tue, was ich will, dass er mir tut;
3. Ich will, dass Queequeg sich mir bei meiner presbyterianischen Form des Gottesdienstes anschließt.

Folglich muß ich mich ihm dann bei der seinen anschließen. Ergo, ich muß zum Götzendiener werden.[65]

Diese Argumentationskette wendet sich eindeutig gegen die geschlossene, ausschließliche, totalitäre Abschottung der Mappple'schen Version vom Christentum. Aber natürlich wendet sie sich auch gegen Queequegs absolute Ablehnung des Christentums. Vielmehr legt sie nahe, dass der wahre christliche Glaube seinem Wesen nach Offenheit und Gemeinschaftlichkeit erfordert – was die Offenheit gegenüber anderen, nicht christlichen Kulten miteinschließt. Das wahre Christentum fordert demnach also genau das, was Ismael von sich selbst behauptet: »[I]ch hege den größten Respekt gegen jedermanns religiöse Pflichten«,[66] bis hin zu dem Punkt sogar, sich diese zu eigen zu machen. Die implizite Kritik am Christentum ist hier, dass es nicht seiner grundlegenden religiösen Impulse wegen auf Abwege geraten ist, sondern weil es eine Wendung zum Totalitären vollzogen hat. Wenn sich der christliche Glaube selbst für den einzig wahren hält, wenn er die vollständige und transzendente Wahrheit für sich allein beansprucht, dann führt er in die Isolation und hebt jede Kommunalität auf: Wegen seines Strebens nach dem transzendenten Göttlichen gibt das Christentum all das vielfältige gemeinschaftliche Gute hin, das bereits hier auf Erden zu finden ist.

Ismaels polytheistische Betrachtung findet in den täglichen Ritualen einer Gemeinschaft, so widersprüchlich und polysemisch und pluralistisch sie auch sein mögen, die Bedeutungen, die den niesligen November aus seiner Seele vertreiben können. Das kommt vielleicht am deutlichsten in dem berühmten Kapitel »Ein Händedruck« zum Ausdruck. An diesem schon relativ späten Punkt der Geschichte war es den Männern der *Pequod* gerade gelungen, einen Pottwal zu töten – im Englischen *Sperm Whale* genannt, wegen der milchweißen, wachsartigen Substanz, die sich in seinem Kopf findet und als Spermazet bezeichnet wurde, weil man sie ursprünglich für Sperma gehalten hatte. Dieses Walrat war einer der wertvollsten Rohstoffe, die sich aus dem Tier gewinnen ließen, man stellte daraus feine Kerzen, Schmierstoffe, Füllsüßstoffe, Weichmacher, Salben und vieles mehr her. In diesem Kapitel wird nun das Spermazet in einer großen Wanne gesammelt, wo es strahlend weiße Kristalle bildet, die sich hart, aber zugleich sehr ölig anfühlen. Ismael und einigen seiner Schiffskameraden wird die Aufgabe zugeteilt, »diese Klumpen durch Drücken wieder flüssig zu machen«.[67] Dabei drückt und knetet er manchmal unabsichtlich die Hand eines Kameraden. Seine Schilderung dieser liebevollen gemeinschaftlichen Erfahrung scheint im Wesentlichen Melvilles Verständnis von der christlichen Agape-Stimmung oder von christlicher Nächstenliebe wiederzugeben. Denn Ismael gelingt es, in dieser ansonsten so eintönigen und monotonen Aufgabe einen Quell wahrer christlicher Freude zu finden:

> *Drücken, drücken, drücken – den ganzen Morgen lang! Ich drückte dieses Spermazet, bis ich selbst beinahe mit ihm verschmolz; ich drückte das Spermazet, bis mich ein seltsamer Wahn überkam und ich mich dabei ertappte, wie ich, ohne es zu wollen, die Hände meiner Mitstreiter drückte, die ich fälschlich für die zarten Klümpchen hielt. Solch überströmend zärtliche, freundschaftliche, liebevolle Gefühle zeugte dieses Tun, daß ich zuletzt ihre Hände in einem fort drückte und ihnen voller Inbrunst in die Augen sah, so als wollte ich sagen: Ach, meine lieben Mitmenschen, wozu noch diese Bitterkeit unter uns, warum auch nur die kleinste Mißgunst oder Verstimmung? Kommt, lasset uns einander reihum die Hände drücken – mehr noch, wir wollen uns allesamt ineinanderdrücken! Wir wollen uns alle, auf der ganzen Welt, hineindrücken in dieses Sermöl, die wahre Milch, den wahren Seim der Menschenliebe, und darin aufgehen!*[68]

Bei dieser gemeinschaftlichen Aufgabe erfährt Ismael »überströmend zärtliche, freundschaftliche, liebevolle Gefühle«, und das scheint doch eindeutig seine Beschreibung von Agape-Liebe zu sein. Als wolle er auch noch den letzten Zweifel daran ausräumen, erklärt er uns, dass durch dieses gemeinschaftlich vollzogene Ritual irdische Gefühle erweckt werden, die den Wonnen der Engel im Paradies gleichkommen:

Ach, daß ich dieses Walrat ewig drücken könnte! […] Da ich Gesichte schaute bei Nacht, sah ich im Paradies lange Reihen von Engeln, und alle tauchten ihre Hände in ein Glas voll Spermazet.[69]

Ismael lehnt den christlichen Glauben nicht ab, sondern er bemächtigt sich seiner. Seinem Erleben nach ist die erfahrbare christliche Freude bereits überall um uns herum, wenn wir ihr denn Aufmerksamkeit schenken. Sie ist »im vertrauten Weibe, im Herzen, im Bette, an der Tafel, im Sattel, am Kamin, auf dem Lande« – demnach alles Möglichkeiten, »überströmend zärtliche, freundschaftliche, liebevolle Gefühle« zu empfinden, eben jene, welche er beim Drücken des Spermazets mit seinen Kameraden erlebt, vergleichbar den Freuden der Engel im Paradies. Uns bleibt diese christliche Freude versagt, solange wir ständig versuchen, über sie hinaus zu blicken, um etwas Tieferes zu finden. Dabei ist Freude – wahre Freude, Freude von der Art, wie sie das Christentum des Ismael verspricht – überall um uns herum zu finden, wir müssen nur achtsam sein und unser »Bild vom greifbaren Glück durchweg niedriger hängen oder zumindest verlagern«. Ahabs verbissener Monotheismus verschleiert solche sehr realen polytheistischen Freuden, welche sich bereits auf Erden finden lassen. Doch erst wenn man die uns bereits gegebenen Freuden erkennt, sie wenigstens manchmal erkennt, wird man erleben, dass Freude eine im Hier und Jetzt erfahrbare Stimmung ist. Keine für die

Ewigkeit und auch keine immer erfahrbare, aber eine, die man zu würdigen versteht, wenn sie sich einem darbietet.

In diesem Kontext ist auch Melvilles wunderliche Prophezeiung zu verstehen – sein Aufruf an die alten Götter, zu uns zurückzukehren. Seine gegenwärtige Welt ist die Welt von Ahab – eine Welt, in der das Universum aus tiefen Bedeutungen besteht, zu denen wir allein kraft unseres Willens durchdringen können. Ahab ist eine Kombination aus Kants Theorie vom Menschen, der sich in seinem Wollen und Handeln autonom bestimmt, und Dantes ekstatisch religiöser Hoffnung auf ewige Glückseligkeit: Beides für sich ist schon unlebbar, aber wenn es miteinander verschmolzen wird, führt es zur schlimmsten Art des »Bösen«, denn zusammengenommen sind sie verantwortlich für den »selbstherrlichen Himmel«, unter dem wir heute leben, und für unser Unvermögen, Bedeutung zuzulassen, die hinausreicht über das, was wir mit unserem autonomen Willen begreifen können. Und beides zusammengenommen erklärt auch, wieso wir die Götter von unserer Erde vertrieben haben und uns nur noch der »heute verlassene Berg« von ihnen blieb. Es wird »einer poetischen, kultivierten Nation« bedürfen, um uns die »lebenslustigen Maigötter« von damals wieder geneigt zu machen – einer Nation, die in der Lage ist, Bedeutung in den Ritualen des täglichen Lebens zu finden. Solche Bedeutungen werden ihres Doppelsinns wegen nicht darstellbar sein: Es verbirgt sich nichts Tieferes hinter ihnen, und sie geben uns dennoch etwas, das hinausgeht über das, was wir selbst zu diesen Ritualen beitragen können. Das ist der Grund, weshalb der große Pottwal im künftigen Pantheon der Götter den Platz von

Zeus einnehmen wird. Das überwältigende Mysterium des gesichtslosen, undarstellbaren weiten Firmaments seiner Stirn macht jeden Kult, sofern angemessen gelebt, zum Quell der Zufriedenheit, Freude und Bedeutung, die den niesligen November der Seele vertreiben.

Moby-Dick ist nicht einfach nur irgendein Pottwal. Die Mannschaft kann ihn anhand mehrerer Merkmale sofort erkennen – an der Art und Weise, wie er mit der Schwanzflosse schlägt, an seiner typischen Fontäne, an der Anzahl von Harpunen, die in ihm steckengeblieben sind. Doch was Moby-Dick so besonders macht, ist seine vollständige, seine gänzliche Weiße. Sie hebt ihn selbst unter den Pottwalen heraus, lässt ihn hervortreten als das Paradigma aller Paradigmen, als den König der Könige »der endlosen Flut«. Es ist diese Weiße, die Ismael so erschreckend und zugleich ungemein bedeutsam findet:

> Es war das Weiß des Wals, das mich weit mehr als alles andere in Angst und Schrecken versetzte. Aber wie kann ich mich hier nur verständlich machen? Und doch muß ich mich irgendwie erklären, und sei es nur tastend und andeutungsweise, sonst wären all diese Kapitel nichtig.[70]

Das irritierende und so oft übergangene Kapitel »Das Weiß des Wals« ist der Versuch, dieses Wesensmerkmal von Moby-Dick zu erklären. Es besteht fast ausschließlich aus Zitaten und Beispielen, die von der enormen Bandbreite an Bedeutungen künden, welche das Weiß in unserer Kultur annehmen kann. Nach einer ganzen Seite mit Beispielen für die Art und Weise, wie »das Weiß vieles Schöne aus dem Reiche der Natur noch veredelt und verfeinert, so als verleihe es ihm etwas ganz Eigenes und Besonderes«,[71] kommt Melville zu dem Schluss, dass es in seinen grundlegenden Aspekten dennoch furchterregend ist,

> *trotz all der hier aufgehäuften Anklänge an alles, was anmutig und ehrenvoll und erhaben ist, lauert doch in der innersten Vorstellung von diesem Farbton etwas Ungreifbares, das die Seele stärker in Panik versetzt als jenes Rot des Blutes, das soviel Furcht erregt.[72]*

Dann folgen mehrere Seiten mit Beispielen für unsere furchtsamen Assoziationen mit dem Weißen. Vom weißen Ross der Prärien über den Eisbär des Nordpols bis zum Weißen Hai der Tropen – Weiß jagt uns »einen namenlosen Schrecken« ein und verfügt über die Macht, »diesen Schrecken bis zum Äußersten« zu steigern. Die Frage aber ist, wieso das Weiße *selbst* – also nicht das Weiß des Polarbärs oder des Hais oder der Leiche oder des schrecklichen Rosses oder selbst des Wals –, wieso Weiß als *Farbe* uns so erschreckt. Die verblüffende Antwort darauf hilft uns, das spezifische Böse von Ahabs Welt zu verstehen.

Für Ismael ist entscheidend, dass der Schrecken, der ihn beim Anblick des Weißen durchfährt, eine Reaktion auf das Weiß als solches ist. Ihm ist bewusst, dass andere das seltsam finden werden, aber er ist überzeugt, damit einer tiefen Wahrheit über das Wesen des Universums auf der Spur zu sein. Er glaubt sogar, dass ihm diese Empfindsamkeit angeboren sei wie ein Instinkt – so wie das Fohlen, das in Vermont aufwuchs und nie ein Raubtier oder einen Büffel sah, intuitiv allein bei deren Geruch in panische Angst gerät.

Was also ist am Weißen, das Ismael so erschreckt? Es hat etwas damit zu tun, dass Weiß für alles stehen kann, vom Heiligsten und Reinsten bis hin zum Erbärmlichsten und Erschreckendsten, weil es

> *zugleich das bedeutungsvollste Sinnbild des Geistigen, nein mehr noch, schlechthin der Schleier der Christengottheit ist – und dennoch auch die Kraft, die alles noch verstärkt, was die Menschheit am meisten erschauern läßt.*[73]

Das Erschreckende am Weiß ist also nicht eine bestimmte Bedeutung oder Konnotation, sondern vielmehr, dass es so bedeutungsvoll erscheint, dass es angesichts seiner vielen Bedeutungen bereits wieder bar jeglicher Bedeutung ist; oder dass es, wie Ismael sagt, »eine so öde Leere bietet, die doch voller Bedeutung ist«.[74]

Diese Idee lässt sich am besten nachvollziehen, wenn man sich die Eigenschaften des sogenannten »Weißlichts« vor Augen führt. Die Wahrnehmung von Weiß im Sinne einer Farbe wird durch Licht hervorgerufen, das mit fast gleicher Intensität alle drei farbempfindlichen Zapfen in der Retina stimuliert. So gesehen ist Weiß die Farbe, die dann entsteht, wenn man sämtliche Farben aufaddiert. Doch das Weißlicht selbst bleibt unsichtbar oder farblos – man kann es nicht sehen, aber es ermöglicht einem, alles andere zu sehen; es ist »die sichtbare Abwesenheit von Farbe«, wie Melville schreibt.[75] In der Terminologie dieses Buches formuliert, wirkt Weißlicht oder das Weiße wie die Sitten und Gebräuche im Hintergrund einer Kultur. Der Hintergrund selbst ist – wie Weißlicht – das, was man nicht wahrnehmen kann, was es uns aber ermöglicht, alles andere wahrzunehmen: Das »große Prinzip des Lichts selbst« bleibt für immer weiß und farblos und überzöge, »so es ohne Medium auf die Materie einwirkte, alles, ja sogar die Tulpen und Rosen, mit seiner eigenen, leeren Blässe …«[76]

Wenn man Weiß als solches zu sehen versucht, wenn man sich auf das Weißlicht zu fokussieren versucht, das »ohne Medium auf die Materie einwirkt«, dann ist es, als versuche man den Hintergrund einer Kultur selbst ins Auge zu fassen. Doch es gibt nichts, was sich über diesen Hintergrund an sich sagen ließe; man kann lediglich seine Wirkung auf eine Tulpe oder eine Rose wahrnehmen. Er selbst zeigt sich uns nur insofern, als er es uns erlaubt, den Blick auf etwas anderes zu richten.

Diese spezifikationslose Weiße des Hintergrunds und die Tatsache, dass man ihre Präsenz ausschließlich durch das wahrnimmt, was zu sehen sie uns gestattet, erinnert an den Pottwal. Wir wissen inzwischen, dass der Pottwal kein Gesicht hat. Doch wie sich herausstellt, lässt sich nicht einmal sein Rücken deutlich erkennen. Wie die Sitten und Gebräuche im Hintergrund einer Kultur wirkt er vertraut und bedeutungsvoll und bleibt zugleich undarstellbar. Melville evoziert noch einmal auf erstaunliche Weise den Gott Israels, als er über den Schwanz des Pottwals schreibt:

Je mehr ich diesen mächtigen Schwanz bedenke, desto mehr dauert es mich, daß ich ihm nicht hinreichend Ausdruck verleihen kann. […] Wenn ich jedoch nicht

mal den Schwanz des Wals versteh, wie soll ich da sein
Haupt begreifen? Und mehr als das: Wie fasse ich sein
Angesicht, wenn er gar keins hat? Du sollst nur mei-
nen Rücken sehen, meinen Schwanz, so scheint er mir
zu sagen, aber mein Angesicht kann man nicht sehen.
Doch sogar seinen Rücken kann man nicht ganz
erkennen, und was sein Angesicht angeht, so mag er
unken, was er will – ich sag's noch mal: Er hat gar
keins.[77]

Der vorletzte Satz erinnert deutlich an Jahwe. Nachdem
Moses den Herrn gebeten hat, ihm sein Angesicht zu
enthüllen, spricht dieser zu ihm:

Hier, diese Stelle da! Stell dich an diesen Felsen! Wenn
meine Herrlichkeit vorüberzieht, stelle ich dich in den
Felsspalt und halte meine Hand über dich, bis ich vor-
über bin. Dann ziehe ich meine Hand zurück und du
wirst meinen Rücken sehen. Mein Angesicht aber
kann niemand sehen. (Ex 33.21–23)

Nach jüdischer Tradition bleibt das Angesicht Gottes ver-
hüllt, nur der Rücken kann offenbar werden. Der neue
Gott in Melvilles Version dieser Geschichte hat jedoch gar
kein Gesicht und offenbart nicht einmal seinen Rücken
zur Gänze: Es gibt keine tiefen verborgenen Wahrheiten
im Universum, und die Bedeutungen, die es gibt, können
nicht klar erkannt werden. Jede Bedeutung, die wir finden können, offenbart sich uns nur vor dem Hintergrund
der Riten unserer jeweiligen Kultur. Aber ein Hintergrund bleibt ungreifbar, Klarheit können wir durch ihn
nicht erlangen. Der Schrecken des Weiß besteht darin,

dass es so aussieht, als sei es eine Farbe wie jede andere
– eine Farbe, deren Bedeutung man verstehen könne –, in
Wahrheit ist es aber nur »leere Blässe«. Dabei strotzt es
nur so von Bedeutung, ist prall gefüllt mit jeder nur erdenklichen Bedeutung. Noch plausibler wird diese Auslegung durch eine verblüffende analoge Behauptung
über den Wal gegen Ende des Buches.

Weiß erscheint in zwei extremen Gestalten, die besonders verschrecken. Ismael spricht vom »Erschreckenden«
der Erscheinungen, »deren furchterregendes Wesen [...]
nur in diesem einen Phänomen besteht, besonders wenn
es sich gewissermaßen stumm und grenzenlos gültig dem
Auge darbietet«.[78] Dass die universelle Gestalt von Weiß
das ist, was alle Farben des Spektrums kombiniert, wissen wir nun. Aber was ist die Gestalt, die sich »stumm«
darbietet? Wie kam Melville auf den seltsamen Einfall,
den Schrecken des Weißen mit einer auditiven Metapher
zu beschreiben?
    Die Antwort darauf finden wir im Kapitel 102, »Eine
Laube auf den Arsakiden«. Es wirkt wie nachträglich ein-
gefügt, wie ein späterer Einfall, denn es hat buchstäblich
nichts mit der Geschichte von Moby-Dick zu tun. Es ist
Ismaels Reminiszenz an eine frühere Fahrt. Über diese
Reise selbst, oder was auf ihr geschah, erfahren wir nichts.
Wir wissen nur, dass Ismael auf einer kleinen Insel ange-
landet war, die zu einer Inselgruppe namens Arsakiden
irgendwo im Nordosten von Australien gehörte, und sich
dort mit den Einheimischen anfreundete. Er sagt, er habe
dort seine Ferien verbracht, weil er, wie er nur andeutet,
aufgefordert worden sei, religiösen Festivitäten beizuwohnen. Nach dem Einlaufen, schreibt er,

wurde ich eingeladen, einen Teil meines arsakidischen Landgangs bei dem Herrscher von Tranque zu verbringen, in seiner abgeschiedenen Villa unter den Palmen von Pupella, einem Tale mit Meeresblick unweit der Hauptstadt, die bei unseren Seeleuten »Bambuskaff« hieß.[79]

Dort fallen ihm unter anderem die vielen »seltenen Kostbarkeiten« auf, die von Tranquo, dem König von Tranque, zusammengetragen wurden. Das »größte dieser Wunder« war das Gerippe eines enormen Pottwals, der viele Jahre zuvor nach einem Sturm tot am Strand gefunden worden war. Als die Einheimischen den gewaltigen Leib »endlich aus seiner klafterdicken Hülle geschält« hatten, trug man das Gerippe ins Tal von Pupella, »wo es in einem hehren Tempel aus königlichen Palmen Aufnahme fand«. Bis Ismael es zu sehen bekam, hatten sich längst schon »die Ranken der Bodenreben« mit dem Gerippe verflochten und es zu einem »prächtigen Teppich« verwoben. Hier finden wir Gott also als Weber dargestellt – ein Rückgriff auf die vielfältigen Darstellungen alter Götter an ihren Webstühlen. Das Geräusch seines Webstuhls ist jedoch so ohrenbetäubend, dass er taub für die Stimmen der Sterblichen wurde. Würden wir Gottes Weben Aufmerksamkeit schenken, so erklärt uns Ismael, würden auch wir taub. Nur wer sich davon weit genug entfernt, ist noch in der Lage, die »abertausend Stimmen« zu hören:

Der Webergott, er webt und webt und wird betäubt von seinem Tun, so daß er keines Menschen Stimme hört, und wir, die auf den Webstuhl schauen, sind von

dem sausenden Gesumme ebenfalls betäubt, und nur
wenn wir entronnen sind, dann werden wir die aber-
tausend Stimmen hören, die durch das Sausen zu uns
sprechen.[80]

Würde man alle Klänge des Universums auf einmal zu hören versuchen, würde uns das betäuben. All die unterschiedlichen Bedeutungen würden sich gegenseitig aufheben. Anstatt der einen verborgenen Wahrheit des rationalen Universums würden wir nur das Chaos des Weißen Rauschens hören. Das entspricht exakt dem, was geschehen würde, wenn man alle Farben der Welt auf einmal zu sehen versuchte. Es sähe wie etwas Bedeutungsvolles aus, und man fühlte sich herauszufinden gedrängt, was diese letztgültige Bedeutung ist, würde dabei aber in den Wahnsinn getrieben. Denn wenn das ultimative Wesen des Universums das reine Chaos ist, dann kann man es auch immer nur aus einer Perspektive nach der anderen erfassen.

Das ist der Grund, weshalb Melville in Ahabs Fanatismus etwas absolut Wahnsinniges sieht. Die mannigfachen Bedeutungen des Universums summieren sich schlicht nicht zu einer einzigen universellen Wahrheit. Unsere einzige Hoffnung besteht daher in der Erkenntnis, dass wir uns in jedem gegebenen Moment immer nur auf eine der vielen Bedeutungen einlassen können und zufrieden in den Wahrheiten leben müssen, die sie uns jeweils offenbaren, anstatt ständig dem Drang nachzugeben, sie alle miteinander in Einklang bringen zu wollen. Das Bild für diesen pluralistischen Polytheismus ist weder das betäubende Chaos des Weißen Rauschens noch die leere Blässe der Farbe Weiß. Es ist vielmehr der Regenbogen, der die Farben des Spektrums voneinander trennt und eine jede in ihrer wundervollen eigenen Tönung offenbart.

Ismael erläutert das am Beispiel der Fontäne, die aus dem Atemloch des Wals aufsteigt. Im Kapitel 85, »Der Springbrunnen«, schildert er, wie das Haupt des Wals von einem »Regenbogen rühmend überstrahlt« wird, »als wollt der Himmel selbst sein Denken so besiegeln«.[81] Jede seiner Farben ist eine der vielen wahren Perspektiven auf das Universum, und uns kann es bestenfalls gelingen, eine nach der anderen einzunehmen. Ismael findet sie in seinen vielen Stimmungen. Wollte man diese Perspektiven in Einklang bringen, würden sie sich übereinanderlagern und gegenseitig aufheben. Daher ist und bleibt es das Beste, »sein Bild vom greifbaren Glück« durchweg niedriger zu hängen: Man sollte nicht versuchen, herauszufinden, welche Farbe sich ergibt, wenn man alle Farben auf einmal betrachtet, sondern sich in so viele offenbarende Stimmungen wie nur möglich bringen, um unterschiedlich auf das Heilige reagieren zu können – denn dann wird das Leben aus einer Serie von Resonanzen auf das Heilige bestehen, die letztendlich Zufriedenheit, Glück und Freude schenkt. Auf eine Erfahrung, die dem eigenen Leben eine letztgültige Bedeutung, einen letztgültigen Sinn verleiht, warten wir zwar auch dann noch vergebens, aber unter diesen Bedingungen wird es zumindest möglich sein, ein Leben zu führen, in dem wir alle Bedeutungen gleichermaßen zu schätzen lernen:

Und wie hebt es doch unser Bild von dem gewaltigen dunstverhüllten Ungeheuer ins edel Erhabene, wenn

wir ihn erblicken, wie er feierlich seine Bahn durch
eine ruhige tropische See zieht, und sich über seinem
mächtigen, mildumflorten Haupte ein Baldachin aus
Dampf wölbt, erzeugt von seinen Grübeleien, die er
mit niemandem teilen kann; wenn den Dampf ein Re-
genbogen rühmend überstrahlt (bisweilen sieht man's
so), als wollt der Himmel selbst sein Denken so besie-
geln. Denn, seht ihr, Regenbogen suchen nicht die klare
Luft; sie lassen nur den Wasserdampf erstrahlen. Und
durch den dichten Dunst der dumpfen Zweifel meiner
Seele schießt hin und wieder eine Gottesahnung – ein
Himmelsstrahl entfacht dann meinen Nebel. Und da-
für dank ich Gott. Denn alle hegen Zweifel, und viele
leugnen alles; doch ob sie zweifeln oder leugnen, ver-
spüren wenige dazu noch diese Ahnung. Alles Irdische
bezweifeln, manches Himmlische erahnen – dadurch
wird einer weder gläubig noch ungläubig; er wird je-
doch zu einem Menschen, der beides fest ins Auge
faßt.[82]

Es gibt eine Figur im Buch, die all das erkennt und schon
früh in der Geschichte als ein Held dargestellt wird. Unter den Männern auf dem Schiff nimmt sie den niedrigs-
ten Rang ein. Es ist der »Schiffswächter«, der an Bord
bleibt, wenn alle anderen in ihren Boten den Wal jagen.
Pip ist klein und unbeholfen, schwach und fahrig,
schwarz wie die Nacht und nach homerischem Verständnis somit eher ein Antiheld:

Im allgemeinen sind diese Männer der Deckswache
hartgesottene Burschen, nicht anders als die Männer
der Bootsmannschaften. Sollte sich aber ein allzu

mickriger, tolpatschiger oder furchtsamer Wicht an
Bord befinden, so wird dieser Wicht ganz gewiß zur
Deckswache geschlagen. So erging es auf der Pequod
auch dem kleinen Neger, dem man den Spitznamen
Pippin, kurz Pip, verliehen hatte.[83]

Ungeachtet dieser Benachteiligung – oder vielleicht wegen ihr – stellt Ismael Pip gleich zu Beginn als eine Art Held vor:

Der kleine, schwarze Pip [...]! Armer Knabe aus Al-
abama! Bald werdet ihr ihn auf der Back der finsteren
Pequod erblicken, wie er sein Tamburin schlägt: als
Vorspiel zu jener Ewigkeit, da er auf das große Achter-
deck hoch droben befohlen wird, um sein Tamburin
gemeinsam mit den Engeln in aller Herrlichkeit zu
schlagen – hier ein Hasenfuß geheißen, dort als Held
gefeiert![84]

Was macht Pip in Melvilles Augen zum Helden?

Pips Probleme beginnen, als er für einen Walfänger einspringen und eines der Boote besteigen soll. Das erste Mal geht alles glatt, beim zweiten Mal jedoch schlägt der Wal »scharf mit der Fluke gegen den Rumpf«. Pip springt zu Tode erschrocken von Bord und verfängt sich dabei in der Leine. Die anderen müssen die Leine kappen, um ihn zu retten, und verlieren deshalb den Wal. Pip wird von der Mannschaft verflucht und von Stubb, dem zweiten Maat auf der *Pequod*, scharf gerügt: Niemals wieder dürfe er einfach aus einem Boot springen. Aber Pip springt wieder, und diesmal wird er zurückgelassen, weil Stubbs Boot im rasenden Tempo von dem fliehenden Wal hinterhergezogen wird. Pip bleibt allein zurück mitten auf offener See. Und dort erlebt er etwas, das ihn für immer verändert.

Was geschieht mit Pip im Wasser? Das Problem ist nicht, dass er fast ertrinkt. Die Furcht davor wäre eine vertraute. Nein, Pip sieht sich einem weit größeren Schrecken als schierer Todesangst ausgesetzt. Ismael schildert eloquent, wie Pip mit dem Gedanken konfrontiert wird, als Schiffbrüchiger verstoßen worden zu sein, jegliche Verbindung zu anderen Menschen zu verlieren und vollkommen allein im unendlichen Meer zu treiben. Als das Boot vor seinen Augen davonjagt, sieht er, wie Stubb ihm auf der Jagd nach dem Wal unerbittlich seinen Rücken zukehrt.

Nach drei Minuten lag eine volle Meile uferlosen Ozeans zwischen Pip und Stubb. Aus der Mitte des Meeres wandte Pip seinen krausen schwarzen Lockenkopf der Sonne zu – auch sie eine einsame Verstoßene, wenn auch die höchste und hellste.[85]

Pip hat jede Verbindung zu den Männern und der *Pequod* verloren, die sein Zentrum ist. Das Schiff ist das Stabile, das Menschliche, der feste Boden in der Unendlichkeit des Meeres. Und es ist dieser Verlust all dessen, was in dieser Ödnis menschlich war, der in Pip nun das blanke Entsetzen hervorruft:

Nun kostet das Schwimmen im offenen Meer bei ruhigem Wetter den geübten Schwimmer nicht mehr Mühe als eine gut gefederte Kutschfahrt auf dem Lande. Aber die furchtbare Einsamkeit ist unerträg-

lich. Die äußerste Verdichtung des Ichs inmitten dieser
herzlosen, unermeßlichen Weite – o mein Gott! Wer
will das fassen?[86]

Pips absolutes Verlustgefühl kommt ganz wundervoll
zum Ausdruck, als er zur Sonne aufblickt und auch in ihr
»eine einsame Verstoßene« erkennt. Selbst die Sonne (das
Symbol des Guten bei Platon und von Gott bei Dante)
hat damit ihren Platz im Mittelpunkt des Universums
verloren. Pips Einsamkeit ist nicht bloß die eines Menschen inmitten der immensen Weiten des unendlichen
Meeres; es ist die Einsamkeit unserer Kultur in dem Moment, in dem uns bewusst wird, dass unsere Leinen ge-
kappt wurden zu allem, was uns erdet. Es ist der Schrecken dieser Einsamkeit, den Pip empfindet und der ihn
– zumindest in einem bestimmten Sinne – schließlich in
den Wahnsinn treibt.

Doch Pips Wahnsinn birgt eine tiefe Wahrheit. Er hat
die absolute Leere des Universums geschaut – die Abwesenheit Gottes. Oder wie Ismael es ausdrückt: Er hat die
»herzlosen, unermeßlichen Weiten« gesehen. Er hat gesehen, dass das Universum das zufällige Ergebnis von zufälligen Abläufen ist, so wie jene, welche er bei den »Scharen von gottgleich allgegenwärtigen Korallentierchen«
beobachtet hat, die durch ihr tumbes Treiben »aus dem
Firmament der Wasser« ihre regenbogenfarbenen »gewaltigen Welten türmten«.[87] Er hat also nicht nur das Weiße
selbst gesehen – die ultimative Abwesenheit jeder tiefen,
einheitlichen, geschlossenen Bedeutung im Universum –, sondern auch den Regenbogen: die Anwesenheit
einer Fülle an Interpretationen. Es ist, als habe er zugleich gesehen, dass das dem Universum Zugrundelie-

gende ohne jede Bedeutung ist – so wie die tumben Korallentierchen –, als auch, dass darin so wundervolle Bedeutungen liegen wie die gewaltigen regenbogenfarbenen Korallenwelten, die sie auftürmen. Nach Melville sind beide Erkenntnisse wahr, aber man kann nicht beide zugleich leben. Zusammen treiben sie den armen, unbedeutenden Pip in den Wahnsinn:

> *Es war purer Zufall, daß er schließlich von der Pequod gerettet wurde, doch seit dieser Stunde wandelte der kleine Neger wie ein Schwachsinniger übers Deck; jedenfalls erklärten alle, er habe den Verstand verloren. Die See hatte seinen endlichen Leib wie zum Hohne verschont, das Unendliche seiner Seele aber war in ihr untergegangen. Und doch nicht ganz untergegangen, sondern lebend hinabgeholt in wundersame Tiefen, wo seltsame Schemen aus der noch ungeformten Urwelt vor seinen blicklosen Augen für und wider glitten und ihm der geizige Meergeist, die Weisheit, seinen angehäuften Hort offenbarte – und dort, unter den herzlos frohen, immer jungen Ewigkeiten, da schaute Pip die Scharen von gottgleich allgegenwärtigen Korallentierchen, die aus dem Firmament der Wasser ihre gewaltigen Welten türmten. Er sah, wie Gottes Fuß den Webstuhl trieb, und sprach davon, und deshalb nannten ihn die Kameraden toll. So ist des Menschen Wahn des Himmels Sinn, und jenseits aller irdischen Vernunft gelangt der Mensch zuletzt zu jenem himmlischen Gedanken, welcher der Vernunft als wirrer Wahn erscheint, und fühlt sich unberührt von Lust und Leid, gleichmütig wie sein Gott.*[88]

Pip ist ein Held, weil er nicht leugnet, dass es dem Universum an letztgültiger Bedeutung mangelt, und somit zur personifizierten Offenheit wird. Wer wie Pip Gottes Fuß den Webstuhl treiben sah und weiterlebt, der wird taub und somit unfähig, Bedeutung nach Menschenart zu erfahren. Nach diesem Ereignis hat Pip keine Identität mehr; er nimmt alles aus allen Perspektiven zugleich wahr, weil er keine eigene mehr einnehmen kann: »Pip? Wen nennst du Pip? Pip ist aus dem Boot gesprungen. Pip ist verlorengegangen.«[89]

Seit Pip seine Identität verlor und keine eigene Perspektive mehr hat, kann er erkennen, dass sich jegliche Bedeutung im Universum immer nur aus der einen oder anderen Perspektive ergibt. Er erkennt die Selbstsucht, die zu dem Gedanken führt, dass eine dieser Bedeutungen letztgültig sei, eben weil er weiß, dass sie alle nur perspektivische Wiedergaben von etwas sind, das keine tiefere Wahrheit in sich birgt. Das wird vor allem im 99. Kapitel über die Dublone deutlich.

Schon früh in dieser Geschichte hatte Ahab »eine Unze spanischen Goldes« an den Großmast genagelt und der Mannschaft erklärt, dass sie dem gehören werde, der als Erster den Wal »aussingt«.[90] An sehr viel späterer Stelle im Buch inspizieren die Männer der Mannschaft die Dublone, um herauszufinden, was die Prägung darauf bedeutet. Schnell wird klar, dass ein jeder etwas anderes in den seltsamen Zeichen erkennt, etwas, das dem jeweils eigenen Weltbild entspricht. Ahab zum Beispiel findet darin nichts als sich selbst wieder: »In allen Türmen, allen Gipfeln, in allen grandios erhabenen Dingen liegt immer etwas Selbstherrliches.«[91] Starbuck, der erste Maat und ein Quäker, entdeckt darauf ein Symbol der Dreifaltigkeit;[92] der »unbeschwerte und furchtlose« Stubb sieht darin den natürlichen Kreislauf des Lebens;[93] und der dritte Maat Flask erklärt: »Ich seh hier nur ein rundes Ding aus Gold, […] das Gold ist sechzehn Dollar wert, […] bei zwei Cents pro Zigarre sind das neunhundertsechzig Zigarren.«[94] Praktisch jeder an Bord betrachtet die Dublone, und wir erfahren auf diese Weise viel über die verschiedenen Charaktere auf der *Pequod.*

Besonders interessant in unserem Zusammenhang ist jedoch, was Pip erkennt: Er sieht nicht nur die Dublone, er sieht auch all die Männer, die sich die Dublone ansehen. Und so kommt er zu der Erkenntnis, dass sie immer etwas anderes ist, je nachdem, wer sie betrachtet.

So gesehen ist die Dublone lediglich die Wahrnehmung eines jeden, der sie sich ansieht. Und aus genau diesem Grund legt sich Pip auch auf keine weitere subjektive Interpretation fest, die sich als letzte Wahrheit geriert. Pip beginnt vielmehr ein Verb zu konjugieren:

> *Ich sehe, du siehst, er sieht; wir sehen, ihr seht, sie sehen. […] Und ich, du und er; wir, ihr und sie, allesamt, Fledermäuse, und ich bin eine Krähe, vor allem, wenn ich oben auf diesem Tannenbaum stehe. Kra, kra, kra! Kra, kra, kra! Bin ich nicht eine gute Krähe? […] Diese Dublone, das ist der Nabel vom Schiff, und alle brennen drauf, sie abzuschrauben. Doch was passiert denn, wenn man seinen Nabel abschraubt?[95]*

Gewissermaßen war Pip der Nabel abgeschraubt worden: Er hat die letztgültige Bedeutung des Universums geschaut, er hat Gottes Fuß den Webstuhl treiben gesehen – und dabei erfahren, dass weit und breit keine tiefe, allem zugrunde liegende Wahrheit zu finden ist. Es gibt nur die Sitten und Gebräuche, in denen man bereits lebt. Aber wer diese als etwas zutiefst Wahres versteht, als letztgültige Fundamente – wie es die Matrosen tun –, der ist blind wie eine Fledermaus und wird schließlich verrückt.

Pip ist keine Fledermaus. Pip ist eine Krähe. Er ist schwarz wie eine Krähe, natürlich, er krächzt unverständlich wie eine Krähe, und von seinem Krähennest an der Spitze des Holzmastes sieht er alle Interpretationen aus allen Perspektiven zugleich, weil er selbst keine mehr einnimmt.

In einer entscheidenden Hinsicht sind Pip und Ahab genaue Gegensätze: Pip erkennt, dass es nur Vorstellungen von der Welt und keine endgültigen Antworten gibt, und öffnet sich allen Perspektiven, ohne dass es ihm gelingt, in einer davon zu leben. Das macht ihn in einem allgemeinen Sinn zum Verrückten, denn er hat keine Identität, an die er sich halten kann. Ahab hingegen hat die ausgeprägteste Identität, die denkbar ist:

Unendliche, unerschütterliche Kraft und ein entschloßener, unbeugsamer Wille lagen in der starren und furchtlosen, vorwärtszielenden Unbedingtheit dieses Blickes.[96]

Doch Ahabs ganze Willenskraft richtet sich auf das Universum, er ist getrieben von dem Wunsch, es zu bezwingen, auf dass es ihm seine letztgültige Wahrheit offenbare. Das lässt ihn auf andere Weise verrückt sein: Einerseits ist er wild entschlossen zu sehen, was Pip bereits gesehen hat, andererseits will er es zu etwas anderem machen, als es ist. Melville verflicht diese beiden Formen von Verrücktheit in der überraschenden Beziehung zwischen dem Kapitän und seinem Schiffswächter. Nach Pips Sturz vom Boot nimmt Ahab den Jungen unter seine Fittiche. Und einmal, als sie gemeinsam auf dem Weg in die Kapitänskajüte sind, lässt der alte Manxmann des Schiffes eine entscheidende Bemerkung fallen:

> *Na, da haben sich zwei Dumme gefunden [...]. Der eine dumm vor Stärke, der andre dumm vor Schwäche. Hier ist das Ende der verderbten Leine – und triefend naß dazu. Ich glaub, wie nehmen besser gleich 'ne neue.*[97]

Pip und Ahab verkörpern die beiden grundlegenden Möglichkeiten, die uns bleiben, wenn wir an der achsenzeitlichen Vermutung festhalten, dass sich hinter allem eine letztgültige Wahrheit verbirgt: Entweder werden wir verrückt, weil wir erkennen, dass es keine solche Wahrheit gibt, oder wir machen uns verrückt in dem Versuch zu beweisen, *dass* es eine gibt. Und damit sind wir am Ende der »verderbten Leine« angelangt, wie der alte Manxmann meint. Wohl wahr. Vielleicht täten wir wirklich besser daran, uns gleich eine neue zuzulegen.

Nun ist es eine Sache zu *behaupten*, die »Leine« sei verderbt, aber es ist eine ganz andere, wie Melville zu versuchen, dies auch *aufzuzeigen*. Schließlich wird Ahab sein Herzenswunsch erfüllt – die Konfrontation Stirn an Stirn mit dem schrecklichen Moby-Dick. Aber er findet dabei den Tod. Die Details von Ahabs letzter Begegnung mit dem Wal sind entscheidend, um die subtile Nuanciertheit von Melvilles Betrachtung zu erkennen.

Das Buch endet mit einer dreitägigen Verfolgung des Wals. Und diese Jagd ist eindeutig als Ahabs Chance angelegt, ein direktes Gespräch mit den Göttern führen zu können – nicht eine Kommunikation mittels Omen oder Prophezeiungen, sondern in der direkten Konfrontation mit den Schöpfern des Universums. Jedenfalls ist es das, was Ahab sich vorstellt. Einmal verhöhnt er Starbuck, der abergläubisch fürchtet, dass ein bestimmtes Ereignis ein schlechtes Omen für diese Jagd gewesen sei, mit den Worten:

> *Omen? Omen? Mein Wörterbuch! Wenn die Götter freiheraus zum Menschen sprechen wollen, dann tun sie das offen und ehrlich, sie wackeln nicht mit dem Kopf wie ein altes Weib und ergehen sich nicht in dunklen Andeutungen.*[98]

Und tatsächlich wird Ahab am ersten Tag der Jagd eine frontale Begegnung mit Moby-Dick gewährt. Nachdem Ahab das Fangboot rechtzeitig herumgerissen, eine Harpune zur Hand genommen und sich über den Bug gelehnt hat, sieht er unmittelbar vor sich das Haupt des Wals auftauchen:

> *Doch als habe er dieses Manöver mit der ihm zugeschriebenen verschlagenen Arglist durchschaut, warf sich Moby-Dick augenblicklich herum und schob sein zerfurchtes Haupt der Länge nach unter das Boot.*[99]

Als der Wal »gefühlvoll sein Maul um den Bug schloß« und jede Planke des Bootes zum Erzittern brachte, blieb er jedoch mit einem Zahn hängen, und das »bläuliche Perlmutt seines Gaumens gähnte keinen halben Fuß über Ahabs Kopf …«[100] Bei dieser Konfrontation ist Moby-Dick von einer tückischen Intelligenz. Melville nennt ihn wechselweise teuflisch, arglistig, schrecklich, toll, bedächtig, schlau oder rachsüchtig.[101] Nun, vielleicht ist das ja die letztgültige Wahrheit über das Wesen des Universums, das nun eindeutig Kapitän Ahab ins Visier genommen hat, um ihn zu vernichten.

Der zweite Tag der Jagd offenbart jedoch einen ganz anderen Moby-Dick. Wieder steht ihm Ahab frontal gegenüber, doch diesmal verfolgt der Kapitän eine wohlüberlegte Strategie: Er will verhindern, dass er von den seitlich am Kopf sitzenden Augen des Wals entdeckt werden kann. Bei diesem Zusammentreffen ist nichts Teuflisches oder Bösartiges an Moby-Dick, an diesem Tag wirkt der Wal wie ein instinktgetriebenes brachiales Tier, dessen Körper reflexartig auf alles reagiert, womit er in Berührung kommt: Immer wenn seine Fluke

> *auf einen abgetriebenen Riemen traf, auf ein kleines Stück Holz, ja den winzigsten Splitter eines Bootes, hob er sofort den Schwanz und schmetterte ihn seitwärts aufs Wasser nieder.*[102]

Auch bei dieser Konfrontation rammt Moby-Dick mit aller Wucht Ahabs Boot, doch diesmal wirkt seine Absicht weniger zielgerichtet. Anstelle von Ahab hat Moby-Dick diesmal offenbar nur die Holzplanken der Boote ins Visier genommen. Der Weiße Wal scheint »einzig danach zu trachten, jede einzelne Planke dieser Boote zu vernichten«.[103]

Allerdings gelingt es ihm bei dieser Begegnung, eine geheimnisvolle Figur namens Fedallah unter Wasser zu ziehen, wenngleich offenbar unabsichtlich, womit sich eine düstere macbethartige Prophezeiung Fedallahs erfüllt. Ahab nimmt dieses Omen denn auch wesentlich ernster als das letzte, so als sei das spürbare Maß an Intelligenz des Wals umgekehrt proportional zu seinem Mitteilungsbedürfnis. Dennoch, was am ersten Tag als ein teuflisches und bösartig absichtsvolles Universum erschienen war, wirkt an diesem bloß animalisch und absichtslos.

Am dritten Tag zeigt sich wiederum ein anderes Universum. Als Ahabs Boot parallel zur Flanke des Weißen Wals zur Seite schwingt, schenkt Moby-Dick ihm nicht die geringste Beachtung. Er reagiert weder auf Ahab noch auf das Boot. Nun ist der Wal kein brachiales Tier bar jeder Intelligenz, nun scheint ihm Ahabs Existenz schlicht gleichgültig zu sein, er scheint »seiner gar nicht zu achten, wie das beim Wale bisweilen geschieht«.[104] Diese Bekundung seines völligen Desinteresses, diese völlige Irrelevanz von Ahab erinnert eigentümlich an die Episode, in der Moby-Dick Ahabs Bein abbiss:

> Und dann geschah es, daß Moby-Dick mit einem Mal die Sichel seines Unterkiefers unter ihm durchzog und Ahabs Bein durchtrennte wie ein Schnitter einen Grashalm auf dem Felde.[105]

Bedeutungslos zu sein wie ein Grashalm für den Schnitter, nicht die geringste Rolle im Universum zu spielen, ist

Ahabs allergrößte Furcht. Sein Wille ist unerbittlich darauf fokussiert, ein für alle Mal seinen gebührenden Platz im Universum unter Beweis zu stellen. Doch dann ist Ahabs finale Konfrontation mit dem Wal derart schnell und überraschend, kommt sein Tod so augenblicklich und unerwartet, dass niemand überhaupt die Zeit hatte, sein Verschwinden zu bemerken. Ahab schießt ein letztes Mal seine Harpune auf Moby-Dick ab, gerät in die rasend vorwärtspreschende Leine und wird unter Wasser gezogen, noch bevor irgendwer begreift, dass dieses tödliche Ereignis stattgefunden hat:

> *Er warf die Harpune, der getroffene Wal stürmte los, die Leine lief rasend und sengend schnell durch das Rundsel – kam unklar. Ahab bückte sich, er klarierte sie, doch die Leinenbucht schlang sich um seinen Hals, und eh sich's die Mannschaft versah, ward er aus dem Boot gerissen, lautlos, wie wenn stumme Türken ihr Opfer erdrosseln.*[106]

Vielleicht ist die ultimative Gleichgültigkeit Moby-Dicks gegenüber Ahab das wahre Wesen des Universums. Vielleicht liegt wirklich keinerlei Bedeutung in unserem Leben, vielleicht gibt es keinerlei Wahrheiten über den Sinn und Zweck unseres Daseins, vielleicht ist die nihilistische Geschichte die einzig wahre. Doch Melvilles Darstellung ist subtiler: Manchmal ist das Universum bedeutungslos, das ist wahr – manchmal ist ein Tod sinnlos oder stumm. Das Universum hat seine brachialen, reflexartigen, absichtsvoll bösartigen, rachsüchtigen und teuflischen Momente – in anderen ist es jedoch milde und herzerquickend und göttlich. Am ersten

Tag der Jagd beschreibt Ismael Moby-Dick mit den Worten:

Ein mildes Frohlocken, die sanfte Macht der Ruhe in schneller Bewegung, umgab den dahingleitenden Wal. Nicht einmal Jupiter, wie er als weißer Stier mit der geraubten Europa davonschwimmt, die sich an seine rankenden Hörner klammert, und seinen liebenden, lüsternen Blick seitwärts auf die Jungfrau heftet, derweil er betörend schnell seine sanftwogende Bahn hin zum kretischen Brautgemach zieht – nicht einmal Jupiter, der Höchste und Erhabenste, übertraf den glorreichen Weißen Wal, der so gottgleich dahinschwamm.[107]

Letztendlich ist es nicht so, dass uns das Universum indifferent gegenübersteht, auch wenn Pips und Ahabs Gott sich uns gegenüber gleichgültig zu geben scheint. Erinnern wir uns an Pips letzten Gedanken, als er von aller Welt verlassen im Meer zurückgelassen wurde: Dieses Universum sah ihm »gleichmütig wie sein Gott« zu. Aber es gibt auch noch andere Götter, tückische und rachsüchtige und fröhliche und anbetungswürdige – sie alle sind wechselweise das Universum, was schlussendlich bedeutet, dass das Universum keiner von ihnen ist. Es gibt wahrlich ein großes Pantheon an Göttern da draußen.

Queequeg hängt nicht an unserer »verderbten Leine«. Er besitzt eine »unvergängliche Lebenskraft«, die eine Art von ewigem Heil ausstrahlt. Aber seine heidnische Kultur unterscheidet sich viel zu sehr von unserer, als dass sie uns die Erlösung bringen könnte, auf die der weise alte

Manxmann anspielt. Dennoch gibt es etwas, das wir von ihm lernen können. Die unvergängliche Lebenskraft des großen Kriegers erwächst aus der Erkenntnis seines Volkes, dass ein jeder die Wahrheiten der eigenen Kultur verkörpern muss, selbst dann, wenn er ihre Bedeutungen nie klar erkennen kann. Am deutlichsten kommt das in der Schilderung von Queequegs ungewöhnlichen Tätowierungen zum Ausdruck.

Alle Tätowierungen, die Queequegs Körper bedecken, sind mystischer Herkunft und repräsentieren, oder besser verkörpern das Selbst- und Weltbild seiner Kultur. Wie der reale Maori-Häuptling Te Pehi Kupe, der Melville nahezu sicher als das Vorbild für Queequeg diente,[108] unterzeichnet auch er, indem er mit der Feder »das getreue Abbild« des Zeichens aufs Papier malt, das auf seinem Arm tätowiert ist.[109] Das Gesamtbild seiner Tätowierungen scheint all die Erkenntnisse zu inkarnieren, die seine Kultur vom Wesen allen Seins gewonnen hat: In ihnen manifestiert sich das gesamte Seinsverständnis von Kokovoko – und das ist völlig unentzifferbar. Es ist, als sei Queequeg ein prospektiver Kommentar zu einer berühmten Aussage von William Butler Yeats, der in einem seiner letzten, nur Wochen vor seinem Tod verfassten Briefe jeden Anspruch auf ein abstraktes Wissen von tiefsten Wahrheiten verwarf. *Man can embody truth but he cannot know it*, erklärte er: »Der Mensch kann die Wahrheit verkörpern, aber er kann sie nicht wissen.«[110] Und auf eben diese Weise verkörpert Queequeg die Wahrheit seiner Kultur:

[Seine] Tätowierungen waren nämlich das Werk eines verblichenen Propheten und Sehers seiner Insel, wel-

cher ihm mit diesen Hieroglyphen eine komplette Theo-
rie vom Universum auf den Leib geschrieben hatte,
dazu eine mystische Abhandlung über die Kunst der
Wahrheitsfindung, so daß Queequeg ein leibhaftiges
Rätsel war, das es zu lösen galt, ein Wunderwerk in
einem Bande, dessen Mysterien jedoch nicht einmal er
selbst zu enträtseln verstand, obwohl doch sein eigenes
lebendiges Herz unter ihnen schlug, weshalb diese
Mysterien dazu bestimmt waren, am Ende gemein-
sam mit dem lebendigen Pergamente, auf dem sie ge-
schrieben standen, zu vermodern und somit auf ewig
rätselhaft zu bleiben.[111]

Doch ungeachtet seiner »unvergänglichen Lebenskraft«
geht auch Queequeg mit dem Schiff und seiner gesamten
Mannschaft unter, nachdem Moby-Dick schließlich »den
größeren und somit würdigeren Gegner« gerammt hat.[112]
Tatsächlich ist Ahabs *Pequod* so groß und würdig, dass
ihr Untergang zu einer letzten Tour de Force wird, so
als symbolisiere er den Untergang des gesamten Abendlands. In einem Bild, das an das Gemälde im Spouter Inn
zu Beginn des Buches erinnert, wird die Dreifaltigkeit
der Schiffsmasten ganz langsam und mählich vom gewaltigen Haupt des Pottwals unter Wasser gedrückt. Doch
im Gegensatz zu dem Gemälde steht im Ausguck auf
dem höchsten Mast der *Pequod* Tashtego, ein anderer
heidnischer Harpunier, und nagelt beherzt Ahabs Fahne,
rot wie die Höllenglut, an den Hauptmast, nagelt immer
fester und schneller, derweil ihm sein unmittelbar bevorstehendes Schicksal immer deutlicher vor Augen steht.
Der Mast ragt nur noch ein paar Zoll aus dem Wasser,
»da reckte ein roter Arm einen Hammer hoch in die Luft

und schwang ihn zurück, um die Windfahne immer noch fester an die versinkende Stenge zu nageln«. Melville schildert das anschließende Geschehen:

> *Ein Himmelshabicht war aus seiner Heimat unter den Sternen herabgestoßen und hatte den sinkenden Flaggenknopf spottend begleitet, auf die Windfahne eingehackt und Tashtego bei der Arbeit zugesetzt, und nun geschah es, daß seine lange, flatternde Schwinge von ungefähr zwischen den Hammer und das Holz geriet. Der Wilde unter Wasser spürte sofort dieses luftig leichte Flattern und hielt im Todeskrampfe den Hammer fest dort angepreßt, und so ging der Himmelsvogel mit Erzengelschreien, den herrischen Schnabel emporgereckt, den Leib in Ahabs Fahne gefangen, mit seinem Schiffe unter, welches wie Satan nicht zur Hölle fahren wollte, bis es nicht etwas Lebendes vom Himmel mit hinabgerissen und sich als Helm aufs Haupt gesetzt.*[113]

Die Symbolik ist hier vollendet. Die Erzengelsschreie des Vogels vom Himmel deuten an, dass mit der *Pequod* das Christentum selbst untergeht; der Schnabel, den der Vogel herrisch emporreckt, könnte auch vom Tod der römischen Tradition künden; und schließlich ist es Ahabs Fahne, in welcher der Leib dieses Vogels gefangen ist, die diese Tradition mit sich auf den Grund des Meeres reißt. Mit anderen Worten, Ahabs absolute Festlegung auf die transzendente Wahrheit, von der die Geschichte des christlichen Abendlands definiert wird, verurteilt diese Tradition am Ende von innen heraus zum Untergang.

Und damit stellt sich die Frage: Wie kann es von hier

an weitergehen? Queequeg selbst überlebt den Untergang der *Pequod* zwar nicht, aber er und die durch ihn verkörperten ritualistischen Sitten und Gebräuche spielen eine wichtige Erlöserrolle. Denn es ist Queequegs Sarg, der aufs Sorgfältigste von ihm selbst mit Nachbildungen seiner Körpertätowierungen beschnitzt worden war, es ist dieser mit heidnischen Hieroglyphen übersäte Sarg, der nun zur Rettungsboje für Ismael wird und ihn davor bewahrt, endgültig mit dem Schiff unterzugehen. Als die *Pequod* im Epilog des Buches auf den Grund des Ozeans sinkt, reißt sie alle Männer mit sich, bis auf einen: Ismael treibt, wie er uns selbst erzählt, im Sog des sinkenden Schiffes auf den langsam rotierenden Strudel zu, »da barst die schwarze Blase, und der lebensrettende Sarg [...] schoß mit mächtigem Auftrieb hochkant aus dem Wasser, fiel auf die Seite und trieb neben mir auf der See«:

> *Auf diesem Sarge trieb ich beinah einen Tag und eine Nacht dahin, auf einem weichen Meer, so lind wie eine leise Totenklage. Die Haie, sie glitten harmlos nun vorüber, als wären ihre Rachen fest verschlossen; die wilden Habichte der See, sie schwebten mit verhüllten Schnäbeln über mir.*[114]

Was lässt sich am Ende nun über das geheime Motto von Melvilles Buch sagen? Hier gibt es noch einen letzten Kniff zu enthüllen. Ob Melville ihn bewusst anwandte oder nicht, werden wir vermutlich nie erfahren – er gibt sich, wie es von einem guten Schriftsteller zu erwarten ist, frohgemut mit der Behauptung zufrieden, dass sich ihm die metaphorischen Bedeutungen seines Buches entzögen.[115] Dennoch, seine Intuitionen weisen uns den Weg.

So hatte er beispielsweise gewiss zu Recht etwas Böses in *Moby-Dick* gesehen, was ihn aber dennoch makellos wie das Lamm zurückließ. Doch wenn das geheime Motto des Buchs tatsächlich kein anderes wäre als Ahabs Taufformel, würde das Melville dann nicht an Ahabs Stelle rücken? Und wäre das nicht eine höchst unangenehme Position für ihn? Denn immerhin wollte Ahab nicht das Geringste mit der von Ismael prophezeiten polytheistischen Zukunft zu tun haben.

Der Trick liegt in dem, was ungesagt bleibt. Als Melville in seinem Brief an Hawthorne von dem geheimen Motto seines Buches spricht, lässt er es unvollendet. »Ego non baptiso te in nomine«, schreibt er, »aber finden Sie den Rest selbst heraus«. Ist das nicht der entscheidende Unterschied zwischen Melville und Ahab? Denn Ahab spricht die Teufelsformel ja aus und verbündet sich mit dem Bösen des Satans, der die römisch-christliche Welt untergehen lassen wird. Melville hingegen zeigt sich entschlossen, den Satz nicht zu vollenden. Er erklärt Hawthorne sogar, dieser müsse es selbst tun – so wie alle anderen Leser des Buches. »Ich taufe dich nicht im Namen …« einer totalitären und ausschließlichen Religion, die sich den Wahrheiten der Oberfläche verschließt, scheint Melville sagen zu wollen. Lieber lass ich dich die polytheistischen Wahrheiten selbst herausfinden. Lebe in ihnen, finde Freude in ihnen und, ja, vielleicht auch Schmerz. Aber gib dich in diesen Freuden und Schmerzen mit dem Gedanken zufrieden, dass sie es sind, die unserer Welt Bedeutung verleihen.

7

FAZIT:
VOM ERFÜLLTEN LEBEN IN EINEM
SÄKULAREN ZEITALTER

Am 4. Juli 1939 ließ sich die Menge im Yankee-Stadion vom verlorenen Eröffnungsspiel nicht die Laune verderben. Die Fans reckten die Hälse, um einen Blick auf den hochgewachsenen, scheuen Yankee-Kapitän Henry Louis Gehrig zu erhaschen, »The Iron Horse«, der soeben mit seinem zweitausendeinhundertdreißigsten Spiel im Laufe von vierzehn Baseball-Saisons alle Rekorde gebrochen hatte.

Sein Marathon hatte mit der Saison 1925 begonnen, und in all diesen Jahren hatte Gehrig kein einziges Spiel ausgesetzt, trotz gebrochener Knochen und lähmendem Hexenschuss, er spielte sogar weiter, nachdem er gerade einen Ball gegen den Kopf bekommen hatte. Doch ungeachtet seiner legendären Zähigkeit hatte sich der Kapitän am 2. Mai selbst aus der Aufstellung genommen. Eine mysteriöse Muskelschwäche hatte sein Spiel immer fahriger gemacht, und er wollte seinem Team nicht zur Last fallen. Zwar blieb er Kapitän, beobachtete die Spiele aber von der Bank aus, was die Presse zu ständigen Spekulationen über seinen Gesundheitszustand veranlasste. Ende Juni, nach ausgedehnten Untersuchungen bei den Spezialisten der Mayo Clinic, wurde ALS diagnostiziert, Amyotrophe Lateralsklerose, eine zehrende und tödlich degenerative Erkrankung des motorischen Nervensystems in Gehirn und Rückenmark (die seither seinen Namen trägt: Lou-Gehrig-Syndrom). Dass die Krankheit bereits in einem fortgeschrittenen Stadium war, konnten die Ärzte damals noch nicht feststellen. Kaum zwei Jahre später, im Alter von siebenunddreißig Jahren, starb Gehrig.

Es dürfte wohl kein anderer amerikanischer Baseballspieler jemals so verehrt worden sein wie Lou Gehrig – nicht nur seines Könnens und seiner Zähigkeit wegen, auch weil er ein so leuchtendes Beispiel von »Fairness und Anständigkeit« war.[1] Und obwohl er fast schon allergisch auf das Rampenlicht reagierte, wurde seinen Freunden, Fans und Teamkameraden an diesem 4. Juli deshalb die Gelegenheit geboten, öffentlich das Leben ihres Idols zu feiern. Sie versammelten sich im ausverkauften Yankee-Stadion zum »vielleicht bewegendsten und dramatischsten Festakt, der je auf einem Baseballfeld stattgefunden hat«, um »einen Hagel an Lebewohls« auf Henry Louis Gehrig niederprasseln zu lassen.[2]

Es war eine grandiose Inszenierung. In der Pause wuchsen büschelweise Mikrofonstangen aus dem Grün um das Schlagmal, auf dem Gehrig sich im Kreise seiner Teamkameraden aufgestellt hatte. Ein Defilee an Gratulanten zog an ihm vorbei – vom New Yorker Bürgermeister bis hin zum Stadionwart –, die ihn mit Geschenken und Lobpreisungen überschütteten.

Gehrig war zu bewegt, um sprechen zu können, als es an ihm war, sich zu bedanken. Zeremonienmeister Sid Mercer bemerkte seinen Schwächeanfall und trat vor das Mikrofon, um es in seinem Namen zu tun. Und damit endete die Feier. Doch als die Mikrofone abgebaut wurden und Gehrig das Spielfeld verlassen wollte, begann die Menge zu skandieren: »Wir wollen Lou! Wir wollen Lou!« Da machte er entschlossen kehrt und ging zum Schlagmal zurück. Seine Beine zitterten so stark, als er vors Mikrofon trat, dass sein Freund und Manager Joe McCarthy ihn stützen musste. Dann begann Lou mit brechender Stimme seine kurze, improvisierte Ansprache, die noch heute jedes Kind in Amerika kennt:

> *Fans, in den beiden letzten Wochen habt ihr von meinem Pech gelesen. Aber heute bin ich der glücklichste Mensch auf Erden.*

In knappen Worten brachte er seine tief empfundene Dankbarkeit für die Treue und den Zuspruch seiner Fans zum Ausdruck, die ihn seine ganze Karriere lang begleitet haben, dankte für die Ehre, mit so wunderbaren Teamkameraden gespielt zu haben und von großartigen Trainern betreut worden zu sein, sprach von dem Segen einer liebevollen Familie und einer Ehefrau, die »so mutig und mein Fels in der Brandung ist«, und endete schließlich mit den Worten: »Es hat mich vielleicht böse erwischt, aber ich habe ungemein viel, wofür es sich zu leben lohnt.«

Donnernder Applaus erfüllte das Stadion volle zwei Minuten lang.

Obwohl Lou Gehrigs Abschiedsrede kaum dreihundert Worte lang gewesen war, blieb sie bis heute das vielleicht machtvollste Beispiel amerikanischer Rhetorik, das jemals abseits der politischen Bühne gegeben wurde.[3] Alte Wochenschau-Filme zeigen das Stadion abwechselnd so still, dass man eine Stecknadel hätte fallen hören können, und gleich darauf von ohrenbetäubendem Applaus erfüllt. Die *New York Times* nannte es »ohne Zweifel eine der berührendsten Szenen, der man jemals auf einem Spielfeld beiwohnen konnte, selbst hartgesottenen Spielern und Reportern standen Tränen in den Augen«.[4] Gewiss hat an jenem Tag niemand im Stadion auch nur einen Anflug von T. S. Eliots Unentschlossenheit empfunden, oder von Samuel Becketts endlosem Warten oder David Foster Wallace' Zorn und Verdrossenheit angesichts des Unvermögens, Sinn im Leben zu finden. Diese 62 000 Menschen haben vor Gehrigs Ansprache wie in den Momenten, in denen sie dem überragenden, großen, vom Tod gezeichneten Mann lauschten, sehr genau gewusst, worauf es ankam.[5]

Sport dürfte der Bereich sein, in dem wir uns am mühelosesten zu einer heiligen Gemeinschaft zusammenfinden. Im Eröffnungskapitel schrieben wir, dass ein großer Sportler leuchten kann wie ein griechischer Gott und das Gefühl von Größe in der Gegenwart eines solchen Athleten geradezu mit Händen zu greifen sei. In jüngerer Zeit wurde es sogar populär, Sport als eine Art Volksreligion zu bezeichnen, die traditionellere religiöse Praktiken abgelöst habe. Ob sich das aus historischer und soziologischer Sicht belegen lässt, sei dahingestellt, aber man kann hier eine Behauptung aufstellen, die sich nicht so leicht anfechten lässt: Aus phänomenologischer Sicht scheint zwischen einer Kirchengemeinde, die sich geschlossen erhebt, um frohgemut das Ave Maria zu beten, und einer Fangemeinde beim Football, die den *Hail Mary-Pass* (den weiten Pass zum Sieg) bejubelt, kein grundlegender Unterschied zu bestehen. Ob Gläubige die Engel und die

Heiligen lobpreisen oder Fans das Team der *Angels* oder der *Saints*, unterscheidet sich phänomenologisch betrachtet nicht groß.

Sport und Religion ähneln sich vor allem hinsichtlich der Bedeutung, die jeweils der Gemeinschaft zukommt. Das Gefühl, mit seinen Mitmenschen verbunden zu sein in der Feier von etwas Großem, verstärkt das Gefühl, dass das, was man feiert, groß ist. Es ist eine Sache, allein daheim auf der Couch vor dem Fernseher zu sitzen und über eine grandiose sportliche Leistung zu staunen, wie David Foster Wallace es manchmal tat, aber eine ganz andere, sie in einer Gemeinschaft von Gleichgesinnten zu erleben, die allesamt von ehrfürchtigem Staunen ergriffen werden. Unter solchen Bedingungen kommt starken Momenten eine noch viel größere Bedeutung zu. Ob es in einer Kirche oder in einem Sportstadion geschieht: Das Grandiose des Moments wird durch das Gefühl verstärkt, ihn mit anderen zu teilen. Und wenn man auch noch das Gefühl teilt, *dass* gerade alle das Gleiche empfinden, wenn alle für sich im selben Moment erkennen, *dass* man dieses Grandiose gemeinsam feiert, dann beginnt der Moment zu leuchten. Wenn man spontan einen völlig Fremden im Stadion mit einem High Five abklatscht, dann fragt man sich sich nicht wie weiland J. Alfred Prufrock beim Frühstück: *Do I dare to eat a peach?*[6]

Im besten Fall bewirken solche Ereignisse also mehr als nur ein Hochgefühl: Sie lassen die Dinge bedeutungsvoll erscheinen und bringen sie aufs Schönste zum Leuchten. Ein großartiges Baseballspiel zum Beispiel, in einem Stadion, das selbst vielleicht ein ästhetisches Highlight ist, bringt Menschen zusammen und fokussiert sie gemeinsam auf das Beste, was der Moment, die Gemeinschaft, das Spiel, einfach alles, zu bieten hat. Der amerikanische Technikphilosoph Albert Borgmann schreibt sehr lebendig über einen solch glücklichen Moment und verknüpft ihn explizit mit dem Erahnen göttlicher Gegenwart. »Es bedarf einer erfüllten Realität, um ein solches Gemeinschaftsgefühl bekräftigen zu können«, schreibt er:

> Ein gut konzipiertes und anmutiges Baseballstadion stimmt die Menschen auf ein und dieselbe Harmonie ein. Es beflügelt zu kommunalem Stolz und Frohsinn, zu einem geteilten Gespür für Zeit, Ort und Raum, zur gemeinsamen Gespanntheit in Erwartung des Schauspiels. In einer solchen Gestimmtheit wogen Scherz und Gelächter ganz natürlich durch Menschen hindurch, die einander fremd sind, und vereint sie zu einer Gemeinschaft. Wenn Realität und Kommunalität sich auf diese Weise zusammenfinden, dann senkt sich Göttlichkeit auf das Spiel, Göttlichkeit einer unpersönlichen, aber sehr wirkmächtigen Art.[7]

Diese unpersönliche Göttlichkeit, schreibt Borgmann weiter, bringt keinerlei metaphysische Fragen mit sich – niemand fühlt sich zu fragen veranlasst, wie sich drei Entitäten zu einem einzigen Gott vereinen lassen oder wie viele Engel auf einer Nadelspitze tanzen können. Diese Baseball-Göttlichkeit regt auch nicht zu Fragen über das Jenseits oder über das Wesen der Seele an. Und eben weil hier jedes persönliche Element fehlt, reduziert sich das Heilige auf seinen innersten Kern. Nietzsche sagte einmal sinngemäß, das Heilige sei in einer Kultur immer das, worüber man nicht lachen dürfe. Aber natürlich kann man über das Schauspiel von erwachsenen Männern lachen, die mit einem Holzknüppel auf einen kleinen Ball eindreschen oder beim Football mit einem ledernen Ei unterm Arm über ein Spielfeld flitzen. Sport ist nicht heilig in einem absoluten Sinne, aber es gibt Momente im Sport – ob als Spieler oder Zuschauer erlebt –, in denen etwas derart Übermächtiges geschieht, dass es wie eine spürbare Präsenz vor uns aufwallt und uns wie auf einer mächtigen Woge mit sich trägt. In solchen Momenten fehlt jede ironische Distanz zum Ereignis. Das ist der Moment, in dem das Heilige leuchtet.

David Foster Wallace hatte ein stärkeres Gespür für solche heiligen Momente als die meisten. Vielleicht wird diese Behauptung überraschen, denn immerhin lag der Schwerpunkt in unserem Kapitel über Wallace ja auf dem Nihilistischen seines Denkens. Doch wiewohl sein Werk von einem nietzscheanischen Nihilismus dominiert wird, war er doch ein erstaunlich empfänglicher Schriftsteller. Tatsächlich haben fast alle Phänomene, die unsere gegenwärtige Welt beseelen – so verschiedenartig und einander widersprechend sie auch oft sind –, Eingang in sein Werk gefunden. Aber vor allem seine Schriften über die heiligen Momente im Sport konterkarieren seinen Nihilismus.

Wallace war ein großer Tennisliebhaber, und den obersten Platz in seinem Pantheon der Champions nahm Roger Federer ein. Seine große Hymne auf ihn erschien unter dem Titel »Federer as Religious Experience« in der *New York Times*.[8] Wenn Sie den jungen Mann noch nie live spielen sahen, schreibt er, und

ihn dann in persona sehen, auf dem heiligen Rasen
von Wimbledon, durch die ganze buchstäblich aus-
dörrende Hitze und den plötzlichen Wind und Regen
der '06 Fortnight hindurch, dann sind Sie reif für das,
was ein Fahrer der Turnierpressebusse eine »verdammte
nahreligiöse Erfahrung« nennt. Es mag verführerisch
sein, in einer solchen Phrase nur eine weitere über-
spannte Trope zu sehen [...]. Aber der Satz des Fahrers
entpuppt sich als wahr – buchstäblich, ekstatisch –,
wenngleich es der Geduld und genauen Beobachtung
bedarf, um diese Wahrheit emporsteigen zu sehen.[9]

Wallace' Analyse von Federers Spiel ist meisterhaft. Er erkannte, dass seine Kombination aus Kraft und Schönheit
das Powerspiel von der Grundlinie aus wiederbelebte, das
angeblich bereits seinen evolutionären Endpunkt erreicht hatte – was Federer »im übertragenen wie wörtli-
chen Sinne zur Reinkarnation des Herrentennis« machte.
Und eben weil er diesen neuen Spielstil verkörperte, war
die Zukunft des Tennis zum ersten Mal seit Jahren wieder
offen, unvorhersehbar und lebendig. Wenn Wallace recht
hatte mit seiner Interpretation, dann ist es keineswegs
unsinnig oder übertrieben zu behaupten, dass es einer religiösen Erfahrung gleichkomme, Federer beim Spielen
zu beobachten: In der Betrachtung offenbart sich ein
neues Bild vom Menschen und seinem Streben.

Diese neue Art, das Heilige wahrzunehmen, wirft ein
Schlaglicht auf eine Spannung, möglicherweise sogar auf
einen unlösbaren Konflikt nicht nur in Wallace' Schriften, sondern in unserer ganzen Kultur. Denn die erlösende Kraft, die Wallace in Federer sieht – die Erlösung,
die er in Federers athletischer Anmut und Schönheit fin-

det –, steht nicht einfach nur im Widerspruch zur körperlosen Glückseligkeit des levitierenden Steuerprüfers Mitchell Drinion, sondern führt diese regelrecht ad absurdum.

Tatsächlich lässt sich der entscheidende Unterschied zwischen diesen beiden Vorstellungen vom Heiligen durch eine Betrachtung des Körpers demonstrieren. Die meisten menschlichen Tätigkeiten – auch die geistigen oder spirituellen – sind auf die eine oder andere Weise mit dem Körper verbunden. Der Schmerz, den Don Gately durch seine Schussverletzung empfindet, ist der Auslöser für seine lange Tagträumerei am Ende von *Unendlicher Spaß*. Doch um solche Träumereien als Offenbarung erfahren zu können, muss man das schwache Fleisch verleugnen. Wie Augustinus strebt auch Gately letztendlich nach einem *körperlosen* Zustand – nach einer Verfassung, in welcher der Körper dahinschmilzt, und mit ihm all seine Begrenzungen. Nichts bleibt übrig außer der vitalen Glückseligkeit ewiger Gegenwart. Wallace schrieb diese Gately-Passagen sehr schnell – vielleicht selbst in einem gatelyartigen Trancezustand – und scheint eine sehr persönliche Beziehung zu ihnen gehabt zu haben. In dieser Zeit erzählte er einem Freund, er habe so gut arbeiten könnten, dass »ich nicht einmal mehr meinen Arsch auf dem Stuhl spürte«.[10]

Der entscheidende Punkt bei Gatelys Erfahrung, bei Wallace' Arschlosigkeit und natürlich beim schwebenden Mitchell Drinion ist, dass der Körper eine Behinderung darstellt. Wahre Glückseligkeit, wahre Erlösung ergibt sich aus dieser traditionellen augustinischen Sicht nur durch die Loslösung von der Last des Körpers. Eine Sichtweise, die uns auch heutzutage noch vertraut ist.

Federers athletische Anmut lässt jedoch noch eine andere, nuanciertere Wahrnehmung der Rolle zu, die der Körper in der Erfahrung des Heiligen spielt. Denn in Federers meisterlichem Tennisspiel kommt alles andere als eine Verleugnung des Körpers zum Ausdruck, vielmehr zeigt sich darin die »Versöhnung des Menschen mit der Tatsache, dass er einen Körper hat«. Das heißt jedoch nicht, dass der Körper nun grundsätzlich und uneingeschränkt etwas Gutes sei:

> *Es gibt eine Menge Schlechtes daran, einen Körper zu haben. So dies denn nicht bereits derart offensichtlich wahr ist, dass niemand Beispiele benötigt, bräuchten wir nur mal eben an den Schmerz denken, an Wunden, Gerüche, Übelkeit, das Altern, die Schwerkraft, Sepsis, Unbeholfenheit, Krankheit, Behinderungen – schlicht an jedes Schisma zwischen unserem Willen und unserem tatsächlichen körperlichen Vermögen. Kann irgendwer noch bezweifeln, dass wir Hilfe brauchen, um in Einklang mit uns selbst gebracht zu werden? Dass wir nicht danach lechzen? Schließlich ist es dein Körper, der stirbt.[11]*

Nun, wenn man sich ausschließlich auf die Miseren des Körpers konzentriert, dann kann eine Erlösung auch nur darin liegen, keinen Körper mehr zu haben. Die Abwesenheit des Arsches wird zur ekstatischen Glückseligkeit. Aber Federers athletische Anmut drängt vielmehr zur Lobpreisung der heiligen Wunder des Körpers:

> *Es ist aber auch etwas Wundervolles daran, einen Körper zu haben, natürlich – nur ist es eben so, dass diese*

Dinge sehr viel schwieriger in Echtzeit zu empfinden und zu würdigen sind. Große Sportler scheinen wie gewisse seltene, sinnliche Epiphanien (»Was für ein Glück, Augen zu haben, um diesen Sonnenuntergang sehen zu können!« etc.) unser Bewusstsein dafür zu schärfen, wie großartig es ist, den Raum ertasten und erfassen, sich durch ihn hindurch bewegen und mit Materie interagieren zu können. Zugegeben, große Athleten tun Dinge mit ihren Körpern, von denen wir übrigen nur träumen können. Aber diese Träume sind wichtig – sie machen vieles wett.[12]

Mit anderen Worten, Federers athletische Anmut deutet die Möglichkeit einer vollständig verkörperten, diesseitigen Form des Heiligen an. Und diese Vorstellung vom Heiligen begrüßt die Grenzen, die der Körper setzt, weil deren Erforschung, Ausweitung und Umformung neue Erfahrungsräume eröffnet.

Mehr noch, dieses diesseitige Heilige ermöglicht es uns sogar, ein Mysterium und einen Zauber gleich hier auf Erden zu finden: ein metaphysisches Mysterium, das, wie Wallace insistiert, sich in »seltenen übernatürlichen Athleten« manifestiert – in Sportlern wie Roger Federer und Michael Jordan und Muhammad Ali, »die zumindest partiell bestimmten physikalischen Gesetzen« enthoben scheinen.[13] Es gestattet uns, etwas Heiliges und Göttliches in dem Menschen Michael Jordan zu finden, der, wie Wallace einmal schrieb, »in der Luft schwebt wie eine Braut von Chagall«.[14] Es ermöglicht uns, alle zusammen wie ein Mann aufzuspringen in der ekstatischen, spontanen Freude über die menschliche Größe eines Bill Bradley, der die Abwehr splittet, oder eines Wesley Autrey, der sich auf die U-Bahn-Schienen stürzt. Und es rief auch Wallace' Reaktion hervor, als er – lediglich im Fernsehen[15] – diesen unglaublichen Moment sah, in dem Federer sich bewegte, als sei er dem Film *Matrix* entsprungen:

> *Ich weiß nicht, welche Geräusche damit verbunden waren, aber meine Frau sagt, sie sei herbeigeeilt, und es habe Popcorn über der ganzen Couch verstreut gelegen und ich hätte am Boden gekniet und meine Augäpfel hätten ausgesehen wie diese Kunstdinger aus dem Scherzartikelladen.*[16]

Diese Begegnung mit der vollständig verkörperten athletischen Anmut kann uns – wie auch andere leibliche Freuden – zu einer genuin religiösen Erfahrung verhelfen. Aber sie unterscheidet sich deutlich von der augustinischen Erfahrung des Heiligen, schon weil sie sich – im Gegensatz zu Gatelys ewiger Gegenwart – weder durch Selbstkontrolle noch durch eine bewusste Willensanstrengung herbeiführen lässt: »Man muss sich dem Ästhetischen eher indirekt nähern, um es herumreden oder versuchen, es als das zu definieren, was es nicht ist.«[17]

Diese indirekte Annäherung führt eher zu einer Versöhnung von Körper und Geist als zu einer Läuterung. Sie erfordert eine zutiefst menschliche Vorstellung von einem Heiligen, das nicht mit einer Verleugnung von Schmerz und Langeweile und Zorn und Angst einhergeht, sondern mit der Erkenntnis, dass unser Dasein nicht nur aus heiligen, sondern auch aus schmerzhaften Momenten besteht und dass beide einander komplementieren und gegenseitig Bedeutung verleihen. Dieses Verständnis vom Heiligen beruht auf dem Wissen, dass man keine fürsorglichen Götter haben kann, ohne auch Götter zu haben, die einem zürnen.[18]

Um dieses Heilige erfahren zu können, bedarf es deshalb der Erkenntnis, wie dringend wir der Sitten und Gebräuche bedürfen, die »den göttlichen Bann [...] *kalmieren*«.[19] Und das sind genau die, denen Wallace sich nicht öffnen konnte und die wir in diesem letzten Kapitel nun ansprechen wollen. Wallace selbst verschanzte sich, ungeachtet seiner Empfänglichkeit für die verkörperte athletische Anmut, hinter einer nietzscheanisch nihilistischen Weltsicht. Auf ihn wirkten Sitten und Gebräuche wie ein naiver Aberglaube,[20] nicht wie genuin heilige Rituale. Aber er lebte ja auch bis zum Schluss unter Melvilles »selbstherrliche[m] Himmel«, neben dem »heute verlassenen Berge«.[21] Deshalb war es ihm auch nicht gelungen, sich die Götter wieder geneigt zu machen. Und doch, trotz allem, bewahrte er sich ein ehrfurchtsvolles Staunen im Angesicht einer Welt, in der diese ganz und gar menschliche religiöse Erfahrung eine Heimstatt gefunden hat. »Es ist schwer zu beschreiben«, sagte er,

> *das ist wie bei einem Gedanken, der zugleich ein Gefühl ist. Man möchte nicht zu viel Wind darum machen, oder so tun, als gebe es da irgendeine Ausgewogenheit, das wäre grotesk. Aber die Wahrheit ist, dass die Gottheit oder Entität, die Energie oder der genetische Zufall – wer immer es ist, der kranke Kinder hervorbringt – auch Roger Federer hervorgebracht hat, und seht ihn euch doch bloß mal an da unten. Seht euch das an.[22]*

Was nun die heiligen Momente im Sport betrifft, so lassen sich hier vier Punkte festhalten, mit denen wir beginnen können, die Lücke zu füllen, die Wallace durch all das hinterließ, was er nicht wahrnehmen konnte. Erstens ereignet sich in wirklich außerordentlichen Momenten etwas Überwältigendes: Es wallt auf und trägt uns auf einer mächtigen Welle mit sich. Die Wellen-Metapher ist entscheidend: In ihrem stärksten Aufbau ist eine Welle ein stabiles Fundament, das so viele Surfer tragen kann, wie draufpassen. Und während sie dahinrollt, kann sie sogar noch viel mehr mit sich reißen. Doch ist sie abgeflaut, bleibt nichts von ihr als die Erinnerung. Im Sport gibt es Vergleichbares: Surft man gerade auf einer Welle, trägt sie einen und verleiht dem Tun Bedeutung. Borgmann schreibt:

> *Zu Beginn des Spiels gibt es keine Möglichkeit, den Spielverlauf vorherzusagen oder zu kontrollieren. Niemand kann ein Spiel willentlich steuern. Es entfaltet und offenbart sich erst nach und nach. Es löst Dankbarkeit und Verzweiflung aus, führt zu Heldentaten und Niederlagen, erfüllt mit Begeisterung und bereitet Qualen. Es ist immer größer als die Individuen, die es vereint.*[23]

Doch seine Bedeutung ist immer nur temporär. Man kann sich anschließend zwar erinnern, von einem Spiel mitgerissen und ganz in Beschlag genommen worden zu sein. Aber die Erinnerung daran enthält keinen Hinweis auf das rechte Handeln. Das unterscheidet unsere zeitgenössische Vorstellung vom Heiligen und Wirklichen radikal von anderen Vorstellungen, die uns vertraut sind.

Unsere situative Vorstellung von den Grundlagen unserer Existenz hat ebenso wenig mit den ewigen und unvergänglichen Gewissheiten zu tun, nach denen Philosophen von Platon über Descartes bis Kant strebten, wie mit der einen monotheistischen Gewissheit der jüdisch-christlichen Tradition. Unsere Gewissheiten ähneln vielmehr der homerischen Erfahrungswirklichkeit – sie sind vielgestalt und flüchtig und bedürfen der Hege und Pflege. Homer wusste, dass sie uns eine Weile tragen, aber niemals von Dauer sind, schon gar nicht von ewiger.

Zweitens ist das Heilige, wie wir es in unserer Kultur erfahren, durch eben dieses Merkmal der Flüchtigkeit eng mit der homerisch-griechischen Vorstellung vom Wirklichen verknüpft. Zu Homers Zeiten wurde die Natur – das, was ist – als *physis* bezeichnet, also mit dem Begriff belegt, von dem sich auch der Begriff der »Physik« ableitet. Auch unsere Physik ist noch die Wissenschaft von dem, was ist, aber wir haben inzwischen eine ganz andere Vorstellung davon als einstmals Homer. Für uns sind die Grundbausteine der Natur Quarks und Leptonen und andere subatomare Teilchen mit Masse und Energie. Möglicherweise sind es aber auch allerwinzigste multidimensionale, vibrierende Strings, und vielleicht wird uns die Physik schlussendlich etwas noch ganz anderes offenbaren. Doch was die Physiker am Ende auch über das Universum herausgefunden haben werden, es wird uns immer etwas über die Grundbausteine und über die Gesetze verraten, nach denen diese interagieren. Für Homer wäre diese Vorstellung von Wirklichkeit nicht faktisch falsch gewesen, so als könne irgendeine alternative Theorie die Kausalitäten besser klären.[24] Aus seiner Sicht hätte diese Geschichte vielmehr an einem völlig falschen Punkt angesetzt. Denn das Wort *physis* war zu seiner Zeit kein Begriff für die *Komponenten* des Universums: Es war die Bezeichnung für die *Art und Weise*, wie sich uns die Wirklichkeit darstellt.

Das Wichtigste, das Wirklichste in Homers Welt wallt auf und erfasst uns, trägt uns eine Weile und gibt uns schließlich wieder frei. Wenn wir Homers Begriff *physis* übersetzen müssten, dann müsste man wohl von »Aufwallung« sprechen. Das, was für Homer wirklich war, wallt auf: das Leuchten von Achilles in der Schlacht; das überwältigend erotische Gefühl angesichts eines leuchtenden Fremden wie Paris; der leuchtende Moment, der Odysseus nach dem Felsen in der stürmischen See greifen lässt. Dieses aufwallende Leuchten ist die Wirklichkeit von Homers Welt. Und genau davon werden auch wir in den großen Momenten beim Sport ergriffen. Wenn etwas aufwallt, dann bündelt und strukturiert es alles um sich herum. Mitten im Spiel ragt der große Athlet über sich selbst hinaus und leuchtet – aller Aufmerksamkeit richtet sich auf ihn. Und alle um ihn herum – die Spieler auf dem Feld, die Trainer auf der Bank, die Fans im Stadion, die Sprecher in ihren Kabinen – wirklich alle begreifen in diesem Moment, wer sie sind und was ihre Rolle in diesem Moment ist. In Homers Welt ist das, was aufwallt, dasjenige, was leuchtet – und damit das, worauf es wirklich ankommt.

Natürlich steht Homers Realitätsverständnis konträr zu dem der heutigen Naturwissenschaften – allein deshalb, weil sie wie gesagt unterschiedliche Dinge erklären. Tatsächlich könnte – und sollte – man sich jedoch beide Realitätsverständnisse zu eigen machen, ohne dabei in einen Konflikt geraten zu müssen: Die naturwissenschaftliche Auffassung vom Seienden fokussiert auf die Kausalitäten; Homer hingegen beschrieb die sinnhaften Momente des Seins. Natürlich spielen auch in solchen bedeutungsvollen Momenten – wie im Sport – Kausalitäten eine Rolle. Aber die Kausalstruktur der Muskulatur in Lou Gehrigs linkem Oberschenkel ist ohne jeden Belang für die Frage, wieso sein Spiel oder sein Abschied die Menschen derart bewegt hat.

Der dritte Punkt, um den es uns hier geht, ist, dass das Phänomen der *physis* nicht auf den Sport beschränkt ist. Beim Sport zeigt es sich uns bloß in seiner reinsten Ausprägung – hier wird das Gemeinschaftsgefühl, das Gefühl für die eigene Identität und die Bedeutung des Moments besonders hervorgehoben. Das heißt jedoch nicht, dass es sich nicht auch anderswo zeigen kann. Ähnlich intensiv empfanden beispielsweise viele Amerikaner die Rede, die Martin Luther King jr. 1963 vor dem Lincoln Memorial in Washington hielt. Andere erleben dieses Gefühl vielleicht bei Familienfeiern oder im Freundeskreis. Es gibt keinen Grund, davon auszugehen, dass sich eine solche Aufwallung auf den Sport beschränkt. Und doch: In der gegenwärtigen amerikanischen Kultur ist sie bei Sportereignissen am geläufigsten.

Der Sport ist hier aber noch aus anderen Gründen ein gutes Beispiel, und das bringt uns zu unserem vierten Punkt. Es ist nämlich etwas inhärent Gefährliches und sogar potentiell Abstoßendes an diesem Phänomen. Auch diesen unangenehmen letzten Punkt zur *physis* müssen wir hier ansprechen.

Kürzlich hat einer von uns bei einer Dinnerparty das Phänomen des Aufwallens beschrieben. Ein Kollege am

Tisch – seines Zeichens ein liebenswürdiger, scharfsinniger Philosoph, der sich intensiv mit ähnlichen Fragen befasst – reagierte prompt: »Ich weiß genau, wie es sich anfühlt, wenn eine solche Energie durch eine Masse pulsiert«, sagte er. »Und jedes Mal, wenn ich da auch nur in der Nähe bin, wünsche ich mich so weit weg wie nur irgend möglich.« Das Gespräch wurde an dieser Stelle unterbrochen, wie es bei gesellschaftlichen Anlässen so oft geschieht, und der eigentliche Grund für die besorgte Reaktion des Kollegen sollte nicht mehr zur Sprache kommen. Aber es liegt natürlich auf der Hand, dass sich hinter einem solchen Kommentar tiefste Beunruhigung über die Gefahren verbirgt, die wir hier nicht übergehen dürfen.

Zuerst einmal ist festzustellen, dass man das eigene Handeln nicht mehr vollständig unter Kontrolle hat, sobald man von irgendeiner wirkmächtigen Kraft überrollt wird. Wenn ich mich angesichts einer grandiosen sportlichen Leistung von der Masse mitreißen lasse und wie alle anderen vom Sitz aufspringe, dann bin ich in einem entscheidenden Sinne nicht mehr Herr meiner selbst. Es sind natürlich meine Muskeln, die mein motorisches Handeln auslösen – die meine Beine strecken, meine Arme in die Höhe reißen, auf dass sie in ihrer Sprachlosigkeit mein Hurra-Gefühl zum Ausdruck bringen. Doch ich übe diese Bewegungen aus, ohne mich bewusst dafür entschieden zu haben. Mein Handeln hat etwas Unwillkürliches. Natürlich hat mich nichts und niemand *gezwungen*, aufzuspringen und zu jubeln. Mir hätte es jederzeit freigestanden, eine ironisch distanzierte Haltung gegenüber dem Geschehen einzunehmen oder, wie unser Kollege es empfahl, einfach aufzustehen und fortzugehen. Doch sobald ich mich von dem Geschehen überrollen lasse, habe ich die Kontrolle über mich selbst ein Stück weit aus der Hand gegeben.

Aus Sicht der Aufklärung ist dies ein ausgesprochen abstoßender Zustand. Kant schrieb den berühmten Satz: »Aufklärung ist der Ausgang des Menschen aus seiner selbst verschuldeten Unmündigkeit.«[25] Im kantischen Sinne unmündig zu sein bedeutet, sich Handlungsweisen zu gestatten, für die man sich nicht willentlich und frei entschieden hat. Sich vom Massenwahn mitreißen zu lassen ist ein Paradebeispiel dafür. Mündigkeit bedeutet, genug Entschlossenheit und Mut aufzubringen und den eigenen Verstand zu gebrauchen, um ohne jede äußere Beeinflussung handeln zu können. Mündiges Verhalten bei einem Baseballspiel würde in diesem kantischen Sinne bedeuten, der Macht der Massenreaktion Widerstand zu leisten und selbst zu entscheiden, was die angemessene Reaktion auf ein Ereignis ist. Man kann sich sehr wohl dafür entscheiden, dass eine grandiose athletische Leistung Applaus verdient, und seiner Zustimmung dementsprechend Ausdruck verleihen. Aber vom Sitz aufzuspringen, nur weil die Masse es tut, ist inakzeptabel.

Das mag, bezogen auf eine so vergnügliche Sache wie ein Sportereignis, dröge klingen, aber Kant hatte gute Gründe, Vorsicht walten zu lassen. Man bedenke, wie verschwindend gering der Unterschied zwischen dem Massenjubel bei einem Baseballspiel und dem Massenjubel bei der Kundgebung eines Despoten ist. Wenn man Lou Gehrigs Abschiedsrede als einen rein rhetorischen Akt betrachtet und nicht als den Ausdruck seiner sportlichen Größe, wird deutlich, wie ungemein nahe beides beieinander liegt. Die Macht des Aufwallens ist janusköpfig. Wenn wir also nicht in der Lage sind, den Unterschied zwischen Lou Gehrigs Ansprache und einer demagogischen Rede zu erkennen, dann ist die kantische Aufforderung zum mündigen Verhalten, so dröge es einem auch vorkommen mag, gewiss die beste Lösung.

Stehen wir also vor der Wahl zwischen einem langweiligen, aber von einem mündigen und moralischen Handeln geprägten Leben einerseits und andererseits einem Leben voller riskanter, potentiell abscheulicher und dennoch bedeutungsvoller Handlungen? Nein. Es geht noch um viel mehr. Die Aufklärung hat mit ihrer metaphysischen Umarmung des autonomen Individuums nicht nur zu einem drögen, sondern auch unlebbaren Leben geführt. Bei Dante galt die Durchsetzung des autonomen individuellen Willens als eine Rebellion gegen Gott. Und wenn der Manxmann Melvilles Ahab »dumm vor Stärke« nennt, dann ist auch das in einem ähnlichen Sinne gemeint. Ahabs Bedürfnis nach einer klaren, eindeutigen und absoluten Gewissheit über seinen eigenen Platz im Universum, dieses monomanische Bedürfnis, herauszufinden, ob er selbst in dessen Zentrum steht, betrachtete Melville als einen zutiefst tragischen Makel.

Aber unsere gegenwärtige Lage ist mit einem vielleicht noch größeren Makel behaftet. David Foster Wallace versetzte sich mit seinem Verlangen, aus sich selbst heraus Bedeutung zu erschaffen, in eine Position, die traditionell Gott zustand und die auch Nietzsche für sich beansprucht hatte. Doch im Gegensatz zu Nietzsche kommt Wallace dabei am Ende zu der Erkenntnis, dass es zwar notwendig sei, diese Position einzunehmen, wenn man ein sinnvolles Leben führen will, er sie aber letztendlich weder verstehen noch leben konnte. Der Individualismus von Wallace und Nietzsche scheint entweder zum Frevel aufzufordern oder eben in einer Tragödie zu enden – im Nihilismus oder gar im Selbstmord. So gesehen hat die Aufklärung mit ihrer metaphysischen Umarmung des Individuums einen wirklich dramatischen Wendepunkt in der Geschichte des Abendlands bewirkt – und war so gesehen vielleicht gar nicht die fortschrittlichste Stufe in der Geschichte unseres Selbstverständnisses, sondern vielmehr die letzte Stufe des Niedergangs von Luther über Descartes und Kant bis zu Nietzsche – der Abstieg zu einem Selbstverständnis, das jede Möglichkeit für ein sinnvolles und erfülltes Leben zunichtemacht.

Als ein Gegengift gegen diese Conditio humana haben wir bereits den homerischen Polytheismus vorgeschlagen – das Aufwallen, das uns eine Weile lang trägt und dann wieder loslässt und das auch in unserer gegenwärtigen westlichen Kultur noch zur Verfügung steht. Natürlich steht er im krassen Gegensatz zu den Idealen des aufklärerischen Individualismus – schon aus dem einfachen Grund, dass dieses Aufwallen sehr viel eher die Reaktion einer Gemeinschaft als die eines Individuums ist. Ismael erlebt diese Art von Gemeinschaftsgefühl und hätte am liebsten auf immer und ewig Spermazet geknetet. Es kann sich auch im Moment eines Hochgefühls bei einem Sportereignis einstellen: Man wünscht sich, diese Stimmung möge ewig währen, wohl wissend, dass das nicht sein kann. Doch solche Momente bieten etwas, das der Autonomie fehlt – das Gefühl, an etwas teilzuhaben, das größer ist als alles, was das Ich aus sich selbst heraus schaffen könnte.

Es ist etwas enorm Hoffnungsfrohes an der Idee, dass

wir imstande sein könnten, dem Gefühl von Bedeutungslosigkeit im Leben etwas entgegenzusetzen, indem wir uns für dieses antike Phänomen sensibilisieren und es uns zu eigen machen. Nun, wenn die Dinge so einfach lägen, könnten wir an dieser Stelle unsere Geschichte beenden. Doch leider wäre der Preis für die Aneignung dieses Phänomens zu hoch: Eine Lebensweise, die uns zugleich zur leichten Beute von faschistischen Rhetorikern macht, ist ganz gewiss nicht vertretbar. Und damit sitzen wir fest zwischen Skylla und Charybdis, zwischen einem nihilistischen und bedeutungslosen Leben auf der einen Seite und einem bedeutungsvollen, aber potentiell abscheulichen auf der anderen.

Unglücklicherweise können wir uns zwischen diesen Gefahren nicht einfach hindurchlavieren, indem wir uns Homers Polytheismus aneignen. Es gibt Dinge bei Homer, die uns zu Recht abstoßen, und es wäre ein großer Rückschritt, würden wir auch deren Rückkehr fordern. In der *Ilias* zum Beispiel schleift Achilles die Leiche des von ihm getöteten Hektor drei Tage lang wie im manisch-heroischen Wahnzustand um die Mauern Trojas. Homer applaudiert dieser berüchtigten Tat zwar nicht, er verurteilt sie allerdings auch nicht. Er beschreibt nur, welche Wirkung sie auf Hektors Vater Priamos hat. Wir aber müssen eine Tat wie diese selbst dann verurteilen können, wenn wir uns zum Zeitpunkt des Geschehens inmitten der applaudierenden Masse befinden. Homer bleibt in diesem entscheidenden Punkt gefährlich unverbindlich.

Alles, was wir bisher geschrieben haben, wäre umsonst gewesen, könnten wir diese Gefahr nicht abwenden. Die richtige Reaktion darauf setzt bei der Beobachtung an, dass unserer Kultur neben der ekstatischen *physis* glücklicherweise auch noch andere heilige Sitten und Gebräuche erhalten geblieben sind. Richtig verstanden und auf geeignete Weise angeeignet, können sie *physis* bewahren und zugleich deren abstoßende Manifestationen verhindern. Bevor wir uns den möglichen Reaktionen auf die Gefahren von *physis* zuwenden, müssen wir erst noch auf eine heilige Sitte zu sprechen kommen, die ebenfalls noch in den Randbereichen unserer Kultur zu finden ist und mit deren Hilfe wir *physis* ihren angemessenen Platz zuweisen können.

Die Rede ist von *poiesis*. Bis vor rund hundert Jahren waren es die kultivierenden und lehrbaren Sitten und Gebräuche der *poiesis*, die den Dingen auf entscheidende Weise Bedeutung verliehen. So manifestierte sich der *poietische* Stil zum Beispiel in dem Geschick des Kunsthandwerkers, das Allerbeste aus seinem Material herauszuarbeiten. Diese alte Kulturtechnik wurde in Homers Welt hochgeschätzt: Hephaistos, der Gott der Kunstschmiede, erzeugte leuchtende Dinge, die von den homerischen Griechen staunend bewundert wurden. Doch Hephaistos war eine Nebenfigur im homerisch-griechischen Pantheon gewesen. Erst bei Aischylos brachte Athenes *poiesis* das Allerbeste aus der Kultur hervor und organisierte so das Verständnis von allem Seienden. Dieses kultivierende, kunstfertige *poietische* Verständnis davon, wie man die allerbeste Bedeutung aus etwas herausarbeiten kann, blühte und gedieh bis ins späte 19. Jahrhundert hinein, aber im Technikzeitalter geriet es unter Beschuss.

Ungeachtet des herrschenden Trends weg von der Entwicklung *poietischer* Fertigkeiten gibt es nach wie vor einige Wirkungsbereiche, in denen sie noch unerlässlich sind. Die Fähigkeit, Baseball oder Tennis oder Klavier zu spielen, lehren wir nach wie vor auf relativ traditionelle Weise. Die angehenden Sportler oder Musiker üben, um auf bestimmte Situationen automatisch richtig zu reagieren – der Feldspieler lernt, den Ball geschickt vom Boden aufzunehmen, der Klavierspieler lernt, einen Fingerlauf über drei Oktaven zu beherrschen. Auf der Basis solcher Übungen hoffen wir, dem Anfänger allmählich die nötigen technischen Fertigkeiten in seinem Metier beizubringen. Allerdings mutet diese Lehrmethode so manchen als Schinderei an, und der Automatismus, der sich dabei entwickelt, scheint vielen ein zu trivialer Lohn für so viel harte Arbeit zu sein.

Tatsächlich ist die wahre Kunstfertigkeit ein viel reicheres Phänomen, als es dieses Bild nahelegt. An einer vollendeten Fertigkeit ist beträchtlich mehr beteiligt als nur die Aneignung eines bestimmten körperlichen Geschicks. Ein Könner sieht die Dinge mit anderen Augen. Der kunstfertige Chirurg zum Beispiel sieht mehr als nur ein blutiges, gebrochenes Bein: Er sieht einen bestimmten Bruch, der nur mit genau dieser oder jener Methode kunstvoll gerichtet werden kann. Baseballfans sprechen von einem »visionären« Runningback, oder Basketballfans davon, dass ein Point Guard ein unheimliches »Gespür für den Platz« habe. Gemeint ist damit, dass es dem Chirurgen oder dem Sportler nur durch seine spezifische Kunstfertigkeit möglich ist, bedeutungsvolle Nuancen zu erkennen, die Laien verborgen bleiben.

Um zu verstehen, dass es hier um mehr als ein spezifisches Know-how geht, müssen wir uns in eine Zeit zurückversetzen, in der handwerkliche Kunstfertigkeiten sich noch entscheidend auf die ganze Lebensweise des Handwerkers ausgewirkt haben.

Denken wir zum Beispiel an einen Stellmacher gegen Ende des 19. Jahrhunderts. Alle Handwerker in seiner Wagnerei haben ihr Geschick erworben, indem sie bei einem Meister in die Lehre gingen. Was sie unter der Kunstfertigkeit verstanden, um die sich letztendlich das ganze Leben des Stellmachers oder eines geschickten Handwerkers drehte, war wesentlich umfassender und tiefgreifender als unsere heutige Vorstellung davon. Denn während wir unter einer handwerklichen Qualifikation primär ein technisches Sachverständnis verstehen, ging das Verständnis des Stellmachers in zumindest drei entscheidenden Hinsichten weit darüber hinaus. George Sturt, ein englischer Lehrer, Schriftsteller und der letzte Stellmacher seiner Familie, schilderte diese Tradition vor fast hundert Jahren in seinen Büchern über das englische Handwerk.[26] Beginnen wir mit dem sachkundigen Verständnis, das der Stellmacher vom Holz hatte. Sturt schreibt:

Ich habe altväterliche Handwerker vielversprechendes Nutzholz ablehnen gesehen, weil sie es ungeeignet fanden für ihre Zwecke. Sie wussten noch, wovon sie sprachen. Der bewanderte Handwerker war der höchste Richter. Unter dem Hobel (er wird heute kaum noch genutzt) oder unter der Axt (welche mittlerweile völlig überholt ist) offenbarte das Holz Eigenschaften, die anderenfalls kaum zum Vorschein kommen. Meine eigenen Augen wissen es, weil meine eigenen Hände es gefühlt haben, aber ich kann einen Außenstehenden nicht den Unterschied zwischen Eschenholz lehren,

das »robust wie eine Peitschenschnur« ist, und Eschen-
holz, das »splittrig wie eine Karotte« oder »faulig«
oder »teigig« ist. Bei der Eiche, der Birke, treten diese
Unterschiede ebenso deutlich zutage, jedoch nur für
jene, welche durch praktische Arbeit eingeweiht wur-
den.[27]

Sturt hebt hier etwas hervor, das wir bereits beim vollendeten Athleten entdeckt haben. Wie der Runningback
beim Football, der sofort die Lücke in der gegnerischen
Aufstellung entdeckt, weiß der kunstfertige Handwerker
aus jahrelanger Erfahrung, wie er Nuancen der Wertig-
keit erkennen kann, welche andere, die über seine Kunstfertigkeit nicht verfügen, nicht sehen. Sturt betont aber
noch etwas anderes, nämlich den Zusammenhang zwischen den körperlichen Fähigkeiten des Handwerkers
und den Unterschieden, die er in seinem Material erkennen kann. Das Holz offenbart unter der Axt oder dem
Hobel Qualitäten, die es ansonsten nicht zu erkennen
gibt. Und nur weil man diese Unterschiede immer wieder mit den eigenen Händen ertastet hat, kann man sie
schließlich schon mit dem Auge erkennen. Diese Fähigkeit, Wertigkeiten wahrzunehmen, kann einem Außenstehenden nicht beigebracht werden, weil es dabei nicht
darum geht, unterschiedliche Farbschattierungen oder
Maserungen oder irgendwelche kaum sichtbaren anderen Eigenschaften des Holzes zu sehen. Es geht vielmehr
darum, sofort erkennen zu können, wie das Holz auf eine
Axt oder Säge oder einen Hobel reagieren wird, sofort zu
wissen, ob es das Gewicht einer Kutsche tragen kann
oder unter ihm splittern wird. Um solche Unterschiede
in der Natur zu erkennen, bedarf es der Kunstfertigkeit,

angefangen beim Schlagen des Holzes über das Sägen und Hobeln bis hin zum Zusammenbau des Rades und seiner Befestigung unter der Kutsche oder dem Karren, und all das, ohne dabei je aus den Augen zu verlieren, welcher Belastung es beim Transport oder bei der bäuerlichen Arbeit standhalten muss. Diese Kunstfertigkeit ist im Wesentlichen verkörperte Erfahrung.

Es sollte hier angemerkt werden, dass an dieser Sichtweise des Meisterstellmachers nichts *Geheimnisvolles* ist – das heißt, es sind keine Zauberformeln oder übernatürlichen Kräfte vonnöten. Das Phänomen selbst ist die Offenbarung. Denn aus dem richtigen Blickwinkel betrachtet, liefert es uns auch den Hinweis auf ein ganz anderes menschliches Selbstverständnis. Der Stellmacher erkennt bereits bedeutungsvolle Unterschiede *im Holz* – das heißt Unterschiede in Wert und Qualität, die er in keinerlei Hinsicht selbst verursacht. Der kunstfertige Handwerker *entscheidet* nicht, die Esche zu behandeln, als sei sie »splittrig wie eine Karotte«, so wie David Foster Wallace entscheidet, die Frau an der Kasse so zu behandeln, als habe sie ihrem kranken Mann die ganze Nacht über die Hand gehalten. Der Handwerker sieht die Dinge, wie sie sind, seine Aufgabe besteht nicht darin, Bedeutung zu *generieren*, sondern darin, die Kunstfertigkeit zu *kultivieren*, über die er verfügen muss, um *bereits gegebene* Bedeutungen *erkennen* zu können.

Aber auch hinter diesem Phänomen steckt mehr, als auf Anhieb ersichtlich ist. Denn es ist ja nicht bloß so, dass der Stellmacher ein paar Unterschiede erkennen kann; es ist vielmehr so, dass er über ein detailliertes und reiches Wissen über das Holz als solches verfügt. An diesem Punkt ist Sturt auf eine Weise eindeutig, wie es zeitgenössische Beispiele nicht sind: Ihm zufolge versteht der wahrhaft kunstfertige Handwerker, dass jedes Holz, mit dem er arbeitet, anders ist und seine eigene Persönlichkeit hat, seine eigene Individualität. Ein jedes stellt uns vor andere Hürden als das vorangegangene, oder erfordert andere Vorgehensweisen. Um ein wahrer Meister des Holzes zu sein, muss man erkennen können, auf welche Weise es bearbeitet werden möchte. Der Holzhandwerker

> *hatte keine Bandsäge (wie heutzutage), die mit unbarmherziger Intelligenzlosigkeit durch jeden Widerstand hindurch zieht. Das Holz war alles andere als die Beute, das hilflose Opfer einer Maschine. Vielmehr übertrug es die ihm eigenen Feinheiten auf den Menschen, welcher sie zu umschmeicheln wusste. Mit ihm wollte es zusammenwirken wie mit einem verständnisvollen Freund.[28]*

Für den Meister des Holzes ist jedes Stück, mit dem er arbeitet, und insofern auch jede Situation, vor die ihn die Holzverarbeitung stellt, einzigartig. Im Gegensatz zur angelernten automatisierten Reaktion bedarf die Kunstfertigkeit des Meisters der Klugheit und Flexibilität. Das heißt nicht, dass der Meister seine einzelnen Handlungen konsequent durchplant. Seine Ingenuität ist der spontane Ausdruck von verkörperter Erfahrung. Der Meisterhandwerker wird kaum jemals eine Sache zwei Mal auf gleiche Weise tun.

Schließlich, und das ist vielleicht das Wichtigste, verleiht die Einzigartigkeit jedes handwerklichen Moments dieser Kunstfertigkeit auch eine heilige Dimension.

Wenn jedes Stück Holz anders ist, wie Sturt schreibt, und seine eigene Persönlichkeit hat, dann geht der Holzhandwerker mit dem Holz, das er bearbeitet, eine innige Beziehung ein. Seine Feinheiten wollen herausgearbeitet und liebevoll behandelt sein. Diese innige Verbundenheit löst im Handwerker das Bedürfnis nach einem sorgsamen und respektvollen Umgang mit dem Holz aus. Dazu gehört, dass er es nicht so behandelt, als sei es bereits zugeschnitten und getrocknet in seine Werkstatt geflogen. Das Holz hat eine Herkunft, deshalb macht sich der Meister auch mit dem dort vorhandenen Boden vertraut, dem Terrain und der Wasserquelle, die die Bäume dort nährt. Er weiß alles über die Wetterverhältnisse und die Jahreszeiten, weil sie bestimmen, wie der Baum jeweils auf seine Säge reagieren wird; und er weiß, dass im Winter geschlagenes Holz anders trocknet als das im späten Frühjahr, Sommer oder Herbst geschlagene. Dieses praktische Wissen erweckt im Holzhandwerker letztendlich auch eine über das reine Verantwortungsgefühl hinausreichende Verbundenheit mit der Landschaft und dem Land, in denen er lebt. Sturt spricht sogar von der *Verehrung des Handwerkers für das Land und die Landschaft* seines Lebensraums. Eine solche Verehrung der gegebenen Umwelt geht weit über unsere Vorstellung von Kunstfertigkeit als einem automatisierten technischen Können hinaus: Sie verknüpft Kunstfertigkeit mit einem Sinn für das Heilige – und bringt uns dazu, das Beste aus uns herauszuholen.

Am eloquentesten ist Sturt vielleicht dann, wenn er die Ehrfurcht, die der Stellmacher vor seiner Umwelt empfindet, den Entwicklungen der modernen Welt gegenüberstellt. Als die Kunstfertigkeit und Klugheit, die der Handwerker bei seiner Arbeit mit den Produkten seines Landes beweist, von der »unbarmherzigen Intelligenzlosigkeit« der Maschinen ersetzt wurde, ging auch die Ehrfurcht vor dem Land schnell verloren:

> *Einst hatte eine enge Verbindung zwischen der baumbewachsenen Landschaft und den dort heimischen Engländern bestanden. Doch nun waren die Zuneigung und andächtige Ehrfurcht, welche daraus erwuchsen – denn wie ein wahrer Landmann die Bäume seiner Heimat betrachtete, kam in der Tat einer solchen Ehrfurcht gleich –, beinahe gänzlich verschwunden. Eine Art habgierige Unzucht entweihte die uralten Wälder. Überall um mich herum sah ich Dinge und hörte ich von Dingen, welche mir von jeher verwerflich erschienen und die nunmehr leichten Herzens getan wurden – Dinge, die meinen Gefühlen so schmerzlich sind wie das Einspannen eines Kutschpferdes vor einen Brauereiwagen oder wie der Abriss einer Kathedrale, um an Bausteine heranzukommen.[29]*

Die Bäume, die den Stellmacher mit dem Material für sein Handwerk versehen, sind also viel mehr als nur die Summe der physikalischen Eigenschaften, mit denen sie sich beschreiben lassen. Wie die Bausteine der Kathedrale sind sie heilig und müssen mit Sorgfalt und Ehrfurcht behandelt werden. Alles andere ist eine Entweihung.

Sturts Bericht etabliert eine sehr reiche und ansprechende Vorstellung von Kunstfertigkeit. Anders als das autonome Individuum, das über ein technisches, von seiner Umwelt losgelöstes Können verfügt, führt Sturts

Handwerker ein Leben, das gänzlich mit seiner Kunst verbunden ist. Wie in jeder guten Beziehung bringt auch bei dieser jede Seite das Beste aus der anderen hervor. Weil der Handwerker ein intelligenter Beobachter des Holzes und keine unbarmherzig intelligenzlose Maschine ist, kann ihm das Holz seine Feinheiten offenbaren. Und nur weil das Holz diese Feinheiten bereits besitzt, kann der Handwerker das Geschick kultivieren, sie zu erkennen, und im Zuge dieser Erfahrung eine andächtige Ehrfurcht und Verantwortung für das Holz und seine Heimat entwickeln. Es gibt also eine Art von Rückkoppelungsschleife zwischen dem Handwerker und dem Material, das er bearbeitet: Beide kultivieren einander und lernen voneinander Verständnis und Respekt.[30] Genau dieser wechselseitigen Kultivierung hat Aristoteles den Namen *poiesis* gegeben.

Unglücklicherweise kann die Vervollkommnung eines *handwerklichen* Geschicks per se jedoch nicht die Gefahren von *physis* bannen. Selbst Meisterstellmacher, die die Natur um sich herum mit andächtiger Ehrfurcht behandelten, ließen sich von Hitlers Rhetorik mitreißen. Aber der Gedanke, dass eine Kunstfertigkeit bedeutsame Unterschiede offenbart, ist auch in diesem Zusammenhang entscheidend. Denn es gibt ein *poietisches* Geschick, von dem bisher noch nicht die Rede war, wiewohl seine Einwirkung auf das Leben elementar ist – nämlich jene höhere Kunstfertigkeit, welche es erlaubt, die entscheidenden Unterschiede zwischen einer gefährlichen und einer harmlosen Begeisterung erkennen zu können. Wer diese Fertigkeit erworben hat, der weiß, dass es nicht *immer* angemessen ist, sich einfach von der Masse zu entfernen. Wer sich *nicht* von der Stimmung des *I have a dream* mitreißen ließ und sich nicht gemeinsam mit zweihunderttausend anderen Menschen erhob, um Dr. King zu bejubeln, sondern sich lieber von der Masse entfernte, der sollte darauf nicht stolz sein. Hätten alle an diesem Tag auf der National Mall beschlossen, einfach wegzugehen oder nur mit kühl überlegter, rationaler Zustimmung zu reagieren, hätte dieses Ereignis niemals die Wirkungen gehabt, die es hatte. Unsere heutige Welt wäre ärmer.

Zu erkennen, wann es angemessen ist, sich mitreißen zu lassen, und wann besser, einfach fortzugehen, ist eine höhere Kunstfertigkeit, über die zu verfügen heutzutage von entscheidender Bedeutung ist. Um sie zu erwerben, bedarf es der Bereitschaft, Risiken einzugehen. Darauf werden wir noch zu sprechen kommen. Für den Moment soll uns die Bemerkung genügen, dass sie es uns ermöglicht, das Leuchten zu kultivieren, das auch in unserer heutigen Kultur noch zur Verfügung steht. Diese *Metapoiesis*, wie man es nennen könnte, navigiert zwischen den beiden Gefahren des säkularen Zeitalters hindurch: Sie widersteht dem Nihilismus, indem sie sich wieder das heilige Phänomen von *physis* zu eigen macht, kultiviert dabei jedoch zugleich die Kunstfertigkeit, ihrer abstoßend fanatischen Form zu widerstehen. Ein erfülltes Leben in unserem säkularen, nihilistischen Zeitalter erfordert somit die höhere Kunstfertigkeit, erkennen zu können, wann man sich mit der ekstatischen Masse erheben und wann man auf dem Absatz kehrtmachen und sich schleunigst von ihr entfernen sollte.

Wir werden gleich zur *Metapoiesis* zurückkehren. Zuerst müssen wir jedoch herausfinden, auf welche Weise unser Selbstverständnis – unser Verständnis vom Menschen als einem Sein, das mit Hilfe der Vervollkommnung von Kunstfertigkeiten bedeutungsvolle Unterschiede offenbaren kann – in unserem technologischen Zeitalter beschädigt wurde.

Während die unkultivierte, ekstatische *physis* auch heute noch das heilige Reich von Sinn und Bedeutung ist, ist die einfühlsame, fürsorgliche *poiesis* zu einer aussterbenden Kunst geworden. Das ist nicht zuletzt eine Folge unseres eigenen Erfolges: Der technologische Fortschritt hat die Notwendigkeit von spezifischen Fertigkeiten in unserem Leben verringert. Vielleicht ist es sogar das zentrale Ziel moderner Technologie, alle Bereiche für jeden zugänglich zu machen, ungeachtet davon, über welches Maß an Fertigkeit er oder sie auf dem in Frage kommenden Gebiet verfügt. »Das ist doch kinderleicht!«, lautet das Mantra des technologischen Zeitalters. Um zu kochen, muss man nur auf einen Knopf drücken; um quer durchs Land zu reisen, braucht man nur ein Flugzeug zu besteigen; um sich auf einem unvertrauten Terrain zurechtzufinden, braucht man nur dem Navigationsgerät zu folgen. Die Technologie verbessert unser Leben, indem sie Schwieriges einfach macht. Und genau das ist die grundlegende Maxime unserer heutigen Welt.

Aber solche technologischen Verbesserungen führen auch zu einer Verarmung der Welt. Das GPS verschleiert all die bedeutungsvollen Unterschiede, die bei einer geschickten Navigation offenbar werden. Im selben Maß, in dem Technologie alte Fähigkeiten überflüssig macht, versagt sie uns die Möglichkeit, Bedeutung zu finden. Über eine bestimmte Fertigkeit zu verfügen, bedeutet zugleich zu wissen, was in dem jeweiligen Tätigkeitsbereich etwas zählt oder der Mühe wert ist. Kunstfertigkeiten offenbaren uns bedeutungsvolle Unterschiede und kultivieren in uns das Gefühl, Verantwortung dafür zu tragen, dass diese Unterschiede auch auf allerbeste Weise zum Vorschein kommen. Im selben Maß, in dem Technologie uns von der Notwendigkeit individuellen Geschicks befreit, verflacht sie das menschliche Leben.

Und das in zweierlei Hinsicht: Erstens wird die Welt immer nichtssagender. Das ist es, was Sturt meint, wenn er schreibt, dass das lokale Wissen vom Holz ausgestorben sei: Kaum ein Mensch dürfte heute noch den Unterschied zwischen Eschenholz erkennen, das »robust wie eine Peitschenschnur« ist, und einem, das »splittrig ist wie eine Karotte« – dabei unterscheiden sich seine Bedeutung und sein Wert dadurch maßgeblich. Mit dem Untergang dieses Wissens sind unzählige andere Unterschiede, die von einem fähigen Holzarbeiter enthüllt werden konnten, in Vergessenheit geraten. Da die Bandsäge es mit jeder Verwachsung aufnehmen kann, müssen wir auch nicht mehr zwischen einer Verwachsung unterscheiden können, die ein Problem darstellt und geschickt ausgespart werden muss, und einer, aus der sich ein Nutzen ziehen lässt, weil sie die Holzarbeit in sich verstärkt. Die Unfähigkeit, diesen Unterschied zu erkennen, verringert die Qualität des Produkts. Oder wie Sturt sagt: Maschinell hergestellte Felgen mögen vielleicht für den Theoretiker besser aussehen, aber der kunstfertige Praktiker erkennt, dass sie unbarmherzig intelligenzlos gefertigt wurden. Noch schlimmer als der Verlust an Qualität ist jedoch der Verlust unserer Fähigkeit, Qualitätsunterschiede erkennen zu können. Je mehr handwerkliches Wissen wir verlieren, desto mehr Wertmerkmale gehen der Welt verloren.

Aber unter diesem Bedeutungsverlust leidet auch unsere Selbsterkenntnis. Stimmungen der Zuneigung und der andächtigen Ehrfurcht – geboren aus der kundigen Aufmerksamkeit für die Wertmerkmale des eigenen Metiers – kennen wir kaum noch. Vielleicht war Lou Gehrigs Ansprache ja nicht nur deshalb so bewegend, weil ein sterbender Held sie hielt, sondern auch deshalb, weil die Masse sich durch ihre eigene Reaktion an solche Stimmungen erinnert gefühlt hat. Andächtige Ehrfurcht lässt uns bedeutungsvolle Unterschiede kultivieren. Ehrfurcht vor dem Holz bedeutet nicht nur, es zu achten, weil es unseres Staunens wert ist, sondern auch, es zu pflegen und das Beste aus ihm herauszuholen – es zum Leuchten zu bringen. Technologie befreit von der Notwendigkeit individuellen Geschicks, enthebt uns aber zugleich des noblen Verständnisses von uns selbst als Hüter der Bedeutung.

So gesehen stellt der Vormarsch von Technologie eine ernsthafte Gefahr dar. Diese Gefahr liegt nicht in der Tatsache des technischen Fortschritts als solchem, sie verbirgt sich auch nicht hinter irgendwelchen spezifischen Gadgets: Sie liegt in unserem Selbstverständnis und in der Frage, wonach wir bei einer technisierten *Lebensweise* noch streben können. Nach einem Leben zu streben, das keinerlei Kunstfertigkeiten bedarf, um erfüllend zu sein, heißt, die verflachte Welt unseres zeitgenössischen Nihilismus zu begrüßen. Die angemessene Reaktion auf diese Gefahr ist jedoch nicht die Ablehnung der Technik als solcher, sondern die Akzeptanz des technischen Fortschritts unter der gleichzeitigen Wahrung aller *poietischen* Sitten und Gebräuche, die sich einer ausschließlich von Technik bestimmten Lebensweise in den Wege stellen.

Nehmen wir zum Beispiel das Navigationsgerät. Ein solches Gerät hat etwas sehr Zweckdienliches, weil es verhindert, dass wir uns verfahren. Natürlich fordert es uns gelegentlich auf, scharf nach rechts abzubiegen, während wir gerade eine lange Brücke überqueren, aber solche Unzulänglichkeiten werden gewiss bald ausgebügelt sein, und für Menschen mit Orientierungsschwierigkeiten (wozu beide Autoren dieses Buches zählen) stellen solche Geräte in der Tat einen großen technologischen Fortschritt dar.

Aber fragen wir uns doch einmal nach den versteckten Kosten für diesen Fortschritt. Wenn das Navi die Orientierung für uns übernimmt, dann wird unsere Würdigung der jeweiligen Umwelt auf ein Minimum herabgesetzt. Wichtig sind allein die Richtungsangaben des Geräts. Bestenfalls – und wir wollen hier vom besten Fall ausgehen – bringt uns diese Navigationsmethode schnell und problemlos ans Ziel. Aber die noble Form des Navigierens, denken wir an die Seefahrernation der Phönizier oder die Navigatoren im Zeitalter der großen Entdeckungen, wird dadurch völlig trivialisiert. Mit dem GPS zu navigieren erfordert keinerlei Vorstellung davon, wo man gerade ist, und keinerlei Vorbereitung der Reiseroute. Kurzum, der ganze Punkt beim Navigationsgerät ist, uns die Mühe des Navigierens zu ersparen.

Wenn wir uns aber keine Mühe mehr geben müssen, dann verlieren wir auch unser Wahrnehmungsvermögen – wir sehen die Orientierungspunkte nicht mehr, nicht einmal die Straßenschilder; die Windrichtung ist uns egal; der Stand der Sonne und der Sterne sowieso –, keines der bedeutungsvollen Unterscheidungsmerkmale, die durch gekonntes Navigieren offenbar werden, spielt noch eine Rolle. Wer mit dem GPS navigiert, verbringt seine Zeit in Bedeutungslosigkeit. Er folgt nur den Anweisungen eines Geräts. Daran ist etwas zutiefst Entmenschlichendes, so als spiele man die Hauptrolle in einem Stück von Beckett minus dessen Witz. Man wird gewissermaßen zum Automaten, der vom Navigationsgerät dazu benutzt wird, es an sein Ziel zu bringen. Nun, auch das ist eine Möglichkeit, die Welt zu erfahren, und sogar eine recht angenehme. Aber wenn man sie sich zur *Lebensmaxime* macht, dann verliert man jeglichen Bezug zum sorgfältigen, kunstfertigen und andächtigen Handeln – und damit zu einigen der Stimmungen, die das Beste im Menschen hervorbringen.

Sorgfalt im richtigen Umgang mit den Dingen und die Kultivierung der Fertigkeit, zwischen Bedeutendem und Unbedeutendem unterscheiden zu können, sind notwendig, um der technisierten Lebensweise zu widerstehen. Doch man kann nicht einfach beschließen, irgendetwas wichtig zu nehmen, genauso wenig wie man beschließen kann, jemanden zu lieben. Wie also finden wir heraus, was der Sorgfalt lohnt?

Tatsache ist, dass bereits jeder bestimmte Dinge wichtig nimmt, sich dessen bloß nicht immer bewusst ist. So wie die Welt voller Bedeutungen ist, die nur darauf warten, erkannt zu werden, sind wir Menschen von fürsorglicher Einfühlsamkeit für alles Mögliche erfüllt, verbergen dies aber vor uns selbst. Es mag überraschend und wie ein Frontalangriff auf die Prämissen unseres Selbstverständnisses erscheinen, dass unser Hang zur Fürsorglichkeit unsere Selbsterkenntnis übersteigt. Wenn ich mich um etwas sorge, dann bin ich doch wohl auch imstande, mir dessen bewusst zu sein? Das haben wir im

Zuge der Aufklärung und unserer Entwicklung zum autonomen Individuum jedenfalls gelernt, und das wurde für unsere zeitgenössische Philosophie praktisch schon zu einem Glaubensartikel. Doch ein verkörpertes Selbst zu sein, empfänglich zu sein für Stimmungen, die uns leiten und uns die Welt der Bedeutungen offenbaren, heißt nichts anderes, als ein Selbst zu sein, das hinausreicht über das, was es über sich selbst wissen kann. Unsere Aufgabe liegt folglich nicht darin, zu *beschließen*, wofür wir Sorge tragen wollen, sondern zu *entdecken*, welche Fürsorglichkeit bereits in jedem von uns vorhanden ist.

Nehmen wir ein einfaches Beispiel. Man steht morgens auf, taumelt in die Küche und macht Kaffee. Spielt es eine Rolle, welche Tasse man als Gefäß für sein Frühstücksgetränk wählt? Ist die Tasse nicht völlig irrelevant für die morgendliche Kaffeeroutine? Wenn die Antwort darauf lautet, dass es auch irgendein altes Gefäß sein könnte, dass es der Plastikbecher ebenso tut wie die Porzellantasse, dann betrachtet man das Gefäß als eine reine Ressource, als etwas völlig Austauschbares. Die spezifische Tasse, die Tasse in ihrer ganzen Einzigartigkeit, wurde zu etwas Unspezifischem und völlig Banalem.

Man beachte den deutlichen Kontrast zwischen der Banalität der austauschbaren Tasse und der Einzigartigkeit des Holzes in der Werkstatt des Stellmachers. Die Innigkeit, von der das Verhältnis des Stellmachers zu seinem Holz geprägt war – das Gefühl, mit einem verständnisvollen Freund umzugehen, der mir, seinem kunstfertigen Gegenüber, seine Feinheiten offenbart, weil ich sie am besten zur Geltung bringe –, und die Herangehensweise des Stellmachers an sein Werk im Sinne eines sinnstiftenden heiligen Rituals gehen bei dieser Austausch-barkeit der morgendlichen Kaffeeroutine völlig verloren. Die Betrachtung der Tasse als etwas, das komplett irrelevant ist für die Aufgabe, die sie zu erfüllen hat, heißt, dem Kaffee mit unbarmherziger Intelligenzlosigkeit zu begegnen. Es verwandelt eine Handlung, die mit Andacht zelebriert werden könnte, in eine wertlose Routine.

Aber welche spezifische Eigenschaft, könnte man nun fragen, sollte eine Tasse über ihre Funktion hinaus denn besitzen? Ist sie nicht genau das: austauschbar? Denken wir einmal daran, wie merkwürdig diese Feststellung klänge, würde sie über besondere Gefäße getroffen, etwa über die einfachen Schalen, die bei der japanischen Teezeremonie verwendet werden, oder über den heiligen Gral, aus dem Jesus beim Letzten Abendmahl trank. Aber das sind natürlich Ausnahmefälle. Wie kann es also eine Beleidigung der Tasse sein, oder gleich eine Abwertung der ganzen Frühstückskaffeeroutine, wenn ich sie nicht so wichtig nehme?

Die unspezifische Art, eine Tasse samt Inhalt zu behandeln, übertüncht die bedeutungsvollen Unterschiede von Gefäßen und verringert die Qualität des Kaffees. Der kunstlose Kaffeetrinker versäumt es, sich für eine bessere Serviermöglichkeit zu entscheiden. Das erinnert geradezu gespenstisch an Sturts Klage: Die unbarmherzige Intelligenzlosigkeit der von ihm so geschmähten Bandsäge spiegelt sich in der unspezifischen Intelligenzlosigkeit eines Plastikbechers. Das austauschbare Gefäß behandelt in seiner Tumbheit jeden Kaffee und jede Situation, in der Kaffee getrunken wird, gleich.

Wenn man die Handlung des Kaffeetrinkens auf solche Weise vollzieht, dehumanisiert man sich selbst. Wie die Gewohnheit, mit dem GPS zu navigieren, macht auch die Gewohnheit, ohne jede Wertunterscheidung Kaffee zu trinken, den Kaffeetrinker austauschbar. Er wird zu einem unter Millionen anderen, die allmorgendlich durch die gleiche unspezifische Routine schlafwandeln. Wenn die Tasse bei diesem Akt austauschbar ist, dann sind wir es auch. Wenn wir die Tasse als eine reine Ressource behandeln, behandeln wir uns auch selbst als eine reine Ressource. Wir entmenschlichen uns, weil wir die Möglichkeit verstreichen lassen, Sorgfalt walten zu lassen.

Nun, es ist gewiss kein Problem, wenn das hin und wieder geschieht. Man kann kaum erwarten, dass jeder Moment des eigenen Daseins eine Feier von Bedeutung und Wert ist. Tatsächlich wäre uns das gar nicht möglich. Doch es ist eine Sache, das Fehlen von Bedeutung zu ertragen, aber eine ganz andere, es zu begrüßen. Wenn wir denn Mensch sein wollen, dann müssen wir uns unterscheiden, dann muss es Momente geben, in denen wir uns aus dem Unspezifischen und Banalen erheben und mit Sorgfalt und Sachverstand ins Spezifische übergehen. Aber wie weiß man, ob das Ritual des Kaffeetrinkens einer dieser Momente ist?

Die Antwort darauf ist, dass man lernen kann, es festzustellen. Möglicherweise bedeutet uns das Kaffeetrinken längst schon etwas, ohne dass wir es wissen. Um herauszufinden, ob das der Fall ist, muss man sich die Frage stellen, ob man diese Gewohnheit als etwas austauschbar Funktionales empfindet oder nicht. Ist dieses morgendliche Ritual angenehm, weil es uns wach macht? Gut, aber fragen wir uns, ob alles, was uns wach machen kann, gleichermaßen geeignet ist. Ließe sich das Kaffeeritual vielleicht durch eine schnelle Nase Kokain ersetzen? Oder, wenn das zu extrem klingt, durch eine kleine Koffeinpille, die man auf dem Weg zum Auto schluckt? Sofern solche Ersatzmöglichkeiten verlockend erscheinen, würde der Kaffee tatsächlich nur eine Wachmacherfunktion erfüllen. In diesem Fall ließe er sich durch jedes andere Aufputschmittel ersetzen. Doch wenn uns solche Austauschmöglichkeiten nicht ansprechen, dann gibt es bereits Aspekte bei unserem morgendlichen Kaffeeritual, die über seine bloße Funktion hinausgehen.

Und wenn es uns bereits wichtig ist, in der Früh einen Kaffee und nichts anderes zu trinken, dann lohnt sich auch die Frage, ob eine Abwandlung des gewohnten Rituals nicht einen bedeutungsvollen Unterschied machen würde. Warum genau ziehe ich eine Tasse Kaffee einer Koffeinpille oder einer Tasse Tee vor? Hat der Kaffee, abgesehen von seiner stimulierenden Wirkung, noch andere Qualitäten, die ich schätze – sein Aroma, seine Wärme, seinen Duft oder irgendwas anderes? Und wenn dem so ist: Welche Art von Kaffee, welche Art der Kaffeezubereitung, welche Art von Gesellschaft beim Kaffee, welcher Ort und welche Kaffeetasse bringen diese Qualitäten am besten zum Ausdruck?

Das sind keine Fragen, die sich abstrakt beantworten lassen. Man muss es ausprobieren und herausfinden. Wenn es die Wärme des Kaffees an einem Wintertag ist, die man besonders schätzt, dann könnte es sehr hilfreich sein, ihn in einer besonders gemütlichen Ecke des Hauses oder der Wohnung zu trinken, vielleicht in eine Decke gehüllt vor dem Kamin, so vorhanden, und in einer Tasse, die seine Wärme auf die Hände überträgt. Wenn es die auffallende Schwärze des Kaffees ist, die ich reizvoll finde und die das Aroma für mich verstärkt, dann sollte ich ihn vielleicht in einer strahlend weißen Porzellantasse trinken. Es gibt keine allgemeingültigen Antworten auf die Frage, was ein Ritual attraktiv macht, und es bedarf des Experimentierens und einiger Beobachtungen – samt all der Risiken und Belohnungen, die damit einhergehen –, um diese bedeutungsvollen Unterschiede zu ermitteln. Nur durch Experiment und Beobachtung werden wir die Kunstfertigkeit erwerben, alle relevanten Merkmale des Rituals zu erkennen. Dazu müssen wir zuerst die richtige Kaffeesorte finden, die richtige Tasse, den richtigen Platz, um diesen Kaffee zu trinken, und die richtige Gesellschaft, in der wir ihn trinken möchten. Wenn man diese Kunst schließlich beherrscht und sein Umfeld so eingerichtet hat, dass es genau darauf abgestimmt ist, dann hat man ein Ritual entwickelt. Man spult keine bedeutungslose Routine mehr ab, sondern hat eine bedeutungsvolle Art und Weise gefunden, sich selbst und sein Umfeld zum Leuchten zu bringen.

Es gibt eine Vielzahl an Bereichen, die es wert sind, derart gehegt zu werden, aber es gibt keine objektiven, kontextunabhängigen Leitsätze, um bestimmen zu können, welche Bereiche das sind. Man muss es ausprobieren und selbst herausfinden. Die einen lieben die Mathematik, die anderen die Musik, die einen sehen sich gerne ein Baseballspiel an, die anderen einen Stierkampf, und wieder andere trinken stattdessen lieber Wein mit Freunden. Ob ein Bereich der Hege und Sorgfalt wert ist, hängt ganz davon ab, ob er uns ein Mehr an Bedeutung beschert.

Da es hier keine objektiven Regeln gibt, muss man allerdings permanent damit rechnen, dass sich der Bereich, zu dem es einen hinzieht, als zu unkultiviert oder zu trivial oder zu isolierend oder zu stumpfsinnig oder in irgendeiner anderen Weise als unangemessen erweist, um das Beste in allem hervorzubringen. Wie Helena müssen wir darauf vorbereitet sein, dass wir es vielleicht bedauern werden, uns auf etwas eingelassen zu haben. Und wir müssen die nötige Offenheit wahren, um uns wieder davon abwenden zu können und in eine reichere und bedeutungsvollere Welt hineinziehen zu lassen. Das Risiko, etwas bedauern zu müssen, geht mit allem Bedeutungsvollen einher. Aber ohne dieses Risiko würde unser Leben in Bedeutungslosigkeit und Langeweile und Ausdruckslosigkeit und Angst versinken.

Das führt uns zurück zur *Metapoiesis*. Erinnern wir uns: Um auf denkbar beste Weise *physis* hervorzubringen, müssen wir heutzutage nicht nur die dafür notwendigen Fachkenntnisse erwerben, sondern auch *metapoietische* Fertigkeiten entwickeln. Neben den feinen, fürsorglichen Kunstfertigkeiten, durch die der Handwerker sein Handeln und seine Werke zum Leuchten bringt, birgt unsere Kultur auch eine unkultivierte, ekstatische Form des Heiligen. Doch wie wir inzwischen wissen, hat diese eine gefährliche Seite. Wie also können wir lernen zu unterscheiden, wann man sich mit der ekstatischen Masse erheben und wann man auf dem Absatz kehrtmachen und sich schleunigst von ihr entfernen sollte?

Hier steht eine Menge auf dem Spiel. Wir wissen, dass die Welt ohne diese ekstatische Form des Heiligen ärmer wäre. Immerhin kann die Masse, die sich gemeinsam erhebt, die Stimmung einer ganzen Kultur verändern. Ohne das Phänomen von *physis* würde es nie zu solchen

Paradigmenwechseln kommen. Deshalb müssen wir eine Möglichkeit finden, es uns mit einer Kunstfertigkeit anzueignen, die diese Form des Heiligen in seiner leuchtendsten Form hervorbringen kann. Wir dürfen uns nicht mit dem zwar sichereren, aber ungemein bequemen rationalen Denkansatz zufriedengeben, der *physis* per se ablehnt.

Es bedarf einer neuen Art von Mut, diesen Weg einzuschlagen. Nicht des kantischen Mutes, dem Massenwahn zu widerstehen, sondern der Beherztheit, in diesen Wahn einzutauchen und ihn selbst zu erfahren. Manchmal, wie bei Martin Luther King vor dem Lincoln Memorial, werden sich die Dinge dabei außerordentlich gut entwickeln: Paradigmen werden wechseln und die Kultur wird sich auf eine neue, leuchtendere und bedeutungsvollere Weise verstehen. Manchmal wird es hingegen zum Tanz mit dem Teufel kommen. Wie Ismael, der sich von Ahabs monomanischem Streben anstecken ließ, kann man die Höllenglut solcher Finsternis nur unbeschadet überstehen, wenn man um ihre Gefahren weiß. Nur wenn man bereit ist, sich jede Art von Rhetorik anzuhören und dabei ihre Folgen zu bedenken, lernt man zu unterscheiden, ob sie die gefährliche eines fanatischen Führers mit Vernichtungsabsichten ist und deshalb augenblicklich abgelehnt werden muss oder die einer Persönlichkeit, die unserer Unterstützung wert ist.

Die Entwicklung jeder Fertigkeit beinhaltet ein Risiko. Ob es nun um das Geschick des Feldspielers geht, einen niedrigen Ball zu fangen, oder um die Kunst der Kaffeezubereitung und die Metafertigkeit, *physis* in ihrer besten Form hervorzubringen – man wird kein Meister ohne die Bereitschaft, Risiken einzugehen und aus den eigenen Fehlern zu lernen. Unsere Kultur erfordert jedoch noch eine ganz spezifische Kunstfertigkeit. Die verborgene Geschichte des Abendlands – die Geschichte von der Art und Weise, wie sich die Sitten und Gebräuche »gesammelt« haben, um das Leuchtende zu offenbaren – hat uns nicht *eine* Form des Heiligen vermacht, sondern eine Vielzahl von miteinander unvereinbaren Formen: *Physis, poiesis* und Technologie ermöglichen uns etwas jeweils ganz anderes – eine unkultivierte, ekstatische Form des Heiligen, die uns erhebt und wie eine Welle mit sich trägt; einen behutsamen gestalterischen Stil, der die Dinge zum Leuchten bringt; und eine autonome und autarke Lebensweise, die alles von heiligem Wert verlacht.

Nachdem wir bereits die Risiken eingegangen sind, die mit jedem Wissenserwerb verbunden sind, ist in diesem Stadium unserer Geschichte nun der Erwerb der *metapoietischen* Kunst erforderlich, jeder dieser Formen des »gesammelten« Heiligen zu ihrem Recht zu verhelfen. Der meisterhafte Lebenskünstler unserer polyheiligen Welt wird ohne zu zögern augenblicklich wissen, wann die Mikrowelle und wann ein Festmahl gefragt ist. Er wird die Kunstfertigkeit erworben haben, sich einerseits von den ekstatischen und unzivilisierten Göttern des Sports überwältigen lassen zu können und andererseits die Rhetorik eines fanatischen und gefährlichen Demagogen zu durchschauen. Er wird ein Leben führen, das auf die leuchtenden Dinge eingestimmt ist, und sich eine Welt erschlossen haben, in die die Götter zurückkehren können.

Sagen wir damit, dass jeder Mensch ein polytheistisches Leben führen *sollte*? Nein. Wir stellen hier keine moralistischen Forderungen, wir zeigen auf, was die Götter von uns fordern. Natürlich stellt sich die Frage, warum man diesem Ruf überhaupt lauschen, geschweige denn *folgen* sollte. Aber moralischen Versuchungen muss man widerstehen – es gibt keinen *Grund*, weshalb man den Ruf der Götter hören oder auf ihn reagieren sollte. Wer sich berufen fühlt, wird auch folgen. Und wir in unserer Kultur sind dazu berufen, uns als Wesen zu vervollkommnen, die sensibel reagieren auf das, wozu sie berufen sind. Der Ruf erklingt längst, und jeder, der unserer Kultur und ihrem reichen Erbe sensibel genug gegenübersteht, wird ihn hören. Nur unser Fokus auf uns selbst, auf uns als vereinzelte autonome Subjekte, zog einst die Verbannung der Götter nach sich und übertünchte oder blockierte unsere Sensibilität für das Leuchtende in der Welt. Die Götter rufen uns noch immer, aber wir haben aufgehört, ihnen zu lauschen. Sie rufen uns zu, unsere Sensibilität zu kultivieren, doch wir haben uns wie Dantes Sünder dem Ruf verschlossen, indem wir uns einredeten, autark zu sein.

Weil wir uns als autonome Subjekte gebärden und dem Ruf der Götter verschlossen haben, haben *wir* sie verbannt. Niemand scheint das so recht wahrgenommen zu haben. Martin Buber spricht von der »Gottesfinsternis«, Beckett vom Warten auf Gottes Rückkehr, andere von der Abwesenheit, dem Rückzug oder dem Tod Gottes. Doch unsere Darstellung lässt einen völlig anderen Schluss zu als diese Narration aus dem 20. Jahrhundert: Die Götter haben sich nicht zurückgezogen oder uns im Stich gelassen, wir haben sie rausgeschmissen. Seither warten sie klagend darauf, dass wir ihren Ruf erhören. Frage dich nicht, warum die Götter dich verlassen haben, frage dich, warum du die Götter verlassen hast.

Die gefühlsintensive und bedeutungsvolle Welt der homerischen Griechen leuchtete vor heiliger Kraft. Demgegenüber wirkt unsere hochtechnisierte Welt verarmt und stumpfsinnig. Wir können nicht zurückkehren zu Homers Welt, und wir sollten uns davor auch hüten. Aber wir können uns für ein modernes Pantheon der Götter empfänglich machen – für die Art, in der ein Gehrig oder ein Federer leuchten, für die Art, auf die eine Marilyn Monroe und ein Albert Einstein unsere Sichtweise auf die Welt verändert haben. Und wir können uns die alten Götter zurückerobern – all die großen Werke, die wir einstmals verehrten und die wir nunmehr in ihrem ganzen Leuchten neu erfahren können. Das erfordert jedoch mehr als nur ihre Kanonisierung zur Pflichtlektüre oder ihre Aufnahme in die Curricula. Es erfordert den Erwerb der Kunstfertigkeit, auf das Heilige reagieren zu können, das noch immer unbeachtet in den Randbereichen unserer entzauberten Welt auf uns wartet.

Diese Vorstellungen vom Heiligen sind reicher und verschiedenartiger als alle, die Homer vertraut gewesen waren. Denn seine Götter wirkten allesamt auf gleiche Weise, wiesen alle eine Familienähnlichkeit auf. Ob es nun Aphrodites heilige erotische Welt oder Ares' heilige Welt des Krieges war, ob Athenes Welt der Erfahrungsweisheit oder Hephaistos' Welt der schönen Kunst der Schmiede. Das Leuchtende all des Heiligen in der Welt der homerischen Götter wallte wie eine Welle auf und trug die Sterblichen eine Weile, bevor es wieder an Kraft verlor und von ihnen abließ. Dies ist eine Vorstellung vom Heiligen im Sinne von *physis*, die uns auch heute noch zur Verfügung steht.

Doch neben *physis* gibt es auch noch das *poietische* Verständnis vom Heiligen, das dem homerischen Zeitalter völlig fremd gewesen war – das Gefühl, die Welt kultivieren und die notwendigen Kunstfertigkeiten entwickeln zu können, um sie leuchten zu lassen. Dieses *poietische* Verständnis vom Heiligen tritt in vielerlei Gestalt auf. Ob in der leuchtenden Stimmung der Agape-Liebe oder als Dantes Empfänglichkeit für die Liebe, die die Sonne und Sterne bewegt. Ob in Aischylos' Sinne, nach dem wir das Beste aus unserer Kultur immer dann hervorbringen, wenn wir einen angemessenen Platz für all ihre Urkräfte finden, oder in Sturts Sinne, einer Welt der natürlichen heiligen Werte – all diese *poietischen* Darstellungen vom Heiligen sind auf eine Weise behutsam und fürsorglich, die der homerischen Welt fremd gewesen war.

Da unsere moderne Weltanschauung von Technik geprägt ist, verfügen wir zudem über ein leistungsstarkes und einfallsreiches Verständnis von allem Sein, das uns die Herstellung und die Kontrolle dessen gestattet, was ist. Auch so ist die Welt manchmal – nicht heilig, und bar jedes immanenten Werts, aber bereit, sich unserem Willen zu fügen.

Im Laufe der Geschichte des Abendlands haben sich all diese Sitten und Gebräuche auf eine Weise verändert und gebündelt, die uns die mannigfachen Seinsweisen des Universums offenbaren kann. Vielleicht haben sie sich auch auf weitere, uns noch unbekannte Weisen gebündelt, aber erst heute, da wir der alten Versuchung des Monotheismus entkommen sind, können wir für *alle* Seinsweisen des Universums einen Platz in unserer Welt finden. Der Polytheismus, der sie alle im Gleichgewicht hält, wird variantenreicher und lebenssprühender sein als alles, was Homer jemals kannte.[31]

Diese zeitgenössische polytheistische Welt wird eine wundervolle Welt der leuchtenden Dinge sein.

EPILOG

Zwei Schüler haben viele Jahre lang bei einem weisen alten Lehrmeister studiert. Eines Tages sagt der Meister: »Schüler, der Tag ist gekommen für euch, zieht hinaus in die Welt. Ihr werdet dort ein glückliches Leben führen, wenn ihr all das findet, was leuchtet.«

Die Studenten verlassen ihren Meister mit einer Mischung aus Trauer und Aufregung, und ein jeder geht seiner Wege. Viele Jahre später begegnen sie sich zufällig wieder. Sie freuen sich, einander wiederzusehen, und sind begierig zu erfahren, wie es dem anderen jeweils ergangen ist.

Sagt der eine zum anderen verdrossen: »Ich habe vieles leuchten sehen in der Welt, aber ach, ich bin und bleibe unglücklich. Denn ich fand auch so viel Elend und wurde so oft enttäuscht, offenbar habe ich den Rat des Meisters nicht beherzigt. Vielleicht werde ich nie mit Glück und Freude erfüllt sein können, vielleicht bin ich einfach unfähig, all das zu finden, was leuchtet.«

Sagt der andere: »Nicht alles ist leuchtend, aber alles Leuchtende ist.«

DANK

Isaac Newton sprach die berühmten Worte: »Wenn ich weiter gesehen habe, so deshalb, weil ich auf den Schultern von Riesen stehe.« Wir, die wir solche Höhen nicht erklimmen können, haben die Ideen in diesem Buch auf den Schultern des jeweils anderen erwogen. Daher sind wir auch in erster Linie dem anderen dankbar – denn er ertrug viele Verrenkungen und Streckungen, brachte Opfergaben dar, ließ sich knechten und war trotz alledem bereit, die Last zu tragen, die sich zu einer so wunderbaren Arbeitsbeziehung entwickeln sollte.

Aber natürlich sind wir auch allen dankbar, die uns diese Akrobatik ermöglich haben: Liv Duesund, die uns 2006 an die Universität von Oslo einlud, um unsere aufkeimenden Ideen über Homer Gestalt annehmen zu lassen; Michael Sandel und Charles Taylor, die uns 2009 ermunterten, das Thema Polytheismus in einem Harvard-Seminar über Charles Taylors Buch *Ein säkulares Zeitalter* darzulegen; Joseph Schear und Wayne Martin, die uns 2010 die Möglichkeit boten, einen Teil des fertigen Manuskripts mit Philosophen am Christ Church College in Oxford zu debattieren; Taylor Carman, Eugene Chislenko, Stephen Mulhall, George Pattison und Mark Wrathall, die das Thema dort dann tiefschürfend mit uns debattierten; Tao Ruspoli, dessen phantastischer

Film *Being in the World* zur selben Zeit entstand wie unser Buch und dessen bohrende Fragen uns einen großartigen Anlass boten, unsere Themen aus einer ganz anderen Perspektive zu betrachten; Charles Spinosa, dessen Feedback immer faszinierend war und uns oft in neue Richtungen lenkte; Jill Kneerim, unserer Literaturagentin, die uns half, durch die uns fremde, aber wunderbare Welt des Verlagswesens zu navigieren; Hilary Redmon, unserer Lektorin bei Free Press, auf deren Initiative hin dieses Projekt entstanden war und die es geduldig und mit sicherer Hand durch viele Ablenkungen und eine Menge Verrücktheiten hindurch auf Kurs hielt; sowie Geneviève Boissier-Dreyfus und Cheryl Kelly Chen, ohne deren Beistand – sowohl handwerklicher, philosophischer als auch anderer Art – dieses Buch nicht geschrieben worden wäre. Es ist ihnen gewidmet.

Wir danken derzeitigen und früheren Studenten für ihr Feedback, ihre fachlichen Ratschläge, und einigen auch für wunderbare Beiträge zu unseren Forschungen. Julie Rhee steckte eine enorme Menge Arbeit ins Lektorat, wir können ohne Übertreibung sagen, dass dieses Buch ohne ihre Hilfe nicht existieren würde; Adam Spinosa, Billy Eck und Céline Leboeuf halfen uns als Forschungsassistenten oder Diskussionspartner ständig auf die eine oder andere Weise und hätten sofort mehr für uns getan, hätten wir sie darum gebeten. Und natürlich gab es da noch all die Studenten, die armseligere Varianten dieser Geschichte über sich ergehen lassen mussten und uns dabei halfen, sie reicher und relevanter zu machen.

Und Dank letztendlich an die Götter, die sich nach und nach zu zeigen begannen und manchmal alle zugleich präsent waren. Hoffentlich können wir ihnen mit diesem Buch einen angemessenen Landeplatz bieten, damit wir sie wieder willkommen heißen können.

ANMERKUNGEN

MOTTO

1 In der Übersetzung von Matthias Jendis (München 2001).

1. UNSER GEGENWARTSNIHILISMUS

1 »Early Blooms in Brooklyn«, *New York Sun*, 3. Januar 2007.
2 Der Bericht beruht auf einem Artikel von Cara Buckley, »Man Is Rescued by Stranger on Subway Tracks«, *New York Times*, 3. Januar 2007, sowie auf mehreren Artikeln in der *Times*, die in den darauffolgenden Tagen erschienen.
3 »State of the Union«, *New York Times*, 24. Januar 2007. Siehe auch: »Subway Rescuer Receives the City's Highest Award«, *New York Times*, 5. Januar 2007.
4 »Why Our Hero Leapt onto the Tracks and We Might Not«, *New York Times*, 7. Januar 2007.
5 »A Big Hero in the Big City«, *New York Times*, 4. Januar 2007.
6 »Heroes Rush In, But What Would Average Joe Do?«, *New York Times*, 7. Januar 2007.
7 »Man Is Rescued by Stranger«, a. a. O.
8 Zitiert in: »Heroes Rush In«, a. a. O.
9 T. S. Eliot, »The Love Song of J. Alfred Prufrock« (1915), in: *Prufrock and Other Observations*, London 1917.
Time for you and time for me,
And time yet for a hundred indecisions,
And for a hundred visions and revisions,
Before the taking of a toast and tea.

10   John McPhee, *A Sense of Where You Are. A Profile of Bill Bradley at Princeton*, New York (1965) 1999.

11   Ebd., S. 156.

12   Ebd., S. 61.

13   Ebd., S. 86 ff.

14   Im Kapitel über Dante werden wir feststellen, dass diese Behauptung nicht ganz richtig ist, denn genau genommen war es für Dante *nicht* völlig unvorstellbar, dass ein Mensch seine Identität aus freien Stücken selbst wählt. Nur war eine solch bewusste Entscheidung für Dante alles andere als natürlich. Im Gegenteil, es war die denkbar schlimmste Auflehnung gegen Gott, weshalb er für die Seelen dieser unzeitgemäß freien Menschen auch den tiefsten Punkt in der Hölle reservierte.

15   Anm. d. Übers.: In der Übersetzung von Christoph Martin Wieland, 1771.

16   Vgl. sein neuestes Opus Magnum *Ein säkulares Zeitalter*, Berlin 2012. Siehe auch Charles M. Blow, »Heaven for the Godless?«, in: *New York Times*, 27. Dezember 2008, ein Kommentar zu einer kurz zuvor publizierten Studie des »Pew Forum on Religion and Public Life«, die zu dem Ergebnis kam, dass 70 Prozent aller Amerikaner überzeugt sind, auch Angehörige anderer Religionen als der eigenen könnten in das ewige Leben eingehen.

2. David Foster Wallace' Nihilismus

1   Zur Behauptung »bedeutendster Schriftsteller« siehe zum Beispiel David Lipsky, »The Lost Years and Last Days of David Foster Wallace«, in: *Rolling Stone*, 30. Oktober 2008. Zur Behauptung »größter Geist« siehe A. O. Scott, »The Best Mind of His Generation«, in: *New York Times*, 21. September 2008.

2   Zitiert nach D. T. Max, »The Unfinished«, in: *The New Yorker*, 9. März 2009, http://www.newyorker.com/reporting/2009/03/09/090309fa_fact_max. Wallace hatte

es ursprünglich 1991 in einem Interview mit Larry McCaffery gesagt, abrufbar unter: http://www.dalkeyarchive.com/a-conversation-with-david-foster-wallace-by-larry-mccaffery/.

3 Lipsky, a. a. O.

4 Siehe den Nachruf von Bruce Weber, »David Foster Wallace, Influential Writer, Dies at 46«, in: *New York Times*, 15. September 2008.

5 Siehe Mary Karr, *Lit: A Memoir*, New York 2009.

6 Anm. d. Übers.: In der deutschen Ausgabe sind es 1545 Seiten und fast 140 Seiten Fußnoten.

7 Das Interview ist abrufbar unter: http://www.salon.com/1996/03/09/wallace_5/.

8 Zitiert in: D. T. Max, a. a. O., S. 54.

9 Interview mit Bookreporter, abrufbar unter: http://www.bookreporter.com/authors/elizabeth-gilbert/news/interview-032406.

10 Elizabeth Gilbert, *Eat, Pray, Love*, New York 2006, S. 10 [vgl. *Eat, Pray, Love*, aus dem Amerikanischen von Maria Mill, Berlin 2007].

11 Das Interview ist abrufbar unter: http://www.dalkeyarchive.com/a-conversation-with-david-foster-wallace-by-larry-mccaffery/.

12 Anm. d. Übers.: Auf Deutsch: *Der bleiche König*, Köln 2013 (künftig ausgewiesen mit Titel und Seitenangabe). Ich danke Wallace' Übersetzer Ulrich Blumenbach und dem Verlag Kiepenheuer & Witsch für die Überlassung eines Fahnendrucks der deutschen Übersetzung, die zum Zeitpunkt meiner vorliegenden Arbeit noch nicht erschienen war.

13 Zitiert in: D. T. Max, a. a. O., S. 58.

14 Ebd., S. 60.

15 Ebd., S. 57.

16 Das Interview ist abrufbar unter: www.charlierose.com/view/interview/5639. Der zitierte Teil beginnt bei 3:16.

17 David Foster Wallace, *Unendlicher Spaß*, aus dem amerikanischen Englisch von Ulrich Blumenbach, Köln 2009,

S. 332 u. S. 1351 (künftig ausgewiesen mit Titel und Seitenangabe).

18 Ebd., S. 80.

19 William Skakespeare, *Hamlet*, Fünfter Akt, Erste Szene.
Anm. d. Übers.: Zitiert wurde aus der Übersetzung von
Erich Fried (Berlin 1989, S. 105). In der klassischen Übersetzung von August Wilhelm von Schlegel lautet die fragliche Stelle: »ein Bursch von unendlichem Humor«.

20 Wie die Welt des Hank Hoyne, nachdem er zufällig den
Film gesehen hatte, siehe *Unendlicher Spaß*, S. 733.

21 Wallace klagte unentwegt, dass die Kritiker – selbst diejenigen, die sein Buch in höchsten Tönen priesen – die tiefe
Traurigkeit übersahen, die es zum Ausdruck bringe. Siehe
zum Beispiel das Interview mit *Salon* aus dem Jahr 1996
sowie das Interview mit Charlie Rose im anschließenden
Jahr.

22 *Der bleiche König*, S. 597.

23 Die Auszüge waren: »Good People«, in: *The New Yorker*,
5. Februar 2007; »The Compliance Branch«, in: *Harper's
Magazine*, Februar 2008; »Wiggle Room«, in: *The New
Yorker*, 9. März 2009. Weitere Passagen aus dem Manu-
skript finden sich in D. T. Max' Artikel.

24 *Der bleiche König*, S. 419.

25 Ebd., S. 421.

26 Ebd., S. 326.

27 Berichtet von D. T. Max, a. a. O.

28 *Unendlicher Spaß*, S. 1235 f.

29 Ebd., S. 1236.

30 Ebd., S. 1236 f.

31 Ebd., S. 1237.

32 *Salon*-Interview, a. a. O.

33 Ebd.

34 David Foster Wallace, *Das hier ist Wasser*, aus dem amerikanischen Englisch von Ulrich Blumenbach, Köln 2013,
S. 19.

35 Ebd., S. 18 f.

36 Ebd., S. 22.

37 Ebd., S. 10.

38 Ebd., S 28 f.

39 Ebd., S. 29.

40 D. T. Max, a. a. O.

41 Ebd.

42 Röm 7,7–10, zitiert aus der Einheitsübersetzung.

43 *Unendlicher Spaß*, S. 296.

44 Friedrich Nietzsche, *Die Fröhliche Wissenschaft*, Stuttgart 2000, Drittes Buch/108, S. 127.

45 Tatsächlich schenkt Wallace Gott in diesem Buch erstaunlich wenig Aufmerksamkeit, und wenn, dann meist abwertend. Beispielsweise deutet er relativ früh im Text an, dass Hal von seinem Bruder Mario – den er manchmal auch »Boo« nennt [Anm. d. Übers.: in der deutschen Übersetzung »Troll« oder »Trollo«] – regelmäßig gefragt werde, ob er an Gott glaube. Hal hasst diese Frage und will sie um jeden Preis vermeiden. Doch als er sich gezwungen sieht, Farbe zu bekennen, meint er nur, wenn es denn einen Gott gebe, dann sei gewiss nichts Bewundernswertes an ihm:
    Um dich für den Rest der Nacht zum Schweigen zu bringen, kann ich dir ja erklären, dass ich mit Gott ein verwaltungstechnisches Hühnchen zu rupfen habe, Troll. Sagen wir, Gott pflegt einen eher lockeren Managementstil, auf den ich nicht besonders abfahre. Ich bin ziemlich Antitod. Gott scheint nach allem, was man hört, Protod zu sein. Ich bezweifle, dass wir uns in der Beziehung einigen können, er und ich, Troll. (*Unendlicher Spaß*, S. 60.)

46 Dieser nietzscheanischen Interpretation widerspricht Wallace in einigen Passagen von *Unendlicher Spaß* selbst, was allerdings nicht überrascht. Er vertritt keine wohldurchdachte philosophische Position, sondern liefert ein Pastiche aus Beobachtungen, die in vielen Fällen im Widerspruch zueinander stehen, sich aber trotzdem nicht gegenseitig relativieren. Man fühlt sich an Nietzsches Perspektivismus erinnert. Hier eine entscheidende Passage in diesem Zusammenhang. Der Erzähler berichtet:

Es mag eine Banalität der AA von Metro-Boston sein, ist aber doch Tatsache, dass nämlich sowohl des Schicksals Küsse als auch seine Doppelknaller, die grundsätzliche individuelle Machtlosigkeit des Einzelnen über die wirklich bedeutsamen Ereignisse seines Lebens illustrieren: M. a. W., fast nichts Wichtiges, das einem je widerfährt, widerfährt einem, weil man es eingefädelt hat. Das Schicksal hat keinen Pager; das Schicksal schiebt sich immer im Trenchcoat aus einer Gasse und macht psst, *was man gemeinhin gar nicht hört, weil man gerade von etwas Wichtigem zurück- oder zu etwas Wichtigem hinhetzt, das man selbst einzufädeln versucht hat.* (*Unendlicher Spaß*, S. 419 f.)

Der auffällige Gegensatz zwischen dieser Weltsicht und der Vorstellung, dass man wie Don Gately den Schmerz zu einer positiven Erfahrung umdefinieren könne, indem man ihn als etwas Selbstgewähltes betrachtet, lässt sich vielleicht auflösen, wenn man den Unterschied zwischen Schicksal und ewiger Gegenwart hervorhebt. Vielleicht aber auch nicht.

47 Dante, *Die Göttliche Komödie*, übersetzt von Hermann Gmelin (1949), »Paradiso – Das Paradies«, Stuttgart 2001, Zeile 139–143, S. 394.

48 *Fröhliche Wissenschaft*, Drittes Buch/124, S. 140 f.

49 Herman Melville, *Moby-Dick*, herausgegeben von Daniel Göske, neu übersetzt von Matthias Jendis, München/ Wien 2001, Kapitel 23, S. 188 (künftig ausgewiesen in der Form: MD 23, S. 188).

50 Ebd., 3, S. 53.

51 Ebd., 23, S. 189.

52 Ebd.

53 Ebd., 1, S. 33.

54 Ebd., 23, S. 189.

55 Zitiert in: David Lipsky, *Rolling Stone*, a. a. O.

56 »Elizabeth Gilbert on Nurturing Creativity«, abrufbar unter: www.ted.com/talks/elizabeth_gilbert_on_genius. html.

57 *Fröhliche Wissenschaft*, Drittes Buch/125, S. 142.

58　Die Vorstellung, dass wir eine völlig passive und insofern unwesentliche Rolle bei unserer eigenen Erlösung spielen, kommt bei Calvin vielleicht noch deutlicher zum Tragen als bei Luther. Beim Calvinismus ist uns unser Weg zur Erlösung von Gott vorgegeben; Calvins Prädestinationslehre lässt keinen Zweifel aufkommen, dass wir keinerlei Einfluss darauf nehmen könnten.

3. Homers Polytheismus

1　*Homers Odyssee* von Johann Heinrich Voß (1781), zitiert aus der 3. verbesserten Auflage, Stuttgart/Tübingen 1806: Vierter Gesang, 266. (Künftig zitiert: Hom. Od. 4, 266) Anm. d. Übers.: Bei den deutschsprachigen Zitaten aus der *Odyssee* wurde auf größtmögliche Übereinstimmung mit dem Stil und den Formulierungen der Zitate geachtet, die die Autoren von unterschiedlichen englischen Homer-Übersetzern wiedergeben. Dementsprechend wurde der klassischen Fassung von Johann Heinrich Voß meist dann der Vorzug gegeben, wenn die Autoren aus der englischen Übersetzung von Robert Fitzgerald (1961) zitieren. Die Übersetzung von Kurt Steinmann (Zürich 2007) ähnelt hingegen eher den jüngsten englischen Übersetzungen von Richmond Lattimore (1991), Allen Mandelbaum (1991) und Robert Fagles (1996). Der Übersetzername wird bei jeder Angabe ausgewiesen.

2　Hom. Od. 4, 305 (Voß).

3　Siehe zum Beispiel Robert E. Bell, *Women of Classical Mythology: A Biographical Dictionary*, New York 1991. Selbst in den jüngsten Übertragungen der *Odyssee* findet sich noch eine Passage, die unsere Interpretation in Frage zu stellen scheint (gemeint ist unsere Behauptung, dass Homer Helena zutiefst bewunderte und sie keiner Taktlosigkeit für schuldig hielt, für die man sie bestrafen müsse). Insofern waren wir entzückt, als wir herausfanden, dass Homer-Kommentatoren schon seit frühester Zeit einhel-

lig der Meinung waren, dass diese Passage eine spätere Zu-
fügung zum Urtext ist. Sie lautet:
*Auch die Tochter des Zeus, die Argeierin Helena, hätte / nicht
sich dem fremden Mann beigesellt auf dem Lager der
Liebe, / hätte sie da schon gewusst, die streitbaren Söhne
Achaias / brächten sie wieder nach Hause ins teure Land
ihrer Väter. / Wahrlich, sie trieb eine Gottheit, dies schändli-
che Werk zu verüben* ... (Hom. Od. 23, 218–223, Steinmann).

4 Siehe Snells Klassiker *Die Entdeckung des Geistes. Studien
zur Entstehung des europäischen Denkens bei den Griechen*,
Hamburg 1946; sowie Dodds Replik in: *Die Griechen und
das Irrationale*, übers. von Hermann-Josef Dirksen,
Darmstadt 1970, und Williams' *Scham, Schuld und Notwendigkeit. Eine Wiederbelebung antiker Begriffe der Moral*,
übers. von Martin Hartmann, Berlin 2000.

5 Martin Heidegger, »Parmenides« (Wintersemester 1942/
1943), in: *Gesamtausgabe*, II. Abt., Bd. 54, Hg. M. S. Frings,
1982, Frankfurt a. M. 2. Aufl. 1992, § 6, S. 164.

6 Die bedeutenden homerischen Texte der *Ilias* und *Odyssee*
zählen zum Fundament der abendländischen Kultur.
Doch wie bei der Bibel ist auch bei ihnen wenig über ihre
Komposition bekannt, und noch weniger über den Autor
oder die Autoren. Der Überlieferung nach war Homer ein
blinder Dichter, der vermutlich aus der alten ionischen
Stadt Smyrna oder von der nahe gelegenen Insel Chios
stammte. Ob eine solche Person jemals existiert hat und,
wenn ja, ob sie der alleinige Autor der Epen war, die ihr
zugeschrieben werden, ist schon seit der Antike das
Thema von Kontroversen. (Einen Überblick über die Geschichte dieser Debatte und eine Darstellung des gegenwärtigen Stands der Forschung bietet Robert Fowler,
»The Homeric Question«, in: *The Cambridge Companion
to Homer*, Hg. Robert Fowler, Cambridge, UK, 2004,
S. 220–232.) Wenn Homer existierte, dann muss er allge-
meiner Meinung nach irgendwann im 8. vorchristlichen
Jahrhundert gelebt haben. Jedenfalls wurden die uns

schriftlich überlieferten Texte mit Sicherheit erstmals um diese Zeit transkribiert.

Die in den beiden Epen geschilderten Ereignisse haben – vorausgesetzt, sie basieren auf realen Begebenheiten – sehr wahrscheinlich fast ein halbes Jahrtausend früher stattgefunden. Die *Ilias*, die ältere Narration, berichtet von der zehnjährigen Belagerung von Troja. Ein überliefertes Datum für den Trojanischen Krieg ist 1194–1184 v. Chr., und diese Periode scheint sich in etwa mit den heute zur Verfügung stehenden archäologischen Funden zu decken. Die *Odyssee* berichtet von Odysseus' zehnjähriger Irrfahrt nach Ende dieses Krieges bis zur Rückkehr auf seine Heimatinsel Ithaka.

Die epischen Lieder der Harfenisten waren nicht nur paradigmatische Geschichten von Krieg und Abenteuer, sie vermittelten den Menschen in der griechischen Kultur des 8. vorchristlichen Jahrhunderts auch bestimmte normative Vorstellungen. Noch dreihundert Jahre später, zu Zeiten von Aischylos und Platon, kannten die Athener große Passagen aus Homers Œuvre auswendig und beriefen sich auf sie, um ethische, rechtliche und diplomatische Streitfragen zu lösen. Offensichtlich war es nicht unüblich, zu allen nur erdenklichen Gelegenheiten passende Stellen aus Homers Werken zu zitieren – so wie man hierzulande noch bis vor kurzem passende Stellen aus der Bibel zu zitieren pflegte.

7 Insbesondere die Pädagogen des 19. Jahrhunderts erlagen auf geradezu dramatische Weise dieser anachronistischen Versuchung. Eine geisteswissenschaftliche Bildung diente damals vor allem dazu, den guten, christlichen Bürger zu formen; und insbesondere die griechischen und römischen Klassiker las man, um Geschmack und Schönheitssinn heranzubilden. (Siehe zum Beispiel die Geschichte der Erziehung im Bericht des Harvard-Fakultätskomitees, die 1945 unter dem Titel *General Education in a Free Society* in Cambridge, MA, publiziert wurde.) Angesichts des christlich-bildungsbürgerlichen und sexualrepressiven

Klimas konnte Helenas Vortrefflichkeit kaum darin bestehen, den erotischen Aspekt des Lebens zu heiligen. Doch
genau das war es, was Homer an Helena bewunderte.

8 Siehe Friedrich Nietzsche, *Zur Genealogie der Moral* (1887),
in: *Kritische Gesamtausgabe*, Abt. VI, Bd. 2 (vgl. *Kritische
Studienausgabe*, Bd. 5).

9 Bernard Knox stellt in seinen Anmerkungen zum Siebten
Gesang der *Odyssee* (in der Übersetzung von Robert Fagles, London 1996) die Verbindung zwischen *arete* und
araomai her. In Zeile 62 [Anm. d. Übers.: in den deutschen Übersetzungen Zeile 65] taucht eine Tochter namens Arete auf, deren Geschichte den Zusammenhang
mit dem Begriff verdeutlicht, nach dem sie benannt
wurde.

10 Hom. Od. 3, 48 (Voß).

11 Hom. Od. 4, 499–511 (Steinmann).

12 Wir schreiben bewusst »v. Chr.« oder »vorchristlich« anstelle von »v. u. Z.«, da wir hervorheben und nicht unter-
schlagen wollen, welche Rolle der Jesusglaube bei der Ab-
spaltung der christlichen von der jüdischen und der
paganen Welt spielte.

13 Vor dieser Zeit wurde *tyche* in der griechischen Kultur
manchmal als eine Kraft verstanden, die, sofern überhaupt wahrgenommen, den Götterglauben ausschloss.
Siehe zum Beispiel Euripides' *Kyklop*, Zeile 601–603 (Har-
tung'sche Übersetzung).

14 Hom. Od. 22, 251–256 (Steinmann).

15 Hom. Od. 22, 275–276 (Steinmann).

16 Anm. d. Übers.: Nach der deutschen Synchronisation des
Films. Eine leicht abweichende Fassung des Dialogs findet
sich in Quentin Tarantino, *Pulp Fiction. Das Buch zum
Film*, Reinbek 1994, S. 87 f.

17 Hom. Od. 14, 93–96 (Voß).

18 Hom. Od. 14, 81–82 (Voß).

19 Hom. Od. 14, 125, 14, 83–84 (Voß).

20 Homer, *Ilias*, in der Übersetzung von Johann Heinrich
Voß, 14. Gesang, Zeile 233 (künftig: Hom. Il. 14, 233).

Siehe auch Hesiods *Theogonie*, ebenfalls in der Übersetzung von Johann Heinrich Voß, wo es in Zeile 753 heißt: »Beide, der Schlaf und der Tod, die furchtbaren! Nimmer auf jene / Schauet Helios her mit leuchtenden Sonnenstrahlen …« Dass der Schlaf und sein Bruder der Tod »die furchtbaren« genannt wurden, hatte gewiss etwas mit der Ehrfurcht vor beiden zu tun.

21 Hom. Od. 1, 363–364 (Steinmann).

22 Hom. Od. 5, 47–48 (Steinmann).

23 Hom. Od. 5, 404–406 (Steinmann).

24 Hom. Od. 5, 425–429 (Steinmann).

25 Dieses Phänomen war von so großer Bedeutung für die homerischen Griechen, dass sie es sogar grammatikalisch mit ihrer Sprache verwoben. Im homerischen Griechisch findet sich ein ziemlich ungewöhnliches Genus verbi, genannt das Medium. Diese Form ist uns so fremd, dass kaum Einvernehmen unter den Wissenschaftlern herzustellen ist, wie sie verwendet wurde. Die Fakten sind jedoch eindeutig: Die meisten modernen Sprachen verfügen nur über zwei Genera verbi, Aktiv und Passiv. Handelt es sich um eine aktive Form, ist das Subjekt der Handelnde, so wie in: John *warf* den Ball. Steht das Verb hingegen im Passiv, wird die Person zu einem passiven Adressaten der Handlung: John *wurde* der Ball *zugeworfen*. Das homerische Griechisch kennt jedoch noch eine dritte Möglichkeit: besagtes Medium. Was immer sich über diese Form sagen ließe, eines steht jedenfalls fest: Sie kann nur für Situationen verwendet werden, in der die fragliche Person *weder ausschließlich aktiv noch ausschließlich passiv* ist. Und genau um dieses Phänomen geht es uns, wenn wir davon sprechen, dass eine Person von den Göttern zu einer Handlung bewegt wird oder dass jemandem ein Gott einwohnt.

Um zu verstehen, wie das funktioniert, ist das Beispiel von Odysseus nützlich, der sich an den Felsen klammert, weil es ihm von Athene so eingegeben wurde. [Anm. d. Übers.: Im Gegensatz zu allen vorliegenden deutschen Übersetzungen wurde in der von den Autoren zitierten englischen Fitzgerald-Fassung Odysseus deutlich als passiv Handelnder herausgearbeitet: Anstelle von »Er fasste im Ansprung beidhändig den Felsen« heißt es dort: *both hands were put in motion* – beide Hände wurden in Bewegung gesetzt, was, wie die Autoren an dieser Stelle betonen, die exakte Übertragung des im griechischen Original verwendeten Mediums ist.] Homer scheint nahelegen zu wollen, dass Odysseus von Athene nicht dazu gezwungen wurde, die Hände auszustrecken – so als sei es gegen seinen Willen geschehen. Denn das Medium beinhaltet ja eindeutig, dass Odysseus in einem gewissen Grade selbst an dieser Handlung beteiligt gewesen sein muss, sein Anteil daran aber auch nicht groß gewesen sein konnte. Ohne die Göttin wäre Odysseus diese Handlung bei Weitem nicht so gut geglückt. Das Medium bezeichnet dieses Phänomen auf grammatikalisch perfekte Weise – und es ist gewiss kein Zufall, dass Homer dessen größter Meister war. Bis zur Zeit der klassischen Griechen des 5. Jahrhunderts v. Chr. war diese Form fast gänzlich verschwunden.

26 Siehe beispielsweise Hom. Od. 7, 20 ff. oder 13, 220 ff. (Steinmann).

27 Siehe zum Beispiel Odysseus' Sieg beim Diskuswerfen, angeleitet von Athene in der Gestalt eines Mannes: Hom. Od. 8, 192–194 (Steinmann).

28 Siehe zum Beispiel Hom. Od. 8, 1–15 ff. (Steinmann).

29 Hom. Od. 6, 229–237 (Steinmann).

30 »Film View: Adrift, Fleetingly, in Warhol's World«, *New York Times*, 28. April 1996.

31 Jean-Paul Sartre, *Der Existentialismus ist ein Humanismus und andere philosophische Essays, 1943–1948*, in: *Gesammelte Werke in Einzelausgaben*, herausgegeben von Vincent von Wroblewsky, Deutsch von Werner Bökenkamp et al., Reinbek bei Hamburg 2000, S. 150.

32 John Donovan, »Head Games: Ankiel, Knoblauch Struggle to Rediscover Their Arms«, *CNN Sports Illustrated*, 23. März 2001. Abrufbar unter: http://sportsillustra-

ted.cnn.com/baseball/mlb/2001/spring_training/news/
2001/03/23/ankiel_knob.

33 Hom. Od. 19, 1–5, 31–34 (Steinmann).

34 Natürlich wusste Homer, dass es eine Grundbedingung
für Vortrefflichkeit auf jedem Gebiet ist, sein Talent durch
den Erwerb der entsprechenden Fertigkeiten und die Aneignung des jeweiligen Brauchtums zu vervollkommnen.
Es wäre albern zu glauben, dass Chuck Knoblauch ohne
das notwendige Training und Können ein so grandioser
Fielder geworden wäre (der er zumindest eine Zeitlang
war). Training und Können reichen allein jedoch nicht
aus. Oft muss man zuerst den Gipfel seines Metiers er-
klommen haben, um für die Götter empfänglich zu sein.
Ein Paradebeispiel dafür ist Telemachos: Athene trägt entscheidend zu seiner Entwicklung bei, damit er sich von
dem Kind, das hilflos zwischen den Freiern spielt, zu dem
Erwachsenen entwickelt, der die Notwendigkeit erkennt,
sich gegen sie behaupten zu müssen. Der Schritt vom
Kind zum Erwachsenen findet aus Homers Sicht per se
unter Aufsicht eines Gottes statt, da kein Mensch diese
Transition aus sich heraus vollziehen kann. Eine unerlässliche Voraussetzung dafür ist jedoch die angemessene Erziehung, und da ist es kein Zufall, dass Athene dem Telemachos auch dabei zur Seite steht, indem sie seinem
Lehrer Mentor einwohnt. Doch allein die Erziehung
reicht nicht, damit Telemachos den Herausforderungen
gewachsen ist. Es bedarf auch der Erfahrung, um andere
von sich überzeugen und Befehlsgewalt ausüben zu können. Homer erkennt, dass Telemachos diese Erfahrung
noch fehlt, indem er dessen leidenschaftliche Rede in
einer entscheidenden Episode nicht mit dem erwünsch-
ten Erfolg krönt (siehe Hom. Od. 2, 270 f., Steinmann).
Telemachos selbst, ganz der typische junge Erwachsene,
erkennt die Notwendigkeit von Erfahrung noch nicht: Im
entscheidenden Moment der Rede fällt er in kindlichen
Trotz zurück, wirft »das Zepter zu Boden, / und es ent-
stürzten ihm Tränen« (Hom. Od. 2, 80–81, Steinmann).

Es ist also keinesfalls so, dass die Götter uns mit irgendeinem Hokuspokus unserer Pflicht entheben würden, uns das nötige Geschick selbst anzuzeigen. Der Punkt ist, dass wir dann, wenn wir uns das bestmögliche Geschick bereits angeeignet haben, die Götter brauchen, um es zum Tragen kommen zu lassen.

35 Hom. Od. 19, 208–212 (Steinmann).

36 Siehe Hom. Od. 6, 19–21 (Steinmann): »… die blitzblanken Türen waren geschlossen, / Sie aber flog wie ein Windhauch heran zur Bettstatt des Mädchens, / stellte sich hinter ihr Haupt und sprach sie an …« Siehe auch Hom. Od. 4, 801–803 (Steinmann): »Und [das Traumbild] glitt in die Kammer, vorbei am Riemen des Riegels, / stellte sich hinter ihr Haupt und sprach sie an …«

37 Eine Episode dieser Soap Opera wird im Achten Gesang der *Odyssee* geschildert: die Chronik der ehebrecherischen Affäre von Aphrodite und Ares mit dem eifersüchtigen Hephaistos als Hahnrei.

38 Hom. Od. 4, 71–75 (Steinmann).

39 Was jedoch nicht heißt, dass sie in allem an ihr gemessen werden. Es gibt verschiedene große Frauen bei Homer: Helena ist die Norm, sofern es um den Eros geht, Penelope ragt durch ihre Klugheit heraus, die jedoch unvereinbar ist mit Helenas erotischer Vortrefflichkeit. Penelopes Treue und Loyalität – zwanzig Jahre lang hielt sie dem fernen Odysseus die Treue – stehen im krassen Gegensatz zu Helenas Gabe, die Menschen auf den Eros einzustimmen. Homers Polytheismus gestattet es ihm jedoch, beide Arten von Vortrefflichkeit wertzuschätzen. Er braucht die eine der anderen nicht vorzuziehen oder sie aneinander zu messen.

40 Hom. Od. 4, 121–137 (Steinmann).

41 Hom. Od. 11, 484–485 (Steinmann).

42 Hom. Od. 11, 483–484 (Steinmann).

43 Hom. Od. 7, 213–214 (Steinmann).

44 Hom. Od. 8, 579–580 (Steinmann).

4. Von Aischylos bis Augustinus: Der Aufstieg des Monotheismus

1 Aischylos, *Die Orestie: Agamemnon, Choephoren, Eumeniden*, übersetzt von Peter Stein, herausgegeben von Bernd Seidensticker, München 1997/2007: *Eumeniden* 616–620, S. 192.

2 *Eumeniden* 421, S. 182.

3 *Eumeniden* 384–386, S. 180.

4 *Agamemnon* 205–211, S. 24.

5 *Agamemnon* 1521–1529, S. 89.

6 *Agamemnon* 1560–1563, S. 90.

7 *Agamemnon* 1489–1496, S. 87.

8 *Agamemnon* 1560–1563, S. 90.

9 David Hume, *Traktat über die menschliche Natur*, vollst. bearbeitete Ausgabe der Übersetzung von Theodor Lipps, Berlin 2004, S. 419.

10 *Eumeniden* 387–388, S. 180.

11 Telemachos: »… mehr noch / wird der Daimon geben, wenn die Mutter die bösen / Rachegeister aufruft beim Auszug …«, Hom. Od. 2, 134–136 (Steinmann). »Und Epikaste sah ich, die schöne, des Ödipus Mutter / […] als sie geknüpft eine tödliche Schlinge vom hohen Gebälke, / schmerzüberwältigt; doch ihm hinterließ sie Leiden in Fülle, / so viele nur der Mutter Rachegeister erwirken«, Hom. Od. 11, 271, 278–280 (Steinmann). »Doch gibt's irgendwo Götter und rächende Geister für Bettler, / so ereile den Tod Antinoos noch vor der Hochzeit!«, Hom. Od. 17, 475–476 (Steinmann). »… da entrafften in Sturmwinden wirbelnde Geister die Mädchen / und übergaben sie den verhassten Erinyen zur Pflege«, Hom. Od. 20, 77–78 (Steinmann).

12 *Eumeniden* 864–866, S. 206.

13 *Eumeniden* 913–915, S. 208 f.

14 *Eumeniden* 1042–1043, S. 214.

15 *Agamemnon* 160, S. 22.

16 *Agamemnon* 1487, S. 87.

17 *Eumeniden* 898–899, S. 208.

18 Martin Heidegger, *Der Ursprung des Kunstwerkes*, mit einer Einführung von Hans-Georg Gadamer, Stuttgart 1960/2012, S. 37.

19 Eine Darstellung der Dimensionen des moralischen Raums findet sich in: Charles Taylor, *Quellen des Selbst. Die Entstehung der neuzeitlichen Identität*, übersetzt von Joachim Schulte, Frankfurt a. M. 1994.

20 Heidegger, *Der Ursprung des Kunstwerkes*, a. a. O., S. 37.

21 Ebd., S. 39.

22 Homer ist einzigartig in dieser Hinsicht. Vor seinem Werk hatte es nur ein trübes Durcheinander an einander widersprechenden Mythen gegeben. Er schuf Ordnung, indem er hervorhob, was ihm von Bedeutung schien (Dankbarkeit und Staunen), und das überging, was ihn abstieß (die düstere Urkraft der Rache). Damit war er der originäre Begründer einer neuen Lebensweise, und insofern können wir ihn als *Originator* bezeichnen.

23 Anm. d. Übers.: Alle Zitate aus dem Neuen Testament sind der Einheitsübersetzung entnommen.

24 Jesus' neue Stimmung der *überströmenden* Liebe für alle Menschen bildet einen starken Kontrast zu Platons Verständnis vom Eros als einem *Mangel*.

25 *Die Bekenntnisse des heiligen Augustinus*, Übersetzung von Otto F. Lachmann (Leipzig 1888), orthografisch modernisierter Nachdruck, Köln 1960: Buch VII, Kap. 17.

26 *Bekenntnisse* VII.18.

27 *Bekenntnisse* X.27.

28 *Bekenntnisse* VII.18.

29 *Bekenntnisse* X.43.

30 Siehe David M. Friedman, *A Mind of Its Own: A Cultural History of the Penis*, New York 2003.

31 *Bekenntnisse* VI.3.

32 *Bekenntnisse* X.6.

33 Eine frühe Version von Descartes' *cogito* wurde bereits von Augustinus erforscht, siehe unter anderem *Bekenntnisse* X.11.

5. Von Dante zu Kant:
Die Versuchungen und
Gefahren der Autonomie

1 A. T. MacAllister, »Historical Introduction«, in: Dante Alighieri, *The Inferno*, übersetzt von John Ciardi, New York 1982, S. xiii.

2 Anm. d. Übers.: Alle Zitate werden in der Übersetzung von Hermann Gmelin (1949) wiedergegeben, siehe Dante Alighieri, *Die Göttliche Komödie*, Anmerkungen von Rudolf Baehr, Nachwort von Manfred Hardt, Stuttgart 2001.

3 *Inferno*, Dritter Gesang, Zeile 9 (künftig: *Inferno* 3, 9).

4 *Inferno* 4, 42.

5 *Inferno* 5, 38.

6 *Inferno* 8, 104–105.

7 *Inferno* 8, 112–116.

8 *Inferno* 8, 120.

9 *Inferno* 10, 107–108.

10 Monogame Homosexuelle müssen die geringsten Qualen ertragen. Sie werden auf dem Läuterungsberg im Feuer geläutert, und Dante findet unter ihnen mehrere alte Freunde wieder.

11 *Inferno* 34, 46–52: »Zwei große Flügel ragten […] / Nach Art der Fledermäuse, und ihr Flattern / Ließ dreifach einen Wind von dorther wehen / Davon war der Kozytus ganz gefroren.«

12 *Purgatorio* 16, 67–87.

13 *Paradiso* 1, 92.

14 *Purgatorio* 18, 62–63.

15 *Paradiso* 31, 76–93, 112–117.

16 *Paradiso* 33, 100–102.

17 *Paradiso* 22, 133–135.

18 *Paradiso* 22, 151–153.

19 *Paradiso* 33, 143–145.

20 *Paradiso* 30, 41–42.

21 *Paradiso* 33, 131.

22 Martin Luther, »An den christlichen Adel deutscher Na-

tion von des christlichen Standes Besserung«, in: *D. Martin Luthers Werke. Kritische Gesamtausgabe* (WA), Bd. 6: *Schriften, Predigten, Disputationen 1519/20*, Weimar 1888.

23   Ebd.

24   Martin Luther, Heidelberger Disputation, 26. April 1518, in: WA, Bd. 1: *Schriften, Predigten, Disputationen 1512/18*, Weimar 1883.

25   Ebd.

26   Martin Luther, »Von der Freiheit eines Christenmenschen«, Denkschrift, 1520, in: WA, Bd. 7: *Schriften, Predigten, Disputationen 1520/21*, Weimar 1807.

27   Ebd.

28   Martin Luther, »Ad librum Ambrosii Catharini«, in: WA, Bd. 7, a. a. O. Kierkegaard erkannte, dass die von Jesus hervorgerufene Stimmung der Agape-Liebe implizit bedeutet, dass es seit der Inkarnation keine Notwendigkeit, aber auch keine Möglichkeit mehr gab, sich direkt an Gottvater zu wenden. In sein Tagebuch notierte er, dass Luther zwar recht gehandelt habe, seine Predigten an diesem Punkt jedoch oft uneindeutig blieben, einmal ganz davon abgesehen, dass sie nur sehr selten in Übereinstimmung mit seinem eigenen Leben gestanden hätten – sein Leben sei besser gewesen als seine Lehre. Vgl. Søren Kierkegaard, *Journals and Papers*, Bd. 3, hrsg. und übersetzt von Howard V. Hong und Edna H. Hong, Bloomington 1975.

29   Luther, »Von der Freiheit eines Christenmenschen«, a. a. O.

30   Luthers Liebe zur Musik fand ihren späteren Ausdruck in der Kirchenmusik und den Kirchenliedern von Johann Sebastian Bach. Aus diesen Liedern spricht weder eine aktive Autonomie noch eine passiv erfahrene Glückseligkeit, sondern allein die Freude einer Gemeinschaft von Gläubigen, die gemeinsam das Heilige verspürt und sich fröhlich von dessen Stimmung tragen lässt. In der Vorrede zum Babstschen Gesangbuch (1545) schreibt Luther: »*Singet dem Herrn ein neues Lied. Singet dem HERRN alle Welt.*

*Denn Gott hat unser Herz und Mut fröhlich gemacht durch
seinen lieben Sohn, welchen er für uns gegeben hat zur Erlösung von Sünden, Tod und Teufel. Wer solches mit ernst
glaubt, der kann's nicht lassen, er muss fröhlich und mit Lust
davon singen und sagen, dass es andere auch hören und her-
zukommen.*«

31 Luther, »Von der Freiheit eines Christenmenschen«,
    a. a. O.

32 Martin Luther, »Vorrede auf die Epistel S. Paul an die Rö-
    mer«, in: WA, Bd. 30 II: *Schriften 1529/30*, Weimar 1909.

33 René Descartes, *Meditationes de Prima Philosophia/Medit-
    ationen über die Erste Philosophie* (1641), übersetzt und her-
    ausgegeben von Gerhart Schmidt, Vierte Meditation,
    Stuttgart 1986/2012, S. 147 f.

34 René Descartes, *Discours de la Méthode/Bericht über die
    Methode*, übersetzt und herausgegeben von Holger Ost-
    wald, Stuttgart 2001/2012, Dritter Teil, S. 47.

35 Immanuel Kant, *Kritik der praktischen Vernunft*, I, § 8.

36 »Die Heteronomie des Willens als der Quell aller unech-
    ten Prinzipien der Sittlichkeit«, in: Immanuel Kant, *Werke
    in zwölf Bänden*, Bd. 7, Frankfurt a. M. 1977, S. 75 f. Die
    Begriffe *Autonomie* und *Heteronomie* werden verständ-
    licher, wenn wir ihre griechischen Wurzeln betrachten.
    Nomos bedeutet im Griechischen »Gesetz«, die Vorsilben
    auto und *hetero* beziehen sich auf das Ich und auf die an-
    deren. Demnach heißt Autonomie wortwörtlich »Selbst-
    gesetzgebung« und Heteronomie »Fremdgesetzgebung«.

37 Die große Lehre der Aufklärung ist nach Kant, dass der
    gereifte, voll entwickelte Mensch »sich seines Verstandes
    ohne Leitung eines anderen zu bedienen« weiß. »Aufklä-
    rung ist der Ausgang des Menschen aus seiner selbstver-
    schuldeten Unmündigkeit« lautet sein berühmtes Ver-
    dikt. Siehe Immanuel Kant, *Beantwortung der Frage: Was
    ist Aufklärung?* (1784), in: *Werke in zwölf Bänden*, Bd. 11,
    a. a. O.

38 Sartre, *Existentialismus*, a. a. O., S. 150.

6. Fanatismus, Polytheismus und Melvilles »böse Kunst«

1   Herman Melville an Nathaniel Hawthorne, 17. November 1851, abgedruckt in: Hershel Parker und Harrison Hayford (Hg.), Melville, *Moby-Dick*, Norton Critical Edition (NCE), New York 2002, S. 545 ff. [Anm. d. Übers.: Die deutsche Übersetzung des Briefes findet sich im Anhang zu *Moby-Dick*, a. a. O., S. 885 f.].

2   Siehe die Behandlung dieses Themas bei Parker, NCE, a. a. O., S. 468.

3   *The Times*, Rezension vom 6. April 1846, teilweise abgedruckt in: NCE, S. 476 f.

4   Parker, NCE, a. a. O.

5   Ein Bericht über den Untergang der *Ann Alexander* findet sich in Alexander Starbuck, *History of the American Whale Fishery from Its Earliest Inception to the Year 1876, The Ploughboy Anthology*, 17. April 2003, abrufbar unter: http://mysite.du.edu/~ttyler/ploughboy/starbuck.htm. Siehe insbesondere den Abschnitt F, überschrieben mit: »The Dangers of the Whale Fishery«.

6   Zitiert nach Daniel Göske, »Biographisches«, MD, S. 884. Der Brief war die Antwort auf ein Schreiben, das Melville tags zuvor von seinem Freund Evert Duyckinck erhalten hatte und dem ein Zeitungsausschnitt über den Untergang der *Ann Alexander* beigelegt war. Die Nachricht, schrieb Melville an Duyckinck, habe ihn »schier umgeworfen«.

7   MD, S. 883.

8   Der vollständige Text dieser Inkantation wurde im Winter 1933/34 vom Dichter Charles Olson, damals noch ein dreiundzwanzigjähriger Magisterstudent der Geschichte und Literatur an der Wesleyan University, auf dem Vorsatzblatt des siebten und letzten Bands von Melvilles Shakespeare-Gesamtausgabe entdeckt. Olson glaubte in dieser und den anderen Anmerkungen Melvilles zu erkennen, welchen Einfluss Shakespeare auf die Komposition

von *Moby-Dick* ausgeübt habe (siehe Olsons wichtiges erstes Buch *Nennt mich Ismael. Eine Studie über Herman Melville*). Die jüngste Forschung verwarf diese Interpretation jedoch, vor allem angesichts der Erkenntnis, dass es sich bei Melvilles Notizen auf dem Vorsatzblatt um Auszüge aus einem Essay über Hexerei handelte, den Sir Francis Palgrave 1823 anonym in der Juli-Ausgabe der *Quarterly Review* veröffentlicht hatte. (Siehe dazu den Artikel »The Name of the Devil: Melville's Other ›Extracts‹ for Moby-Dick« von Geoffrey Sanborn, der 1992 in der September-Ausgabe von *Nineteenth-Century Literature* erschien.) Die jüngsten Spekulationen in der Literaturwissenschaft drehen sich vor allem um die Fragen: An welchem Tag genau hat Melville diese Ausgabe der *Quarterly Review* gelesen? Kannte er auch die Werke des englischen Essayisten James Henry Leigh Hunt? Und die vielleicht wichtigste Frage: Hat er die Lektüre der shakespeareschen Bände auf dem Sofa im Salon seines Schwiegervaters liegend abgeschlossen oder nicht? (Siehe Geoffrey Sanborn, »Lounging on the Sofa with Leigh Hunt: A New Source of the Notes in Melville's Shakespeare Volume«, in: *Nineteenth-Century Literature*, Juni 2008.) Wir müssen die Einzelheiten dieser Debatte jedoch den Experten überlassen.

9   MD 113, S. 748.

10   MD 79, S. 544.

11   MD »Auszüge«, S. 15.

12   Ebd., S. 22, 29.

13   Ebd., S. 31, 16. Diese Gleichsetzung von Leviathan und Satan folgte dem Buch Jesaja 27.1, ging in das Allgemeinwissen ein und verschwand wieder daraus, aber wissenschaftlich geklärt ist sie bis heute nicht.

14   Ebd., S. 16, 18.

15   MD 79, S. 544 f.

16   MD 1, S. 40.

17   Ebd., S. 37.

18   Siehe Parker, a. a. O., S. 466. Man beachte den Zusammen-

hang mit Heideggers Hölderin-Interpretation: Hölderin, schreibt er, habe erst das alte Griechenland entdecken – oder wenigstens nach Südfrankreich reisen – müssen, um herauszufinden, was er über Deutschland denken sollte.

19 MD 1, S. 33.

20 Ebd.

21 MD 3, S. 48.

22 Ebd., S. 47.

23 Ebd.

24 Ebd., S. 47 f.

25 Ebd., S. 48

26 Melville an Hawthorne, 17. November 1851, in: Herman Melville: *Ein Leben. Briefe und Tagebücher*, München 2004, S. 274–277.

27 Ebd.

28 MD 32, S. 228 f.

29 Ebd., S. 244 f.

30 MD 96, S. 659.

31 MD 17, S. 159.

32 MD 4, S. 68.

33 Ebd.

34 MD 3, S. 63.

35 MD 5, S. 75.

36 Ebd., S. 66.

37 Ebd., S. 67.

38 Ebd., S. 68.

39 MD 18, S. 165.

40 MD 4, S. 72.

41 Siehe zum Beispiel Andrew Delbanco, *Melville. Biographie*, aus dem Amerikanischen von Werner Schmitz, München 2009.

42 MD 12, S. 113 f.

43 Ebd., S. 114.

44 MD 110, S. 732.

45 In Melvilles Prosa wird dieses Nebeneinander sogar noch deutlicher. Queequeg lernt zwar seine christlichen Lek-

tionen, doch wie sein Ankleidungsritual beweist, war er »ein Geschöpf im Übergang von einem Zustand in den nächsten – weder Raupe noch Schmetterling [...]. Seine Erziehung war noch nicht abgeschlossen. Er hatte sein Studium noch nicht beendet« (MD 4, S. 72). Während Queequeg zivilisiert wird, lässt Ismael in seiner Ausbildung auf See die zivilisierte Kultur hinter sich, oder wie er selbst sagt, »ein Walfänger war mein Yale College und mein Harvard« (MD 24, S. 196).

46 MD 94, S. 647.

47 MD 19, S. 169. Diese Episoden werden vom Propheten Elias berichtet.

48 MD 41, S. 296.

49 MD 36, S. 273.

50 Ebd., S. 273 f.

51 MD 108, S. 722.

52 MD 41, S. 296.

53 So wurde Milton von der »romantischen« und »satanischen« Schule interpretiert, allen voran von William Blake und Percy Bysshe Shelley. Henry F. Pommer behauptet, dass Melville stärker von deren Interpretationen beeinflusst worden sei als vom frommen Milton selbst, obwohl dieser von Melvilles Zeitgenossen doch so gepriesen wurde. Eine typische Passage aus Pommers *Milton and Melville* (New York 1970) wird in Leslie Sheldons Artikel »Messianic Power and Satanic Decay: Milton in *Moby-Dick*« zitiert (*Leviathan: A Journal of Melville Studies* 4, Nr. 1, März 2002, S. 29–50).

54 Zitiert in Sheldon, a. a. O.

55 MD 19, S. 168.

56 MD 79, S. 544.

57 MD 86, S. 592.

58 MD 94, S. 647 f.

59 Siehe Karl Jaspers, *Vom Ursprung und Ziel der Geschichte*, Zürich 1949, S. 19.

60 Charles Taylor, *Ein säkulares Zeitalter*, aus dem Englischen von Joachim Schulte, Frankfurt a. M. 2009, S. 733.

61 Nietzsche, *Fröhliche Wissenschaft*, a. a. O., »Vorrede zur zweiten Ausgabe«, S. 14.

62 MD 9, S. 101.

63 Ebd., S. 101 f.

64 MD 10, S. 107.

65 Ebd.

66 MD 17, S. 152.

67 MD 94, S. 646.

68 Ebd., S. 647.

69 Ebd., S. 648.

70 MD 42, S. 310.

71 Ebd.

72 Ebd., S. 312.

73 Ebd.

74 Ebd., S. 322.

75 Ebd.

76 Ebd.

77 MD 86, S. 591 f.

78 MD 42, S. 319.

79 MD 102, S. 692.

80 Ebd., S. 693 f.

81 MD 85, S. 585.

82 Ebd.

83 MD 93, S. 640.

84 MD 27, S. 209.

85 MD 93, S. 643 f.

86 Ebd., S. 644.

87 Ebd., S. 645.

88 Ebd., S. 644 f.

89 MD 125, S. 791.

90 MD 36, S. 270.

91 MD 99, S. 667.

92 Ebd., S. 668.

93 MD 27, S. 204.

94 MD 99, S. 668 ff. Die unerschütterlichen Herausgeber der amerikanischen Ausgabe stellen an dieser Stelle fest, dass diese Berechnung doch etwas »schräg« sei.

95 Ebd., S. 672 f.

96 MD 28, S. 213.

97 MD 125, S. 793.

98 MD 133, S. 835.

99 Ebd., S. 829.

100 Ebd.

101 Ebd., S. 829–833.

102 MD 134, S. 844.

103 Ebd., S. 842.

104 MD 135, S. 859.

105 MD 41, S. 304.

106 MD 135, S. 863.

107 MD 133, S. 827.

108 Siehe Geoffrey Sanborn, »Whence Come You Quee-
     queg?«, in: *American Literature* 77, Nr. 2, Juni 2005,
     S. 227–257.

109 MD 18, S. 164.

110 William Butler Yeats an Lady Elizabeth Pelham, 4. Januar
     1939. Wenige Tage später, am 28. Januar, starb er.

111 MD 110, S. 739.

112 MD 135, S. 860.

113 Ebd., S. 864.

114 MD, Epilog, S. 865.

115 Siehe zum Beispiel Melvilles Brief an Sophia Peabody
     Hawthorne vom 8. Januar 1852. Anm. d. Übers: Die deut-
     sche Übersetzung findet sich in: MD, Anhang, S. 887.

7. Fazit: Vom erfüllten Leben in einem
säkularen Zeitalter

1 »End of a Career«, *New York Times*, 22. Juni 1939, S. 18.

2 »61,808 Fans Roar Tribute to Gehrig: Captain of Yankees
   Honored at Stadium – Calls Himself ›Luckiest Man
   Alive‹«, *New York Times*, 5. Juli 1939, S. 1.

3 Die Website *American Rhetoric* (www.americanrhetoric.
   com) führt Gehrigs Abschiedsrede an 73. Stelle in ihrer

Liste der 100 bedeutendsten Reden aus der amerikanischen Geschichte an. Fast alle, die vor ihr rangieren, waren politischer Natur.

4 »End of a Career«, a. a. O.

5 Die Rede ist abrufbar unter http://www.youtube.com/watch?v=_SKyfGK9brs oder http://www.maniacworld.com/Lou_Gehrig.htm. Unsere Schilderung beruht auf diversen Artikeln, die zwischen Mai und Juli 1939 in der *New York Times* erschienen.

6 Anm. d. Übers.: T. S. Eliot, *Gesammelte Gedichte*, »The Love Song of J. Alfred Prufrock«/»J. Alfred Prufrocks Liebesgesang«, Frankfurt a. M. 1972/1988, S. 14 f.

7 Albert Borgmann, *Crossing the Postmodern Divide*, Chicago 1992, S. 135.

8 David Foster Wallace, »Federer as Religious Experience«, *New York Times*, 20. August 2006, abrufbar unter: www.nytimes.com/2006/08/20/sports/playmagazine/20federer.html?pagewanted=all.

9 Ebd.

10 Zitiert nach D. T. Max im Artikel »The Unfinished«, *The New Yorker*, 9. März 2009.

11 Wallace, »Federer as Religious Experience«, a. a. O.

12 Ebd.

13 Ebd.

14 David Foster Wallace, »How Tracy Austin Broke My Heart«, *Philadelphia Inquirer*, 30. August 1992, abgedruckt in: *Consider the Lobster: And Other Essays*, New York 2005.

15 »Die Wahrheit ist, dass TV-Tennis an Live-Tennis gemessen so ziemlich dasselbe ist wie ein Pornovideo gemessen an real empfundener menschlichen Liebe.« Wallace, »Federer as Religious Experience«, a. a. O.

16 Ebd.

17 Ebd.

18 Homers polytheistische Griechen haben das intuitiv verstanden. Sie wussten, dass die heilige Bedeutungsvielfalt der Götter höchst riskant und gefährlich sein kann. Sie

wussten, dass einen die Götter zeitweilig im Stich lassen (so wie Athene den Odysseus) oder einem zürnen können (wie Hera es oft tut). Aber sie wussten auch, dass das den Göttern Bedeutung und Kraft verleiht. Das überwältigend mächtige und majestätische dunkle Meer hätte nicht die Kräfte, die es besitzt, wäre es immer glatt und ruhig. Es ist seine Gefährlichkeit und aufgewühlte Heftigkeit, es ist die Art und Weise, wie es sich über uns auftürmt, die es zu einer göttlichen Kraft macht.

19 Wallace, *Unendlicher Spaß*, a. a. O., S. 350.

20 »Bevor du in den Profirang aufsteigst, hast du null Ahnung von wahrhaft sportlichem Aberglauben mit Stielaugen, Hallie. Das Wort *Primitiver* verstehst du erst, wenn du es in die Show geschafft hast. In Glückssträhnen brodelt der Wilde an die Oberfläche. Der Sackschutz bleibt Spiel für Spiel ungewaschen, bis er im Gepäckfach im Flugzeug von alleine steht. Bizarr ritualisiertes Anziehen, Essen, Pinkeln.« Ebd., S. 351.

21 Melville, *Moby-Dick*, a. a. O., Kap. 79, S. 544.

22 Wallace, »Federer as Religious Experience«, a. a. O.

23 Borgmann, a. a. O., S. 243.

24 Die Suche nach der materiellen Grundlage allen Seins setzte der historischen Standarddarstellung zufolge erst im Griechenland des 6. vorchristlichen Jahrhunderts ein. Typischerweise ist in den Lehrbüchern nachzulesen, die griechische Kultur habe sich zu diesem Zeitpunkt gerade im Übergang von der mythologischen zur naturwissenschaftlichen Erklärung des Universums befunden. Das ist zwar eine drastische Vereinfachung, die außerdem wichtige Aspekte des griechischen Verständnisses vom Sein verzerrt, dennoch ist sie nicht gänzlich unplausibel. Richtig ist natürlich, dass Homer nicht an der materiellen Grundlage allen Seins interessiert war – anders als die Vorsokratiker. Thales zum Beispiel hielt Wasser für den Ursprung aller Dinge, und Heraklit behauptete, dass alles Sein aus dem Feuer hervorgehe – beides lässt sich gewissermaßen so deuten, dass diese Vorsokratiker mit protowissenschaftli-

chen Erklärungen für das Wesen der Materie befasst waren.

25 Dies ist der Eröffnungssatz von Kants »Beantwortung der Frage: Was ist Aufklärung?«.

26 Siehe George Sturt, *The Wheelwright's Shop* (1923), Cambridge 1976. Albert Borgmann bespricht dieses Buch in: *Technology and the Character of Contemporary Life*, Chicago 1984. Vor Borgmann hatte sich bereits der britische Literaturkritiker F. R. Leavis in seinem Werk *Culture and Environment: The Training of Critical Awareness* (London 1933) gewinnbringend mit Sturt auseinandergesetzt. Unsere Darstellung beruht zum Teil auf den Erkenntnissen dieser beiden Autoren – mehr auf Borgmann –, doch hinsichtlich der Vorstellung, die Sturt von Kunstfertigkeit hatte, vertreten wir unsere eigene Meinung. 2006 veröffentlichte Matthew B. Crawford seine Studie *Ich schraube, also bin ich. Vom Glück, etwas mit den eigenen Händen zu schaffen* (Berlin 2010), in der er auf faszinierende Weise den Gedanken von der Bedeutung handwerklicher Kunstfertigkeiten aufgreift und sich ebenfalls kurz mit Sturt befasst. Auch Robert Pirsigs Klassiker *Zen und die Kunst ein Motorrad zu warten. Ein Versuch über Werte* (Frankfurt a. M. 1976) räumt der Kunstfertigkeit einen wichtigen Platz als einem der Grundbausteine einer sinnvollen Lebensführung ein. Wir sympathisieren mit all diesen Autoren, konstatieren aber, dass sie fest in der monotheistischen philosophischen Tradition verankert blieben. Pirsig erkennt – wie Platon – einen abstrakten Quell der Bedeutungsgebung in dem, was er als »Qualität« bezeichnet; Crawford betont – wie Aristoteles – das Zupackende, die praktisch-konkreten, gesellschaftlich verankerten Quellen eines guten Lebens. Wir gehen über beide hinaus, sowohl bei unserer Behandlung der *poietischen* Kunstfertigkeit als auch insofern, als wir die *poiesis* als eine von mehreren möglichen Seinsweisen in der Welt darstellen. Und schließlich findet sich bei keinem unserer Vorgänger die Vorstellung, dass es die Kunstfertigkeit ist, die unsere

Empfänglichkeit für *physis, poiesis*, Technologie – und all die anderen Verständnisweisen, welche in den Randbereichen unserer Kultur überlebt haben mögen und nur darauf warten, von uns wiederbelebt zu werden – ins Gleichgewicht bringen könnte. Genau darin besteht der Hauptbeitrag unseres Buches.

27 George Sturt, a. a. O., S. 24.

28 Ebd., S. 45 f.

29 Ebd., S. 23.

30 Borgmann arbeitet diesen Punkt wunderbar heraus, auch wenn er ihn nur anreißt: »So wie der Mensch sich an das Land anpasst, offenbart sich das Land dem Menschen.« Siehe *Technology and the Character of Contemporary Life*, a. a. O., S. 44.

31 Die göttlichen Intuitionen von Melville offenbaren etwas von dieser Möglichkeit, und das macht ihn zum wahren Propheten unseres Zeitalters. Doch der Pottwal, den er auf Zeus' Thron gehievt hat, ist nicht der Zeus von Homer. Gesichtslos wie er ist, kann der Große Wal keine Familienähnlichkeit zwischen den Göttern in seinem Pantheon begründen. Und abgesehen davon, dass es sich bei *physis, poiesis* und Technologie um gleichermaßen mögliche Seinsweisen in der Welt handelt, weisen sie keinerlei Ähnlichkeiten auf. Dass Melville in der Lage war, dieses fehlende Element einer fundamentalen Einheit intuitiv zu erahnen, ohne diese möglichen Seinsweisen in der Welt zu kennen und ohne zu wissen, dass wir sie aus unserer Geschichte ererbt haben, ist in der Tat wundervoll. Wenn die meisterhaften Lebenskünstler unserer polytheistischen Welt diese heiligen Sitten und Gebräuche zu verkörpern lernen werden, dann werden sie auch eine besonders enge Verwandtschaft mit Ismael empfinden – dem Einzigen, der errettet wurde –, der eine neue Kultur begründet, indem er seinem Körper eine ganze Palette an heiligen Bedeutungen eintätowieren lässt, die ihm auf seinem Weg begegnen und ihm Offenbarung sind. Ein meisterhafter polytheistischer Lebenskünstler wie er wird die Sicherheit

des Landes verlassen und sich auf das Meer der verborgenen Geschichte begeben, um dort einen Ort zu kultivieren, an den die Götter zurückkehren können.

PERSONENREGISTER

Markus Gabriel
Warum es die Welt nicht gibt

272 Seiten. Gebunden mit Schutzumschlag
ISBN 978-3-550-08010-4
www.ullstein-verlag.de

»Eine großartige Gedankenübung.« *Slavoj Žižek*

Woher kommen wir? Sind wir nur eine Anhäufung von Elementarteilchen in einem riesigen Weltbehälter? Und was soll das Ganze eigentlich?

Die Welt gibt es nicht. Aber das bedeutet nicht, dass es überhaupt nichts gibt. Mit Freude an geistreichen Gedankenspielen, Sprachwitz und Mut zur Provokation legt der Philosoph Markus Gabriel dar, dass es zwar nichts gibt, was es nicht gibt – die Welt aber unvollständig ist. Wobei noch längst nicht alles gut ist, nur weil es alles gibt. Und Humor hilft durchaus dabei, sich mit den Abgründen des menschlichen Seins auseinanderzusetzen.

Michael J. Sandel
Was man für Geld nicht kaufen kann

Die moralischen Grenzen des Marktes
Aus dem Amerikanischen von Helmut Reuter
304 Seiten. Gebunden mit Schutzumschlag
ISBN 978-3-550-08026-5
www.ullstein-verlag.de

»Ein aktueller, überall heftig diskutierter Bestseller.« *FAZ*

Darf ein Staat Söldner verpflichten, um Kriege zu führen?
Ist es moralisch vertretbar, Leute dafür zu bezahlen, dass
sie Organe spenden? Eignen sich Lebensversicherungen
alter und kranker Menschen als Spekulationsobjekte für
Investoren? Dürfen Unternehmen gegen Geld das Recht
erwerben, die Luft zu verpesten?
Fast alles scheint heute käuflich zu sein. Wollten wir das
so? Und was könnten wir dagegen tun?

»Ein Plädoyer gegen die immer stärker um sich greifende
Kommerzialisierung aller Lebensbereiche.«
ttt – titel thesen temperamente

ullstein